大
方
s i g h t

即兴记忆
克洛岱尔访谈录

A G O R A

法兰西文艺访谈录系列
张博 主编

[法]保尔·克洛岱尔 / 让·阿莫鲁什 著
张博 译

MÉMOIRES IMPROVISÉS
QUARANTE ET UN ENTRETIENS AVEC
JEAN AMROUCHE

中信出版集团 | 北京

图书在版编目（CIP）数据

即兴记忆：克洛岱尔访谈录 /（法）保尔·克洛岱
尔,（法）让·阿莫鲁什著；张博译. -- 北京：中信出
版社, 2024.1
（法兰西文艺访谈录）
ISBN 978-7-5217-6093-4

I. ①即… II. ①保… ②让… ③张… III. ①克洛岱
尔－访问记 IV. ① K835.655.6

中国国家版本馆 CIP 数据核字 (2023) 第 202870 号

即兴记忆：克洛岱尔访谈录
著者： ［法］保尔·克洛岱尔 ［法］让·阿莫鲁什
译者： 张 博
出版发行：中信出版集团股份有限公司
　　　　（北京市朝阳区东三环北路 27 号嘉铭中心　邮编　100020）
承印者： 河北鹏润印刷有限公司

开本：880mm×1230mm　1/32　　印张：15.25　　字数：279 千字
版次：2024 年 1 月第 1 版　　印次：2024 年 1 月第 1 次印刷
书号：ISBN 978-7-5217-6093-4
定价：69.00 元

总序
露天广场中的对话

　　对话，是古希腊文化的核心要素之一，从苏格拉底开始，对话便成为古希腊人逻辑思辨、去伪存真的根本手段。古希腊的整个公民社会，也都建立在对话的基础之上，对话由此成为希腊精神的活力之源。而古希腊公民畅所欲言之所，便是雅典的露天广场，人们在那里讨论政治、经济、文化、宗教等各类话题。人人各抒己见、据理力争，并最终达成共识、形成决议。露天广场是城邦社会政治秩序的最佳体现，并由此成为公共空间的经典象征。这一传统也被古罗马人继承了下来，如今罗马城中宽阔静谧的广场遗迹，依然能令人怀想起昔年人声鼎沸时的激昂活力。在古希腊语中，露天广场被称作"ἀγορά"（转写作 agorá）。在法语、英语、西班牙语、意大利语等诸多欧洲语言中，"agora"一词得到了普遍沿用。至于在拉丁语中，这种集会广场则被命名为"forum"，这个词发展到今天，常常用来表示"论坛、研讨会、座谈会"，其中依然可以看到对话精神的遗存。

今天，之所以用"agora"作为总题编订一套全新的丛书，立意便在于，以露天广场为象征，构建一个畅所欲言的交流空间，让不同的声音都能在此拥有一席之地，以古希腊式的对话精神开启一场自由的精神历险。在丛书的第一辑中，我选择了六本对话录，它们分别是：

《即兴记忆：克洛岱尔访谈录》

《闲谈，沉睡的访谈：马蒂斯访谈录》

《我的真相：柯莱特访谈录》

《爆破边界：杜尚访谈录》

《不屈的历险：布勒东访谈录》

《孤独与团结：加缪访谈录》

六本访谈录，六位受访对象。无一不是法国现代文艺界的扛鼎人物。具体而言，克洛岱尔身兼作家与外交官的双重身份，晚清时曾在中国工作过十五年，诗歌及戏剧创作也在法国名噪一时；马蒂斯作为野兽派的代表，为绘画的色彩、构图、线条使用带来了巨大的突破，再一次激发了绘画的生命力；柯莱特，波伏娃之前法国文坛最有分量的女作家，她我行我素的生活与独树一帜的创作早已成为独立女性的最佳表征；杜尚，艺术史中最惊人的颠覆者，用独属于他的方式突破视网膜霸权，打开了全新的艺术空间；布勒东，超现实主义的"教皇",一手引领着这个20世纪上半叶最具活力的文艺思潮；加缪，荒诞世界中的反抗者，在严寒中寻找一条通向阳光与生命的道路。每一本访谈背后，都跃动着独一无二的鲜活人生，以对话体的方式直抒胸臆地呈现着他们的所思所感，体现着各自鲜明的性格特征。

与此同时，各本访谈之间同样可以形成隐秘的对话。杜尚承认，他之所以在年轻时走上艺术道路，观看马蒂斯的画作起到了至关重要的作用。谈起自己在朱利安学院求学的往事时，杜尚说自己总是"去打台球而不是去画室"，但并没有交代其中的因由，令读者感觉此人颇为疏狂散漫。而马蒂斯在访谈中恰好详细回忆了他在朱利安学院的求学经历，他毫不留情地指出："在朱利安学院，我面前都是一些表现裸体男性或女性的绘画，手法完美，却空洞无物，完完全全、彻彻底底的空洞无物——只有一套程序而已。我觉得自己没有任何理由去画这些东西。为了做出这些东西，我看不出自己能够跨出第一步。"马蒂斯的论述，为我们填补了杜尚没有说出的内容，让我们理解了他去打台球的真实原因。杜尚在访谈中数十次提及好友布勒东，甚至颇为傲娇地说道："我不明白布勒东为什么不联系我……只要他能够努力迈出一步，我就会立刻回应。"令人忍俊不禁。而在布勒东的访谈中，杜尚也是被他频繁引述的艺术家之典范。这些对话见证了一段友谊。谈到与自己发生龃龉的加缪时，布勒东会说："尽管我们近来有所争执，但我还是得说，回过头来看，阿尔贝·加缪当时在《战斗报》上发表的那些文章是多么振聋发聩、直击人心。"而在加缪看来："我恐怕我们这些作家之间的争吵并没有那么重要……当一个具体时机来临之际，他们将再一次被迫集合。那么他们之间的差异还有什么大不了呢？我们并不要求他们相爱——他们常常并不可爱。我们要求他们坚持下去。而且，正是利用各种差异，人类才创造出一个世界。"类似的穿插使得这些访谈形成了一个更广阔的互文网络，构筑出一个相对立体的法国文艺广场。

这六位人物，也许大多数可以从某种角度被定义为"先锋派"。马蒂斯是先锋派，用他的笔触改变了绘画的基本范式；杜尚是先锋派，用小便池等现成品彻底粉碎了艺术的界限，从观念角度开启了艺术创作的全新维度；布勒东是先锋派，他以超现实主义为依托深入潜意识和梦境，发掘出前所未有的美学空间；加缪是先锋派，他靠果决的勇气直面荒诞并予以抵抗，在最高价值自行贬黜的虚无年代重建人类生存的根基；柯莱特是先锋派，她打破偏见和歧视，勇敢地在作品封面署上自己的真名，毫无顾忌地表达自我。与他们相比，克洛岱尔更像一个保守派，他在一个世俗化大兴的时代笃信天主教，对超现实主义等新思潮嗤之以鼻，但是，他强烈的感受力与创造力并没有因此受到丝毫妨害，反而结出了独树一帜的果实，足以与其他几位抗衡。而在这几位先锋派之间，也未必不存在分歧。这正是露天广场的意义，这里没有一家独大，只有众声喧哗，百家争鸣。

丛书的立项与出版得到了中信出版·大方的鼎力支持与密切配合，在此要向总经理蔡欣女士和文学顾问赵松先生致谢。为了译好这套丛书，我选择了一个虽然年轻但学术扎实的翻译团队：杜尚是郑毅博士阶段的研究对象；布勒东则是尉光吉长期关注的学术重心；张慧在法国研习艺术史，对马蒂斯颇为熟稔；王子童在巴黎高等师范学院研究女性写作，与柯莱特也有重合之处。作为主编，我负责译介克洛岱尔和加缪的访谈，并为柯莱特和布勒东的访谈添加了注解，交代人物信息、历史背景等，方便读者理解文意。对于全部译稿，我一一对照原文逐字逐句进行了修订并与译者进行了细致的探讨，力图完整呈现原作中的文意与语气，把杜尚的戏谑、布勒东的严肃等原汁原味地引荐给中国读者。具体效果如何，还要交由读者判断。

最后，衷心希望读者们能够在露天广场中的这场对话里获得愉悦而丰沛的阅读体验，感受这六位法国文艺大师绝伦的创造精神。

张博

2022 年 7 月 14 日写于南京

中译序

　　保尔·克洛岱尔，也许是一个对中国读者来说熟悉的陌生人。之所以熟悉，是因为从 1895 年到 1909 年，他曾作为外交官在晚清的中国生活过十五年，并以他在中国的见闻和感悟为基础写出了一本著名的散文诗集《认识东方》，其中对于东方山川、古寺、戏台、坟茔的描绘，弥漫着道家空灵的雅趣。他还充满创意地大胆改写过李白、杜甫、张若虚等中国古代诗人的名篇，并以《仿中国小诗》为题结集出版。而道家"空无"思想对其世界观亦产生了深远的影响。可以这么说，在法国文坛中，论及书写中国，无论从文本数量的丰沛程度，还是文字气韵的高蹈悠远，克洛岱尔都是当之无愧的典范。克洛岱尔对中国文化的熟悉和亲近，自然奠定了他在中国的名声，尤其在学术界，每每谈及中国文化对外国作家的精神滋养，几乎言必称克洛岱尔，他与中国文化之间的具体关联，更成为学者们积极钻研的课题。

但与此同时，克洛岱尔的完整形象在中国却又显得颇为陌生。除了中国因素，我们对克洛岱尔其实所知有限。而"中国"只是他身上的诸多文化因素之一，对他影响至深的，还有《圣经》，还有古希腊悲剧，还有托马斯·阿奎那的《神学大全》，还有陀思妥耶夫斯基，等等。就他个人而言，他首先是一个虔诚的天主教徒。从1886年圣诞节在巴黎圣母院晚祷时感受到神恩的冲击开始，天主教信仰就成为其人生中第一位的"志向"，是其世界观中统摄一切的绝对核心。而纵观克洛岱尔漫长的文学生涯，他的"中国"书写确实是其中颇为精彩的一部分，但他创作的主体部分，还是一部部宏大壮阔的戏剧作品以及气势磅礴的长诗，其中即便存在涉及中国的某些布景，却并非其真正的精神内核。克洛岱尔曾经撰写过一部以古代中国为背景的戏剧，题为《第七日的安息》，剧中的主人公是一位中国皇帝，他的大臣上奏，说国家遭到了鬼魂侵袭，争抢活人的食物。于是皇帝亲下地狱，见到了天使，得知一切的起因是活人吃掉了死人的祭品，扰乱了阴间的安宁。在全剧结尾，他下达旨意，六天干活，第七天应该休息做祷告。可以看出，在这出戏中，当然涉及克洛岱尔在中国接触到的民间鬼神信仰，但余中先先生说得好，《第七日的安息》里的中国是"一个在克洛岱尔看来颇有希望变成福音胜地的异邦"[1]。中国皇帝在阴间见到的不是牛头马面、地藏菩萨，而是西方的天使，这种乱入难免让人感觉有些啼笑皆非，而他最终诏令臣民如《圣经》中的要求那样在第七日休息，从后殖民理论的观点来看，甚至可以说是赤裸裸的文化侵略。当然，我们也可以换一个更平和的角度，这其实就是克洛岱尔作为一位虔诚的天主教徒在履行他的使徒职责，就像他在漫漫人生中试图劝导安德烈·纪德、雅克·里维埃尔、安德烈·苏亚雷斯等法国文人皈依天主教一样，只不过由具体的某一个人变为一个国家、一种文明。所以，如果我们只是单纯强调克洛岱尔身上的"中国性"，只是按图索骥地刻意寻找其作品中提及的中国元素，这无异于一种遮蔽，甚至对于他的"中国性"本身，也有可能产生误判。在这个意义上，这部克洛岱尔的访谈录，对于呈现完整的克洛岱尔，应该可以起到颇为积极的作用。

整部克洛岱尔访谈录，其内容来自法国国家广播电台记者、柏柏尔作家让·阿莫鲁什与保尔·克洛岱尔进行的系列现场访谈，1951 年 5 月 21 日至 7 月 12 日以及 1951 年 10 月 1 日至 1952 年 2 月 14 日在法国国家广播电台首次播放。在阿莫鲁什的追问之下，年逾八旬的克洛岱尔回顾了自己漫

1　余中先，《克洛岱尔与中国传统文化》，收录于克洛岱尔，《认识东方》，余中先译，人民文学出版社，2021 年 10 月第 1 版，第 312 页。

长的人生，娓娓道来他的一段段经历与一部部作品。整个访谈都如阿莫鲁什所说："在这里，没有或者几乎没有任何东西是提前准备好的，游戏参与者之间没有串通过，保尔·克洛岱尔完全是在即兴发言。"（《第一次访谈》）因此，1954年访谈录首次出版时，整部访谈便被命名为《即兴记忆》，以此呈现克洛岱尔机敏的思维与从容的应对。1955 年 2 月23 日，克洛岱尔与世长辞，享年八十六岁。因此，这部访谈几乎可以说是克洛岱尔留给世界的最后一份礼物，是他对人生和创作的总结陈词。不过，1954 年版完全是对二人对话的直接记录，因此存在不少从书面语角度来看不规范、不准确之处。因此，中文译本使用的是 1969 年由法国学者路易·富尼耶校对修订之后的版本。

在这部访谈中，扑面而来的，首先是一段精彩鲜活的人生。克洛岱尔谈到他的童年、他的故乡、他的家族、他的学业、他的信仰、他的外交生涯，无不活灵活现、精彩纷呈。例如他兴致盎然地谈到自己祖上贵族与平民阶层的合流，津津乐道于自己是奥尔良公爵的后代，谈到他参加外交部的选拔考试，表示至今弄不清楚为何自己在准备不充分的情况下拔得头筹，令人忍俊不禁。关于克洛岱尔的天主教信仰，无疑是访谈中浓墨重彩的部分，他在言谈中也频繁引用《圣经》中的文句。不过，在访谈中，克洛岱尔并不像曾经面对纪德时那样，试图去劝说听众皈依天主教，他只是在陈述他的宗教经验、展现他的宗教思维。阿莫鲁什曾经向克洛岱尔提问："为了深入这片克洛岱尔的天地，为了参与剧中人物的冒险，为了发自内心地认可这些人物的冒险，是不是非要成为基督徒，或者起码要能拥有足够的同感呢？"克洛岱尔的回答是：

我只能说，想要进入我的戏剧，完全没有必要成为基督徒，只需要理解克洛岱尔的思路就行了，并不比进入荷马的世界要求更多，根本不必对由荷马搬上舞台的诸多神明以及各种超自然力量信以为真，不过，至少应该意识到这些超自然之物，意识到这些精神方面的崇高属性，意识到这些与人间纷扰藕断丝连的神意的伟大。(《第三十五次访谈》)

所以，对于读者来说，尤其是对于中国读者来说，面对访谈中的宗教内容，主要在于理解其中的思路，理解一位天主教作家的思维方式，甚至在更宽泛的意义上，理解天主教徒的思维方式。而这种思维，至今为止，其实依然是西方世界的根基之一。例如，克洛岱尔提到：

"sens"这个词，一方面指某个句子或者某种表述的"意义"，另一方面表示一条河流的"方向"。基督教文明来自某处并前往他方。这就是其戏剧性一面的由来。历史是有"方

向"的，而剧作家的角色（例如莎士比亚），就是确定这个方向并且呈现它的来龙去脉。(《第三十四次访谈》)

基督教文明的扩张史、征服史，与这种历史方向性的追寻息息相关。在这个全球化的时代，这些信息对于理解西方世界依然必不可少。

除了宗教信仰，克洛岱尔还详细论述了自己在文学方面的种种钻研，对兰波、博须埃、莎士比亚、维吉尔、陀思妥耶夫斯基、拉辛、巴尔扎克等人一一加以阐述，不但让我们对克洛岱尔的文学谱系产生了具体的认知，其中的许多见解更令人掩卷深思。作为一位韵律大师，克洛岱尔对法语文学语言中的音律搭配进行了细节分析，让读者得以对法语文学的形式美感产生切实的认知，几乎等于上了一堂大师级的文学韵律课程。克洛岱尔的好恶也十分鲜明，高乃依、司汤达、普鲁斯特都不是他喜欢的类型，对此他从不讳言，其中某些论述的角度看似清奇，仔细想来却不无道理。例如，他这样批评普鲁斯特的《追忆似水年华》：

我的想法是这样的：它是对这个社会极度片面的写照，普鲁斯特只是描绘了一群闲人组成的社会群体罢了。不过，我却发现，人物最充分的呈现方式，并不是在无所事事之中，而是在行动之中。一个什么事都不做的人，是在现实中腐烂的人。而一个生灵，包括一株植物，都不会在腐烂过程中得到最充分的展现。一个真正的人在腐烂过程中达不到成熟的形式，达不到他完整的角色……我经常和你说，在一出戏里，每个人都扮演一个角色，而那个什么事情都不做的角色，在舞台上甩着胳膊晃来晃去，在我看来并不是最有意思的角色。(《第四十次访谈》)

初读这样的评价，往往会感到有些惊愕，但回想《追忆似水年华》，似乎其中的每个人物确实都没有什么正经事做，确实都属于有闲阶层，又不禁感到克洛岱尔说得有理。这也许便来自他身为剧作家的敏锐吧。

谈话中，克洛岱尔在不经意间便勾勒了一幅法国文坛的全景图，从他的诗歌前辈斯特凡·马拉美，到同时代的安德烈·纪德与罗曼·罗兰等，无不入木三分。关于纪德这位由于宗教问题反目成仇的早年好友，克洛岱尔会说："纪德的整个人生，以及他的去世，对我而言，我都要使用'骇人听闻'一词。这是一种深切的伤痛，真的，对我来说既不是'反讽'，也绝不'有趣'，而是一种非常强烈的痛苦，是这样一种感觉，一颗原本可以如此美好的灵魂，一位像他那样的杰出人物，却如此糟糕地收场。你还想要我怎么说呢，我是基督徒，对此我只会这么说。"(《第三十八次访谈》)对于罗曼·罗兰，他则说道："在他的人生晚年，我们见面频繁。几乎可以这么说，我看着他死在了我怀里。因此，我很难用心平气和的方式去谈论他，因为我对他怀着深挚的友情。"（《第三十七次访谈》）以上这些内容读来都感人至深。

访谈中的第二个重点，则是克洛岱尔的文学创作。《金头》《城市》《交换》《认识东方》《正午的分界》《库封坦三部曲》《缎子鞋》《克里斯托弗·哥伦布之书》……一部部作品在阿莫鲁什与克洛岱尔的对话中得到了细致的展现。关于这部分内容，也许读者会以为阅读起来存在困难，因为其中不少内容在中国并不知名，甚至尚未被翻译成中文。这样的困难当然客观存在。为此，我在相关注释中对作品的大致情节进行了一些必要的说明。此外，在阿莫鲁什的提问过程中，还直接引述过不少克洛岱尔作品中的段落，应该能让读者把握到一些大致的氛围。更重要的是，二人主要谈论的其实是创作理念和意图，是克洛岱尔的世界观和美学观，比如关于《金头》这部尚未译成中文的早年作品，克洛岱尔这样说道：

《金头》表达了一种危机，我相信，在很多年轻人那里，甚至是大多数年轻人那里，都出现过这种危机。

一个孩子到了一定年纪，产生了一些自我意识，他的力量增长了，在家里感到窒息，想要彻底赢得自身的独立自主。从而产生一种对蛮力和自由的需求，这会以不同的形式表现出来。这一刻，孩子们逃离家庭，扬帆远航，用尽各种方式去试着确认他们的个性。在我身上，这一欲望尤其暴烈，因为与此同时，我恰好有一个惊人的发现，发现了世界的另一半，超自然的世界，在那之前，它对我而言根本不存在，突然间，它被揭示出来。克里斯托弗·哥伦布发现美洲都难以与之相提并论，因为它不仅涉及一个国家（那终归和我们的国家差不多），而且涉及一个完全不同的世界，有了它，就必须对现实世界加以调和。（《第六次访谈》）

这样的内容，其实呼应的是年轻人追求自由独立的普遍心态，即便没有读过《金头》，也完全可以理解。希望这些内容引起读者对于这些作品的兴趣，进而在翻译界与出版界激发出译介克洛岱尔的热情[1]。

此外，中国作为克洛岱尔人生的重要组成部分，在访谈录中当然不会缺席，其中提供的诸多信息更是令人眼前一亮。事实上，克洛岱尔作为一位资深外交官，一辈子出访过的国家数量繁多，包括美国、中国、捷克、德国、巴西、丹麦、日本、比利时等，但在访谈中，真正详谈的只有美国和

1　关于现有的克洛岱尔作品中译本，主要有余中先译的《认识东方》《五大颂歌》《缎子鞋》《正午的分界——克洛岱尔戏剧选》，徐知免译的《认识东方》，周皓译的《倾听之眼》，罗新璋译的《艺术之路》《论荷兰绘画》《以耳代目——克洛岱尔论艺术》。有兴趣的读者可以参阅。

中国。也许在提问者阿莫鲁什看来，只有美国和中国与克洛岱尔的文学创作关系最深。关于克洛岱尔的中国经历以及他创作的《认识东方》，都有专门的章节进行详述（第十六、十七、十九、二十次访谈）。此外，克洛岱尔还在其他章节中提到，在少年时代，"我一直有一种愿望，想要离家出走，想要离开我生活的环境，去跑遍世界：这始终是我最根深蒂固的本性之一。我满足愿望的办法就是读报纸，是那时刚刚推出的，叫《环球报》：我整天都在读报上那些关于中国和南美的游记，那是我当时最喜欢的两个地方，之后在我的外交生涯中，我还真的去了那里"（《第三次访谈》）。由此可见，他对于中国的好奇由来已久，甚至在青少年时期就已经产生了朦胧的想象和热烈的向往。而当他得知自己被外交部派往中国时，"我当然想到中国，因为，当我接到外交部派我前往中国就职的电报时，我正好在西方，在美国，我高兴极了：没有哪个国家比中国更让我想去看看。不过，关于东方的直接看法，我记不清了。我当时想要的就是离开。离开巴黎，离开我的家庭，离开一切围困我的东西，因为我对此怀有一种非常强烈的欲念，结果碰巧被任命去纽约。但毫无疑问，我更想立刻去中国，有人把我派过去让我非常开心"（《第七次访谈》）。"中国，尤其是远东地区，曾经让我很感兴趣。我的姐姐是一位大艺术家，她对日本怀着无限的钦慕。所以，我也看过许多日本的浮世绘和书籍，我被那个国家吸引住了。中国，当时对我来说，是第二选择。从我未能被派往日本的那一刻起（没有我的岗位），我就兴冲冲地要去中国了。当我被任命前往中国时，我非常高兴，我在法国待了三个月，把一些陈年旧事与我的祖国彻底了断，之后，我就动身前往中国，身后没有留下任何遗憾。"（《第十六次访谈》）

除了这些具体的经历与情绪，克洛岱尔还多次提到老庄的道家思想。当阿莫鲁什提到"空无构成了神恩的召唤，对神恩加以填充并且赋予其现实性"时，原本是在讨论神学方面的问题，克洛岱尔却转而指出："在这里，其实是一种中国思想，是道家思想：每一件事物恰恰由于它的'无'才有价值。"（《第十次访谈》）他还特意强调：

至于中国哲学，我非常欣赏道家。我不能说儒家思想特别吸引我，但道家对我的影响很大。道家颂扬"空无"，建议人始终处于一种完全不受拘束的状态。例如，道家告诉我们，智者无为而为，不治而治。总之，这是一种始终不受拘束的态度，一种面对各种形势，总是尝试处于简单、不受拘束状态的态度。要解释清楚说来话长，因为道家非常复杂。不过我经常翻阅一本关于"道"的书，而且我非常佩服，那就是《庄子》，庄子是一位道家哲学家，继承了老子的思想，生活于五世纪或者六世纪（庄子生于约公元前369

年，卒于公元前 286 年。克洛岱尔的说法有误。——本中译本译者注）。正是庄子写出了那句格言，我在法国很喜欢引用它，一心想把它放进所有教育机构里去："可以学会的东西，可以传授的东西，都是不值得学的。"这是道家惯用的格言之一。(《第十九次访谈》)

克洛岱尔承认"道家对我的影响很大"，究竟有多大呢？在我看来，这种影响已经直抵其认识论的核心。在访谈中，克洛岱尔曾经不止一次对苏格拉底的"认识你自己"以及普鲁斯特所代表的内省态度提出质疑，对此他在访谈中进行了详细的论述，并给出了这样的结论：

在我看来，没有什么比苏格拉底的那句"认识你自己"更错误的了。这很荒谬，我们认识不了自己，因为自我的本质是虚无。认知的真正手段不如说是"忘掉你自己"，忘掉自己，从而让自己专注于提供给你的景象之中，至少在我看来，这些景象要比自我有趣得多。(《第二十六次访谈》)

虽然克洛岱尔没有明说，但作为中国人，我们当然会很自然地想到，克洛岱尔的这种想法与《庄子·大宗师》中"堕肢体，黜聪明，离形去知，同于大通，此谓坐忘"的理念颇为接近。而根据克洛岱尔对于道家"空无"思想的一贯推崇，我们有理由认为，他的这些想法从道家思想中汲取了养分。这种道家思想的冲击，可谓奠定了其最本质的人生态度，这要比他一时一地的中国经历，比他在作品中使用几个中国角色或者布景深刻得多、本质得多。

总而言之，这部总计四十二章的庞大访谈，不但展现了克洛岱尔的人生经历与文学创作，足以让我们对他产生更加立体的认知，而且对于我们相对熟悉的"中国"因素，也提供了不少新颖的信息。当然，纵观整本访谈，并不能说它已经彻底囊括了克洛岱尔的全部，比如克洛岱尔的艺术理论，他对绘画和音乐的诸多赏析，访谈中便未能提及，甚至关于中国，关于道家思想，关于他眼中的中国民俗，也许读者也会不满于访谈的点到即止。但这也需要体谅，毕竟每一位提问者都有他自己的重心。我相信，如果换成一位中国的艺术史家与克洛岱尔对话，内容肯定大不相同，他那些文学作品也许便要退居二线了。但无论如何，全书鲜活生动的描绘与穿插其间的哲思和感悟，足以让阅读过程成为一种克洛岱尔本人所追求的"愉悦"体验。克洛岱尔在《第四十一次访谈》中说过："总之，如果到了人生尽头，我能够让自己被人倾听，那么我就应该认为自己很幸福了，毕竟这是一件令人向往的事情。"我相信克洛岱尔是幸福的，他一定会得到中国读者的"倾听"。

目 录

第一次访谈

女士们，先生们，此刻我颇为紧张，因为，面对我们这个时代现存最伟大的诗人，我们历史上最杰出的诗人之一，这是一种非凡的荣幸，也绝非一个小小的考验。

在超过二十五年的时间里，如今坐在我对面的保尔·克洛岱尔，仅仅是一个由三音节[1]组成的名字，是一个无从接近的神秘人物，需要穷极想象力穿越时光、大陆和海洋才能把他追上。[2]现在，突然之间，他现身此地，所以必须向他提出一系列问题，不是我自己关心的问题，而是你们每一个人都想要提出的问题。因此，必须去刺激他、鼓动他、煽动他，用尽一切办法去强行攻占他的记忆。为了强迫他不假思

1　克洛岱尔的全名"Paul Claudel"中包含三个音节。（本书脚注如无特殊说明均为译者注。）

2　克洛岱尔由于长期在世界各地担任外交官，远离法国本土，因此在法国文坛一度"只闻其声，不见其人"。

索地立刻做出回答，必须表现得圆滑而敏锐，有时候甚至不惜显得粗鲁和冒昧。

如您所见，这就像是一场游戏，一场既激动人心又颇具难度的游戏，我们希望您能够参与其中。简单的规则更加凸显其难度：在这里，没有或者几乎没有任何东西是提前准备好的，游戏参与者之间没有串通过，保尔·克洛岱尔完全是在即兴发言。至于我，在讲完这个简短的开场白之后，当然会参考一下粗略的提纲，不过我很清楚我们肯定不会跟着它亦步亦趋。

现在，我要转过来向您说几句了，保尔·克洛岱尔。首先我要感谢您来到这里，感谢您愿意忍受这些多少有些不合时宜的问题与评述。在《认识东方》[1] 中的一篇散文中，趁着一次在法国短暂停留的机会，您曾经发出过类似的抱怨："苦涩的会面！就好像它允许某人拥抱他的往昔！"三十五年之后，您在给雅克·马道勒[2] 的信中又写道："您知道我从来不重读自己写过的东西，除非被印刷厂逼着非这么做不可。"

好吧，现在我想要强加给您的恰恰就是类似的考验。

1　《认识东方》：克洛岱尔 1900 年出版的一部散文诗集，记录了他在中国担任外交官期间的种种感受。引文出自《认识东方》中的《海上遐思》。

2　雅克·马道勒（Jacques Madaule，1898—1993）：法国作家，克洛岱尔的朋友与研究者，1984 年开始担任克洛岱尔研究会主席直至去世，著有《克洛岱尔的才华》《保尔·克洛岱尔的剧作》《克洛岱尔与隐藏的上帝》等专著，1996 年他与克洛岱尔的通信集在法国正式出版。

我希望能够协助您甚至强迫您为我们讲讲您的故事，关于您的思想以及您作品的故事。

既然一切必须从头开始说起，那么我想首先请您谈谈您的童年和少年时代。

好吧，可以这么说，我的童年和少年时代仿佛已经预示了我将来需要去追寻的事业，既要当一名作家同时也要做一位国务官员。也就是说，我既是一名旅行者，也是一个扎根于本土的人。我之所以说"扎根于本土的人"，是因为童年时光给我的余生留下了深刻的影响，而"旅行者"则是由于我投身其中的外交领事职业要求我必须浪迹天涯。

我出生于法兰西岛大区[1]的一个古老村庄里，隶属于一个被称作塔德努瓦[2]的独特区域，它与周边的地形都不一样，无论是向北延伸的苏瓦松大平原，还是南边与西边那一条条拢起的河谷（那是奔向巴黎的马恩河谷与乌尔克河谷）。在我几年前写的一本书里，我恰好描写过我出生地周围四面八方的景色。

首先，我必须和你谈谈这个村庄本身，这个叫作维勒

1　法兰西岛大区：以首都巴黎为中心的行政区。克洛岱尔出生于维勒讷夫苏费尔，在他出生时当地隶属法兰西岛大区，之后由于大区划分发生变动，现在归上法兰西大区管辖。

2　塔德努瓦：位于巴黎东北方向，如今是马恩省和埃纳省的交界处，是一个多山地带。

讷夫苏费尔[1]的村子现在住着三百多户人家，过去的人口还要多一些。它常常让我想起勃朗特姐妹口中那个属于《呼啸山庄》的村子，庇护了三位天才少女[2]的诞生。换句话说，那是一片无比严酷的土地，风永不停息，我想连雨也比法国各地下得更加频繁。可以这么说，没有任何地方比维勒讷夫苏费尔更加朴素、艰苦，也更具宗教气息了——在这些词语最严格的意义上。到了万圣节的时候，听到一座座钟楼上丧钟响起，你感受到的绝对不是什么欢快的念头。

何况，我出生时的那栋房子正对着村里的墓地。我的外伯祖是维勒讷夫的神甫，他亲自盖好了那栋房子，就像我跟你说的，它面对着英语里所谓"God's acre"[3]，属于上帝的一亩地——它围绕着教堂铺展开来。

我的外祖父和外伯祖都是农民的后代，来自拉昂[4]地区，更确切地说是来自列斯。家族里有个传说，1793 年那些大

事件[1]爆发的时候，祖上庇护了一名拒绝宣誓[2]的教士，家人许下誓愿，如果这位避难者能够逃脱追捕，就让外伯祖去列斯的小神学班[3]进修。在这里面你可以发现剧本《人质》[4]最初的痕迹。

后来，每年假期，我都会回到这个村庄，在很多年里，我都和它保持着持续不断的联系。

我印象最深的，是和我们家的老女佣维克多瓦·布吕内的交谈。她是科瓦尼公爵猎场看守的女儿，边上那片拉图内尔大森林[5]曾经都是公爵的，现在则属于莫罗－内拉顿[6]一家了。我总会想起她给我们详细解说诸多本地传统习俗，还为我们描绘各种家长里短以及乡下人特有的陋习，既隐秘又

1　1793 年是法国大革命爆发后极为动荡与血腥的一年。一月，国王路易十六被处死，随即新生的法兰西第一共和国与欧洲多国宣战；三月，法国旺代地区在旧贵族煽动下发生叛乱，革命军开始血腥镇压；七月，马拉遇刺，罗伯斯庇尔上台，开始了一连串针对政敌的清算活动并开始借助断头台实行恐怖统治。

2　法国大革命期间，革命政府对全国的宗教势力进行了清算。1790 年，议会通过法律要求所有教士宣誓效忠国家，取消罗马教皇对法国教会的管辖，随后罗马教皇发出教令，严禁教士履行该法案，法国教会于是分裂成了"宣誓派"和"不宣誓派"。其中不宣誓派之后受到了政府的驱逐和追捕。

3　小神学班：教会组织的教学机构，可类比世俗的中学，目的是培养专业神职人员，在十九世纪还有存留。1905 年，法国颁布了政教分离法案，从此教会彻底退出了中小学教育机构。

4　《人质》：克洛岱尔创作的一出三幕剧，发表于 1911 年。故事背景发生在拿破仑远征俄国时期，其中重要的情节推动力之一就是追捕教士。

5　拉图内尔森林：位于维勒讷夫郊外。

6　此处可能是指法国著名艺术史家、艺术品收藏家艾蒂安·莫罗－内拉顿（Étienne Moreau-Nélaton，1859—1927）的家族。

持久地触及一些譬如在圣西蒙[1]的书里才会遇到的人物。没有什么比圣西门笔下关于凡尔赛宫廷的流言与秘闻更能唤起我与维克多瓦·布吕内进行的那些对话了。

您谈到的这个叫作维克多瓦·布吕内的人物，我们还能在您的作品中找到吗？

可以，图桑·图赫吕尔[2]的母亲身上能找到一点她的影子。

好吧……

他称呼她苏珊娜。

您刚才提到的树林就是著名的舍沃什森林[3]吗？

不，那是另一片林子。在我的书《接触与时机》中，我谈及了维勒讷夫的四个方向：东边的景象最为悲凉，那里除了庄稼地，没有任何令人愉悦的景致，倒是有很多石膏矿，实在是个极度严酷艰苦的地方。南边是拉图内尔森林，

1　圣西蒙公爵，路易·德·鲁弗鲁瓦（duc de Saint-Simon, Louis de Rouvroy, 1675—1755）：路易十四时代的法国政治人物，著有《圣西蒙回忆录》，详细描绘了凡尔赛的宫廷生活。

2　图桑·图赫吕尔：《人质》中的主要人物。

3　舍沃什森林：克洛岱尔1912年完成的剧作《圣母领报》中提到的地点。

林间有一汪清泉，名字相当神秘，叫作"Sibylle[1]之泉"。我以前一直觉得这个名称相当神秘，直到我从圣西蒙的书里得知，"Sibylle"在法语中仅仅是"老姑娘"的意思……人们把老姑娘称作"Sibylle"。

所以和神秘毫无关联……

完全没有。"Sibylle之泉"，其实就是老姑娘泉。

西边，延伸出去的是乌尔克河谷：对我来说，那里是梦想之地，它通向巴黎，还是落日的方向，等等。

最后，在北边，是一望无际的苏瓦松平原，它一路直抵海边，几乎没有任何起伏。

因此，自童年时代起，您就习惯了眺望远方。

是的。还有另一件事：你谈到我的一些记忆，它们确实对我的戏剧作品产生过许多影响，尤其是那出叫作《人质》的戏，我最近正在拿起来重读。我惊讶地在其中发现了一种笼罩我童年思绪的氛围，而非仅仅是某些具体的记忆。

---

1 "Sibylle"一词源于古希腊语"Σίβυλλα"（sibulla），意思是古希腊的女预言者、女先知，因此让克洛岱尔感到了古希腊神话般的神秘感。在法语中，该词后来引申出一个新的意思，专门用来形容上了年纪的丑陋女性。

因此，您童年时代的景色确实深深地浸透了您的头脑，对吗？

当然，尤其是在我的早期作品中。

不过还有另外一重影响，我称之为来自北方地平线的影响，伴随着那吹个不停的可怕狂风。于是，每次我出门散步时，都会发生一种极具戏剧性的抗争，对抗这无休止的可怕狂风，暴烈得似乎教堂的钟楼都被吹歪了。教堂就像一艘出海的帆船，钟楼则是侧倾的桅杆。

您还是孩童时就已经习惯于独自散步了吗？

是的，当时在我的脑海中闪过许多想象、许多戏剧、许多货真价实的武功歌[1]……说到底，就是各种属于孩子的诗篇。

您很早就把它们写出来了吧？

我可以这么说，从我稍微大了一点，从我的孩提时代开始，我就从未停止写作。我还记得一些大概五六岁时写下的诗歌习作。

当时您是出于本能随性写写，还是已经在有意识地作诗呢？

1　武功歌：一种中世纪盛行的文学形式，主要歌颂英雄人物的丰功伟绩。

在很小的时候，自然是信笔写作；不过，到了十三四岁，我就发现自己萌生了当作家或者当诗人的志向。我还记得自己十四岁写的诗作，其中使用的几乎就是我日后常用的韵律节奏，它对我来说完全是与生俱来的。

如果您不觉得过于厌烦的话，现在我想请您回忆几件在您记忆中印象特别深刻的事情。

好吧！都是些家里的事情，那是一个登记局公务员家庭[1]，需要经常搬家。我父亲刚结婚的时候，在费尔昂塔德努瓦[2]做税务员。他就是在那里认识了我母亲。外祖父是一名医生，拥有不少乡间田产，继承自一个大贵族之家，是著名的奥尔良公爵的私生子传下的一脉，你知道，公爵被无畏约翰[3]暗杀之后，家族就没落了，后代沦为平民。在《人质》中恰好可以找到一些我家族的痕迹。这并不仅仅是一则传说，我有一个远房亲戚，德·维尔图先生，现在是宽西[4]的

1　克洛岱尔的父亲路易-普罗斯佩·克洛岱尔在登记局工作，负责处理抵押和银行贷款，登记相关文书。

2　费尔昂塔德努瓦：法国东北部市镇，毗邻维勒讷夫。

3　无畏约翰（Jean sans Peur, 1371—1419）：勃艮第公爵约翰一世，十五世纪欧洲重要政治人物，致力于维持勃艮第的独立地位，与奥尔良公爵路易一世（Louis Iᵉʳ d'Orléans, 1372—1407）进行了残酷的政治斗争，在患有精神病的法王查理六世（Charles VI, 1369—1422）在位时期争夺摄政权。1407年，约翰派人刺杀了路易，正式摄政。

4　宽西：法国东北部市镇，毗邻维勒讷夫。

农民，他手里有一套完整的家谱，以最清晰的方式一直追溯到奥尔良公爵。整个家族后来都跌入平民阶层，在周边的各个农庄里都能找到德·维尔图氏的后裔。

维尔图是一个我们很熟悉的名字。

啊！我完全相信：维尔图[1]的领主是加莱亚斯·维斯孔蒂[2]，他是奥尔良公爵的岳父，查理六世授予他这一头衔……

很抱歉，您在这方面的渊博学识让我跟不上了。（笑）

这些内容让我觉得很有趣：我承认自己对这个出身颇为骄傲，因为我对奥尔良公爵的这条支脉一直抱有好感；奥尔良的查理[3]就是这一支的后裔……诗人奥尔良的查理。

1　维尔图：法国东北部市镇，位于维勒讷夫东南六十千米。

2　让·加莱亚斯·维斯孔蒂（Jean Galéas Visconti，1351—1402）：米兰公爵，米兰公国的建立者，意大利语写作 Gian Galeazzo Viseonti（吉安·加来亚佐·维斯孔蒂）。1360 年迎娶了法王约翰二世的女儿伊莎贝拉，被约翰二世（克洛岱尔误记为查理六世）封为维尔图伯爵，婚后育有一女瓦伦蒂娜·维斯孔蒂，后者于 1389 年与奥尔良公爵路易一世成婚，因此这一支的后代都有奥尔良公爵的血统。

3　奥尔良公爵查理一世（Charles Iᵉʳ d'Orléans，1394—1465）：奥尔良公爵路易一世与瓦伦蒂娜·维斯孔蒂的长子，父亲遇刺身亡后继承了奥尔良公爵的头衔。1415 年，在英法百年战争中的阿金库尔战役中作为法军统帅惨败于英军，兵败被俘后在英国关押了二十五年，用英语创作了大量卓越诗作，留名文学史。1440 年返法后，用法语创作了一些宫廷诗歌。

我想到了在《圣母领报》中提到的维尔图圣约翰教堂。

对，没错。于是，和图赫吕尔的情形一样[1]，这个大贵族分支与另一个非常平民的分支合流了：与梯也里家族[2]联姻，于是两种血脉在我的直系亲属间对战；既有图赫吕尔，也有库封坦家族。我身上便承载着这种双重血脉……

好吧，如果您允许的话，我想，之后谈到《人质》的时候再回头具体谈谈这方面的话题。

在1881年您的外祖父饱受病痛折磨去世之后，您就被死亡强烈地困扰着，不仅仅是关于死亡的概念，而且是它的存在本身，我很想问您，您认为这件事究竟有几分实实在在的确切性。

非常确切！我的外祖父是医生，死于胃癌。我母亲照料了他最后的日子，把我也带了过去。我不知道她这么做有没有道理，但多半有些个人状况要求她不得不如此。于是我就这么眼睁睁看着外祖父，一小时接着一小时，一天接着一天，被这个极度残忍的疾病折磨至死，这当然对我造成了非

1　在戏剧《人质》中，图赫吕尔原本是贵族库封坦家族女佣的儿子，在大革命之后成为行政长官，负责处理警务工作。他爱上了曾经的女主人西妮·德·库封坦，胁迫对方嫁给自己。此处克洛岱尔把平民图赫吕尔与贵族库封坦家族的联姻与自己的祖上进行了类比。

2　梯也里家族：克洛岱尔外祖母的家族，依靠经商发迹。

常强烈的影响……就像我当时读过的一本左拉[1]的书，我觉得写得非常可怕，但也许是他最出色的作品之一，叫作《生活之乐》。

您在那时候就读过《生活之乐》了！

现在我想问，在您当时的年纪，当您还住在维勒讷夫的时候，您是非常虔诚的信徒吗？有教会的仪轨、熏香和圣歌吗？

应该说我有过一个很正式的初领圣体仪式，但并没有什么特殊的宗教氛围。我的家庭是出于传统而信教的。但家里并没有什么特别虔诚的。

那在您身上呢？

我只记得在初领圣体时，对我影响最大的宗教文本是斯多葛派的克里安西斯[2]向朱庇特的祷告，是我在杜鲁伊[3]的《罗马史》里找到的。它让我大受触动，我觉得它写得美极

---

1 埃米尔·左拉（Émile Zola，1840—1902）：法国著名作家，自然主义文学的代表人物。《生活之乐》是左拉"卢贡马卡尔"系列中的一本，1883 年开始在杂志上连载，1884 年出版。小说中，女主人公宝琳娜热爱生活，尽管生活没有给她带来任何满足；与之相对，她爱上的拉扎尔则显得意志薄弱、优柔寡断，充满对死亡的恐惧。

2 克里安西斯（Cleanthes，前 331—前 232）：古希腊斯多葛派哲学家。

3 让·维克多·杜鲁伊（Jean Victor Duruy，1811—1894）：法国历史学家。《罗马史：从最遥远的时代直至蛮族入侵》是他 1847 年出版的著作。

了，比那些祈祷书里读到的篇章更加虔诚。（笑）

您童年时和您的姐姐卡米耶[1]关系如何？

你说什么？

您和您的姐姐，家中唯一的艺术家卡米耶的关系如何？

说到这个话题，必须为你描述一下克洛岱尔一家的情形。这是一个十分特殊也十分封闭的家庭，自力更生，带有一种孤僻易怒的傲气。我们形成了一个小氏族，总觉得自己比其他所有人都高明得多。（笑）而我们之间也频频争吵。

您的姐姐卡米耶也是这样吗？

啊！家里的所有人都在互相争吵。父亲和母亲吵，孩子和家长吵，孩子们之间也经常吵。我姐姐卡米耶也一样。这也许是由于我跟你描述过的那种维勒讷夫的狂风，无休止地延续着它的怒气：总之，我们之间频频争吵。

---

1 卡米耶·克洛岱尔（Camille Claudel，1864—1943）：也译为"卡蜜儿·克洛岱尔"，克洛岱尔的姐姐，著名雕塑家，罗丹工作室中的重要成员，罗丹的模特、知己、情人，曾为罗丹怀过孩子但意外流产，与罗丹的地下关系导致她与全家决裂。

第二次访谈

1882 年，您离开了维勒讷夫迁往巴黎，然后……

不，不，不，没有那么快。离开维勒讷夫之后，我先去了巴勒迪克[1]，我在当地的中学里待了很长时间。接着，我的父亲被任命为房地产抵押登记官，又从巴勒迪克调到了诺让苏塞纳[2]。正是在那里，我得到了一位优秀老师的教导，他叫科林。他是个记者，兼职当老师，但他确实拥有教书育人的使命感。在三年间，说真的，他为我的教育打下了坚实的基础。他教会我拉丁语、拼写法以及算术，用一种绝对扎实的方式令我受益终身，这全都有赖于他拥有优秀的教学法，他因材施教，想尽办法让我们对学习产生兴趣。

1　巴勒迪克：法国东北部的市镇，位于维勒讷夫东南约一百五十千米。

2　诺让苏塞纳：法国东北部的市镇，位于巴勒迪克西南约一百五十千米。法语原名"Nogent-sur-Seine"，意为"塞纳河上的诺让"。

这三年时光给我留下了非常美好的记忆。他会时不时给我们念一些让我感觉非常奇妙的东西，比如阿里斯托芬[1]的作品选段，当然不是全文，还有《罗兰之歌》《列那狐传说》[2]等，总之是一些通常不会念给儿童听的文本，让我姐姐和我都感觉欣喜若狂。

因此，这让您在进入路易大帝中学[3]之后适应起来很不轻松。

后来我还在瓦西[4]的一间小学校里待过一阵，班里只有六七个人，那里同样给我留下了美好的回忆。再后来，家里发生了一场大变故。当时，姐姐感觉到自己想要做一位大艺术家的志向（很不幸这是真的），当她发现了黏土这种材料之后，便开始做一些小雕塑，它们打动了雕塑家阿尔弗雷德·布歇[5]先生。我姐姐意志极其坚定，成功地把全家人都

1　阿里斯托芬（Aristophanes，前448—前380）：古希腊著名喜剧作家，作品辛辣诙谐。

2　《罗兰之歌》是中世纪的法国史诗和武功歌，用古法语写成，描写了查理大帝的英雄事迹。《列那狐传说》则是中世纪用古法语写成的动物寓言故事。对于中小学生而言，古法语是颇有难度的挑战。

3　路易大帝中学：巴黎市中心的著名学府，1882年至1885年克洛岱尔在这里完成了高中学业。

4　瓦西：法国西北部市镇，位于巴黎西北约二百五十千米。

5　阿尔弗雷德·布歇（Alfred Boucher，1850—1934）：法国雕塑家，卡米耶·克洛岱尔的老师。

引到了巴黎，她想要做雕塑，而我呢，当时似乎也萌生了当作家的志愿，我另一个姐姐则想当音乐家……最后，全家一分为二：父亲留在瓦西，我们则搬到了巴黎，在蒙帕纳斯大道安了家。对我来说，这是我人生中的一次灾难，因为我所有的生活都被撕成了两半。

我进了路易大帝中学，但完全没准备好，因为我以前一直习惯于独立自主地生活，现在却必须和班上四五十个同学相处，这真的不容易；而且我的父母早就习惯了我在六人小班里拿第一名，这根本不是什么难事，而我到了五六十人的大班里，他们还老老实实地期待我拿第一。

您总归不是吊车尾！

什么？

您不会是所谓"吊车尾"的差生吧？

过了一段时间，我终于拿到了第一名。不过在其他时间，只有两种东西、两门学科我取得了好成绩：我成绩好不是出于个人兴趣，而是这两门课的老师都非常凶，他们不愿相信我对科学毫无天分，于是，无论我有没有这方面的天分，他们都成功地把课程内容塞进了我的脑袋里。这两门课程，一门是光学，一门是自然史。

其中一位老师后来的职业生涯成果丰硕，成了一位名人。他叫曼甘[1]。正是这位曼甘先生完全不考虑我的个人喜好，把我的脑袋按在课桌上，强迫我对自然史产生兴趣：我确实做到了，而且把这方面的兴趣保持了下来。

我相信他在这方面给您帮了大忙。

啊，是的！这尤其说明，如果我可以给父母们提些建议的话，当孩子们说自己对什么东西不感兴趣的时候，当耳旁风就行了：这种所谓的缺乏兴趣往往只是在掩饰他的懒惰。

所以您认为在教育领域使用一些专断的方法是有好处的吗？

一切都取决于孩子的个性，不过，对于那些不特别笨的孩子来说，我认为专断是有必要的。尤其是数学：孩子们其实没有理由不喜欢数学。一切都是教育问题。数学在公立学校里很难教好。我认为需要教师与儿童之间一对一的接触，当然这是我的个人观点……不过我们扯远了。

这种教师与您之间一对一的接触，您在路易大帝中学期间没有经历过吗？

1　路易·曼甘（Louis Mangin, 1852—1937）：法国植物学家，年轻时曾在路易大帝中学任教，在植物学方面建树颇丰，1909 年当选为法兰西科学院院士，1919 年出任国立自然历史博物馆馆长。

好吧，我必须说，对于那些路易大帝中学的老师，我一直怀着极高的敬意。大学教育[1]有一种巨大的缺陷，就是它重视教书，忽视育人，而后者原本应该是其主要职能。儿童不仅是一个被人往脑袋里塞进各种事物观念的生灵，他也有性格需要养成，他也有一颗心，而这些东西，至少在我那个时代的大学教育里是完全不管的。

我想，当一个班里有四五十或者六十个学生时，是很难处理这些问题的！

没错……另外，在我家里，全家人之间即便和平相处也要全副武装，每个人都关在自己的城堡里，只想着防备别人。所以我也得不到什么教育，只能自己培养自己，纯属碰运气……这么做当然犯了不少错误，也吃了不少苦头。

在您的高中同学里，您还记得哪些人？

好吧，在低年级我没找到什么伙伴。直到我进了哲学班[2]，才认识了一些，马塞尔·施沃布居首，以及莱昂·都

---

[1] 在十九世纪末的法国，高中被认为是大学的初级阶段、预备阶段，因此，克洛岱尔口中的"大学教育"（l'éducation universitaire）其实是指现在的高中教育。

[2] 哲学班：一种法国特有的课程制度，法国高校分两类：一种是大学，面向全民，只需要高考通过就可以入学；另一种是精英学院，比如巴黎高等师范学院，需要参加专门的选拔考试，各个高中专门针对这种选拔考试成立了预科班，安排的课程包括哲学、修辞等，巴黎路易大帝中学和亨利四世中学的预科班最为知名，班上学生考取巴黎高等师范学院的概率极高。

德，大汉学家沙畹，还有西韦顿[1]，你应该听人谈到过……

政治事件[2]中的那个西韦顿……

政治事件，是的。还有……我的上帝，还有其他几个人吧。

当时您还不认识菲利普·贝特洛[3]吗，是后来才认识的吗？

那是很久之后了。哲学班的经历对我影响巨大……我遇到了一位非常卓越的老师，名叫布尔多[4]，巴雷斯[5]在作品

1　马塞尔·施沃布（Marcel Schwob, 1867—1905）和莱昂·都德（Léon Daudet, 1867—1942）均为法国作家，后者是著名作家阿尔丰斯·都德的儿子。沙畹（Édouard Émmannuel Chavannes, 1865—1918）是法国著名汉学家，翻译过《史记》。加布里埃尔·西韦顿（Gabriel Syveton, 1864—1904）则是法国政治人物。

2　1904年，由于法国政坛盛行的反犹情绪，政府开始在军队中建立政治与宗教档案，遭到以西韦顿等左翼政党的尖锐批评，最终爆发了"卡片门事件"。当年11月4日，西韦顿在自家书房中神秘窒息死亡，警方认为是自杀，但舆论普遍认为是谋杀，轰动一时。

3　菲利普·贝特洛（Philipe Berthelot, 1866—1934）：法国外交界重要人物，克洛岱尔的好友，1902年至1904年和克洛岱尔一起在中国的法国领事馆工作，之后长期担任法国外交部高官，为克洛岱尔的任职升迁行过很多方便。

4　奥古斯特·布尔多（Auguste Burdeau, 1851—1894）：法国哲学家，曾在南锡中学教书，之后在路易大帝中学担任哲学教师，把康德和叔本华的哲学思想引进了法国学界。

5　莫里斯·巴雷斯（Maurice Barrès, 1862—1923）：法国作家、政治家，右翼民族主义者。在南锡中学上学时接受过奥古斯特·布尔多的教育，但十分不以为然，在1897年出版的小说《无根者》中，巴雷斯创作了善于钻营的野心家布特耶尔这一形象，对布尔多进行了辛辣的嘲讽。

里对他进行过在我看来极不公正的描写……

《无根者》。

就是在他那本《无根者》里。布尔多的外貌给人一种古希腊爱奥尼亚[1]哲学家的印象。他脸色苍白，一把漂亮的黑胡子，还有一副令人印象深刻的好嗓子。刚好他的一部分课程就是讲解那些古希腊早期的伟大哲学家。他的课程在这方面对我产生了巨大的影响。

有传言说您从一开始就对布尔多、对他的教学深恶痛绝。

不，不，关于布尔多，这绝对是误传！我不仅不厌恶布尔多，还对他怀有深深的崇敬之情。传言中只有一点是真的，就是布尔多的那套康德理论，我从来都忍受不了。

所以说您厌恶的是那些理论……

是那些理论……

而非其人？

不是这个人。

---

1 爱奥尼亚学派由古希腊"哲学之父"泰勒斯创立，力求探寻世界的本质，是古希腊的著名思想流派。

很好，我非常高兴您趁此机会开诚布公地对此予以澄清。

恰恰相反，我非常乐意在此向布尔多致敬，作为一个人，作为一名教育家，作为一位老师，我非常崇敬他，不过他那些理论我完全听不进去，它们没有渗透进来。

现在您可以为我们回忆一下那场 1883 年著名的颁奖礼吗，似乎是欧内斯特·勒南[1]亲手给您颁的奖？

完全正确。我感觉是高二，具体年份需要去查查资料，大概是 1882 年或者 1884 年吧。

1883 年。

是 1883 年，好吧！我应该在读高二，勒南当时做了一场演讲，直到现在依然很有名，他滔滔不绝……大家自然对他恭维了一番，一位平时负责社交场合的老师歌颂了这位大人物，勒南回答说："是的，年轻人，你们刚刚听到了一些献给我的溢美之词，你们听人说过，我是个大人物，带来了很多真理与光明。但我并不抱幻想，谁知道在你们中间日后会不会有人说：勒南，这棵大毒草，以及随之而来的各种攻讦……"

1　欧内斯特·勒南（Ernest Renan，1823—1892）：法国著名实证主义哲学家。

好吧，他早就猜到了：您当时就站在那里，这正是您后来说的话！（笑）而且您现在依然这么认为。

我现在依然这么认为，我甚至可以说：只多不少！

只多不少……您有没有参加雨果[1]的那场压台大戏？雨果的葬礼在您的少年时代留下了什么印象？

那时候我已经大多了。

两年以后。

必须谈一谈我和雨果的关联。童年时代，在我最初的记忆中，我非常着迷于雨果的小说，它们当时都是分册出版的，还配有很多插图，那些插画家如今已经去世了，比如达尼埃尔·维埃尔热[2]等。

是艾特泽尔丛书[3]吗？

艾特泽尔，对，没错。

1　维克多·雨果（Victor Hugo，1802—1885）：十九世纪法国最著名的作家之一。1885年，雨果在巴黎去世时举行了国葬，超过两百万人参加了葬礼游行，最终葬入先贤祠。

2　达尼埃尔·维埃尔热（Daniel Vierge，1851—1904）：西班牙插画家，长期在法国生活，曾经为雨果的《海上劳工》《笑面人》等作品绘制过插图。

3　艾特泽尔丛书：法国出版商皮埃尔－于勒·艾特泽尔（Pierre-Jules Hetzel，1814—1886）创立的图书系列，以精美的插图闻名。

就是这个系列。

我特别喜欢《九三年》；我还看过雨果的一些画作，也非常喜欢。不得不说，也许是气质使然，或许是性格因素，雨果的诗歌从来都不令我中意。我从来都读不进去：亚历山大体[1]是一种与我的天性格格不入的顿挫与节奏。至于雨果那些细枝末节的八卦故事也让我感觉颇为无聊。比如《世纪传说集》[2]中的一些故事里，可以看到一个游侠为了营救一位动人的美丽姑娘，抓住叛徒的脚跟，再把他的头往墙上猛撞！即便我当时只有十三四岁，这种故事也显得傻气了。

请原谅我打断您刚刚说的话：事实上，我的问题具有一种相当粗鄙的八卦意味。主要涉及雨果的整个神化过程，那场压台大戏，出殡，国葬，对一个像您那么大的男孩来说，到底可以造成什么印象？

我目睹了整场葬礼，在我看来和路易-菲利普时代[3]那

1　亚历山大大体：一种传统法语诗歌中常用的十二音步格律系统，是雨果最常用的格律之一。

2　《世纪传说集》：雨果从 1855 年到 1883 年间陆续撰写完成的一部诗集，以《圣经》故事、古代神话与民间传说为题材，描绘了人性的历史演变。

3　即七月王朝时期，从 1830 年至 1848 年，当时的国王是路易-菲利普一世（Louis-Philippe Iᵉʳ，1773—1850）。

些小说里关于"库尔蒂耶速降"[1]的描写十分相似。可以这么说，那是一种完全放荡无耻的东西，令人厌恶，是一次油腻星期二[2]的嘉年华游行。留给我的就是这种印象，让我比较反感。尽管我当时认为而且如今依旧认为雨果是一位大诗人，但这种"库尔蒂耶速降"般的葬礼实在让我非常惊愕。

您在布鲁塞尔当大使的时候，曾经宣读过一篇向雨果致敬的精彩演说，后来在《文学新闻》上发表了，我记得很清楚。这篇致敬令我特别触动，不是因为我感觉您改变了自己的看法，而是因为在那篇讲稿里，已经清楚地看出您对于散文作者雨果，对于他的虚构小说，尤其是对于《海上劳工》的推崇，提到它时，您用了这样的词……

尤其是对于《笑面人》的推崇……我极其欣赏《笑面人》，我不知道自己是否把它当成雨果的代表作。这是一本几乎不为人知的小说，大家都不读……

1　"库尔蒂耶速降"：巴黎狂欢节的重要组成部分，库尔蒂耶位于巴黎东北角，地势较高，当时巴黎的中下层市民经常去那里消遣作乐，每年狂欢节时游行队伍会从库尔蒂耶一路下坡走向巴黎市中心，因此被称为"库尔蒂耶速降"，出现在许多十九世纪的文学作品中，雨果在《悲惨世界》也描写了1833年的巴黎狂欢节，1841年，德国作曲家理查德·瓦格纳创作了乐曲《库尔蒂耶速降》。

2　油腻星期二：也称为"忏悔星期二"，是圣灰星期三的前一天，在许多地方人们习惯于以狂欢节和化装游行的方式庆祝这个节日。由于第二天需要斋戒，这一天往往要吃得油腻一些，由此得名。

也就是说，以前大家让孩子们去看雨果几乎所有的小说，如今我不知道还会不会这么做。

雨果要感谢那些插画师。他找了一大批插画师：泰奥菲尔·舒勒、比达、达尼埃尔·维埃尔热，他们确实非常适合雨果的作品，为他的作品增色良多。

您在高中时读些什么书？

我最开始读的是……这看起来很稀奇！我最开始读的是歌德的《浮士德》，让我印象深刻。但很快我就对它厌倦了，于是在一段时间里，有好几年时间，我的每日食粮就是波德莱尔、勒孔特·德·李勒和福楼拜 [1]，当然，我对他们的崇敬之情如今所剩无几了。

除了波德莱尔。

喔！波德莱尔，也缩减了很多！不过我终归还是保留了自己对波德莱尔的欣赏，不过对于勒孔特·德·李勒和福楼拜就真的微乎其微了。

---

[1] 夏尔·波德莱尔（Charles Baudelaire，1821—1867），勒孔特·德·李勒（Leconte de Lisle，1818—1894）和居斯塔夫·福楼拜（Gustave Flaubert，1821—1880）都是十九世纪中叶法国文坛极具代表性的诗人或作家，是克洛岱尔这一代人青年时代的主要阅读对象。波德莱尔以《恶之花》与《巴黎的忧郁》引领了法国诗坛的现代风气。李勒是帕尔纳斯诗派的领袖人物。福楼拜则以全新的方式进行了一系列小说创作，包括《包法利夫人》《情感教育》《圣安东的诱惑》《萨朗波》等。

对福楼拜也是这样吗？

喔，是的！好吧……除了《圣安东的诱惑》[1]。

除了《圣安东的诱惑》。您是从什么时候开始阅读古希腊和拉丁经典的呢？

啊！我们进入了另一个时期。不过，先讲完我皈依之前的阶段吧。我在高中过得极其不幸，因为教育的缺失，因为缺少自己急需的精神食粮，我深受其苦。当时我对死亡充满恐惧，而死亡历历在目，这个孩子感觉完全被抛弃了，没有任何引导，不知何去何从……可以说，那段时间我在精神上吃了很多苦，痛苦至极。而且巴黎的生活也不让我中意，我缺少可以推心置腹的人，缺少可以出谋划策的人，完全没有这样的人，只有最彻底的孤独，唯有自力更生：没有任何人可以帮我出出主意。

但是您从未抱怨过这种孤独。您还写到过，您深切地体会到这种孤独感对您来说必不可少。

一体两面吧。

1　《圣安东的诱惑》：福楼拜 1874 年出版的作品，取材自圣徒故事，描绘了圣安东在某天夜里产生的各种精神幻象，最终走向新生。

总之，您深受其苦……

是的，不过，后来我体会到这些苦是必要的。但我必须要说，这些苦在好几年时间里几乎难以忍受。说到底，我也只是一个和别人一样的小孩而已，我需要形成一种关于人生的概念，形成一种关于人类命运的概念。这些问题大人小孩都在问，很多问题都带着某种急迫性与残酷性，而且我可以说，比成年人问得更加激烈，起码对我自己来说是这样。

当时您难道没有想过去寻找宗教的庇护吗？

完全没有！

总之，您童年时代参与过的各种宗教实践完全没有深入您的内心吗？

不仅没有，而且我可以说，那时候对这些东西真的很反感。说真的，是我的姐姐，我的姐姐卡米耶把我们与宗教彻底隔开了。《耶稣的一生》[1] 偶然间落到了她手上。我当时也读了《耶稣的一生》，觉得宗教问题彻底解决了。

---

1 《耶稣的一生》：勒南出版于 1863 年的一部风靡一时的历史学著作，是其《基督教起源史》的第一卷。在书中勒南将耶稣还原成了一个具有极高道德情操的普通人，舍弃了所有的神性因素与超自然能力。

勒南的那本《耶稣的一生》吗？

对，《耶稣的一生》，就是它成为我中断宗教思考的基础，不过我必须说，那些宗教思考当时在我身上并不根深蒂固。

在那段时间您仅仅是不信教吗？还是变成了一个咄咄逼人的无信仰者呢？您当时仇视宗教事务吗？

对，相当仇视。那时候我大概十四五岁。你知道那个年纪的小孩是什么模样：我当时从头到脚都明摆着是反宗教的。

那您的同学呢？

同学们也一样。宗教在布尔多的课堂里根本不存在。那时候跟现在不一样，现在还多少存在某种宗教感，而在布尔多的班上，要是有人当众承认自己是天主教徒，全班同学都会哄堂大笑，当时我的表现也和其他人一模一样。

所以当时宗教信仰不但遭到厌弃，甚至还受到嘲讽？

话不能这么说。总之，这些都是调侃，毕竟没有恶意，只是比较幼稚罢了。你很清楚当时在文学里、报纸上，到处占据主导地位的是什么思想精神 [1]。

1　在十九世纪末的法国文坛，现实主义、自然主义以及科学精神、进步观念盛极一时。

是的，那是自然主义的氛围，您曾经描绘过……

自然主义[1]与贡布主义[2]。不能叫贡布主义，应该是前贡布主义。

科学主义。

科学主义。正是在那个时候，随着我对兰波的发现，我皈依的曙光出现了。我至今依然记得 1886 年的那个 5 月，我翻开了第一册开始连载《彩图集》的《风行》杂志[3]。

那么如果您同意的话，我们下次继续聊这个话题。

1　自然主义：十九世纪末的法国诞生的一种文学创作倾向，以左拉为代表，追求绝对客观，要求作家使用科学的方法，强调对生活世界进行事无巨细的描摹。

2　贡布主义：法国政治家埃米尔·贡布（Émile Combes，1835—1921）宣扬的理念。他在 1902 年至 1905 年间作为法国总理推行了一系列与政教分离相关的反宗教法案，代表世俗化的政治思想。

3　《风行》：十九世纪末在法国出版的一份文学杂志，法国象征诗派的主要阵地之一。1886 年 4 月创刊，收入了兰波、魏尔伦、马拉美、拉弗格等人的诗作。1886 年 5 月至 6 月间，在《风行》的第五期到第九期里连载了《彩图集》。

第三次访谈

我想我们现在可以稍微谈一谈少年克洛岱尔了，谈谈这个十五六岁的男孩身处的悲惨境地，我们都觉得他生活在极度孤立之中，感到自己被隔开了。

与什么东西隔开？您的全部作品日后都在谈论这个问题。不过，如果您愿意的话，也许您可以试着回顾一下您当时的思想状态与灵魂状态，您身处其中，把自己称为路易大帝中学的"聋哑人"。

哎，我的上帝，不要忘了，现在我已经八十二岁了！所以，在如今的我和你提到的那个时段之间，横亘着漫长的岁月。我不确定这么悠远的距离会不会给我至今尚存的记忆增添某些颜色，当人跨过六七十年时光回忆往昔时，他的看法很可能会让对象发生一些变形。

总之，我现在还记得，我离开故土茫然无措的很大一部分原因其实来自实际生活，在外省的小城市，我觉得和家人生活得很快乐，搬到巴黎后，氛围完全变了。我需要适应，这种适应过程非常痛苦，也从来没有完全做到。

我向来没有融入团体的天性。每次适应起来都十分困难。在我一生中的任何时刻，都没有体验过别人口中所谓的兄弟义气。这一点我和兰波比较相似，他说过："兄弟义气还有异性交往与我无涉。"这一点我很像他。我当时多半在自己身上感到一个全新的生灵正在孕育和发酵，他有太多东西需要学习，但还没有遇见真正有营养的源泉，能够让他从中找到其成长所需的食物。

我摸索着前行，就像之前和你说过的，我当时没有任何宗教感情，尽管我的个性与我日后寻得的新生是相合的。这导致一种拘束的状态、失衡的状态，一种令人不快而且不断痛苦寻找的状态。另一方面，家中也不是一直风平浪静：我们每个人都性格暴烈，家庭生活并不特别舒心。于是，在我最遥远的记忆中，我一直有一种愿望，想要离家出走，想要离开我生活的环境，去跑遍世界：这始终是我最根深蒂固的本性之一。我满足愿望的办法就是读报纸，是那时刚刚推出的，叫《环球报》：我整天都在读报上那些关于中国和南美的游记，那是我当时最喜欢的两个地方，之后在我的外交生涯中，我还真的去了那里。

好吧，您谈到了青年克洛岱尔，如果您允许的话，让我们从外部，根据他当时写下的两篇作品，对他观察一番。您现在多半不会太喜欢这两部作品，其中有一部短剧叫作《睡美人》，我想，是您在 1882 年到 1883 年间[1] 完成的：您当时只有十五岁。

对，差不多。

还有一部是《惨剧片段》[2]，是几年之后完成的。在《睡美人》和《惨剧片段》中，我们看到，您本人也像一出极度严酷的戏剧的中枢，是两种对立人格的分裂：一个是已知的，被动的，似乎天生就愿意顺从和接受；另一个则充满了反叛、征服与野蛮的占有。看起来，当您接触到兰波时，您遇到的不是一位导师，而是一位兄长。

与其说是兄长，不如说是"父亲"更加贴切，除去这个词带有的那层崇敬恭顺之意。我想说的是，这话我在别的地方也说过，兰波对我施加了播种般的影响，如果与兰波的相遇没有给我带来一种至关重要的冲击力，那么我难以想象

1　根据法国学者后来的研究，《睡美人》是克洛岱尔 1887 年前后完成的一出笑剧。克洛岱尔在完成剧本后将其寄往奥戴翁剧院的审读委员会，之后便尘封于故纸堆中，1925 年才被人重新发现并影印出版。

2　《惨剧片段》创作于 1888 年，但完成后被克洛岱尔销毁，仅留有少量片段。

自己会变成什么样子。

　　既然你提到了两出几乎被我遗忘的戏剧——其实它们回应了我成长过程中的不同阶段。《睡美人》还是一篇小孩子的习作，可以在里面找到我日后作品中的一些基本元素，《睡美人》的主题[1]可以在我后来的讽刺剧《普罗透斯》[2]里找到。我最近写完的一部作品，我称之为"电台狂想剧"，是我两年前写的，出发点也和《睡美人》一样，叫作《月亮寻找它的背面》[3]……因为你知道，月亮从来不对我们露出背面，它的背面对我们无法挽回地隐藏了起来，我猜想月亮很焦虑，它心想："我有背面，我知道它存在，但这个背面到底是什么？"于是背面也要去寻找正面，因为"正面"这个词本身就包含它的对立面，也就是背面。正是因此，我重写了《睡美人》，弄出了这个"电台狂想剧"，两年前

1　《睡美人》描述了一个神话世界，牧神在月光下嬉戏，林中仙女则像睡美人一般等待着她的王子，之后，一位青年诗人闯入了这个世界，他心怀诗歌梦想，却最终受到愚弄。他发现整个世界和仙女的爱情都只是骗局而已，遮掩了人类的苦难。

2　《普罗透斯》：克洛岱尔1913年完成的一出讽刺剧，标题来源于古希腊戏剧家埃斯库罗斯的一出题为"普罗透斯"的亡佚剧作。故事发生于特洛伊战争之后，描写了变形之神普罗透斯的海岛上一系列关于欺骗的故事，展现了尘世的幻觉、爱情的失望等。

3　1947年，克洛岱尔对《睡美人》进行彻底改写，改名为《月亮寻找它的背面》。故事的主人公依然是《睡美人》中的诗人，他走进了世界的反面，在一连串经历之后，最终与月亮女神抵达了象征至福的内心自由。作为克洛岱尔最后的作品之一，他在这出戏中总结了他的一生，并对他本人以及他的作品进行了自嘲，展现了他所渴望的救赎。

在波朗[1]主编的《七星手册》上发表了。

是的，《睡美人》中确实有这种狂想，轻快的诙谐，辞藻的丰沛泼辣，就像某种厚重可口的语言材料。在其中，月亮也出场了，它在您的大多数书中都可以找到。

不过远不止这些，还有一些更深层的东西，其中的某些内容可以被认作您作品最核心的主题之一，那就是寻找方向，是诗人在世界中的处境和他与世界的关系，这些内容后来您也反复提及。《睡美人》中，中心人物无疑是诗人，即您本人，这个诗人被愚弄，因为他试图唤醒的睡美人却暴露出是一个可怕的怪物，您在剧中将其称为"酒囊"。不过我们已然看到，诗人在操心自己的方向，操心如何在世界上找到自己的位置。之后，在《认识东方》中，您写道："伦敦在下雨，波美拉尼亚飘着雪花，而此时巴拉圭是粉色的，墨尔本烈日炎炎。"[2]好吧，这行短小的诗句，某种意义上恰是您的写照：它带着您的印记，其中蕴含着一种恒久的思虑，要去确认宇宙完整的存在，以及和这种完整性相比，诗人和与之共存的事物拥有的确切位置。

---

1 让·波朗（Jean Paulhan，1884—1968）：法国作家，法兰西学院院士，曾出任一系列重要文学杂志的主编，包括《新法兰西评论》等。《七星手册》是波朗主编的一份文学刊物，从1946年至1952年一共出版了十三期，其中1948年出版的第三期中刊载了克洛岱尔的这部作品。

2 这段引文出自克洛岱尔1907年出版的《诗艺》，而非《认识东方》。

这些话说得非常妙！我带着最大的兴趣聆听你的讲述，因为这确实是《睡美人》合情合理的一个发展方向，必须承认，对于这部作品，我自己并不抱什么特殊偏好。不过说到底，我只需要赞同你的观点，然后为你从中发现的兴趣点沾沾自喜就可以了。(笑)

我不认为这是我一个人发现的兴趣点：我相信您所有的读者都会找到这种兴致。不过，如果您愿意的话，现在……

我还想补充几点。对我而言，《睡美人》最让我感兴趣的地方，就是在瑞士出版社制作的一个公开发售的版本中，收录了我的同班同学加布里埃尔·德·罗通[1]给我绘制的一幅铅笔肖像画。他给我画肖像时，恰好就在我写《睡美人》前后。所以可以看到我当时的样子……那是我现存最早的一幅肖像，你没见过吗？

没见过。我非常遗憾，我的朋友理查德·海耶[2]，就是您提到的那位出版商，没向我展示过这张肖像。我肯定是充满好奇想要看看的。

1　加布里埃尔·德·罗通（Gabriel de Roton，1865—1964）：法国插画师，克洛岱尔在路易大帝中学修辞班的同学。

2　理查德·海耶（Richard Heyd，1910—1959）：瑞士出版商，专门出版戏剧方面的作品。

问他要。

我不会错过的。

似乎我当时是一个粉扑扑的少年，脸蛋胖乎乎的。(笑)

好吧，现在您也许愿意和我们谈谈，您是在哪些具体情况下接触到兰波的？

啊！那是 1886 年 5 月，在卢森堡公园。我买了一期刊载《彩图集》第一部分的《风行》杂志。我必须将其称为一种真正的"启示"[1]。《风行》当时好像是由费内隆[2]主编的，其中刊登的那些片段，完全改变了我的人生，彻底撼动了一套荒谬死板的哲学体系，那是我当时试图……试图让自己服从的体系。《彩图集》把我唤醒了，将超自然揭示了出来，它是自然持续的伴奏。《洪水过后》《童年》，所有这些在《风行》第六期以及之后几期刊载的作品，对我而言都是真正的启迪。而几个月之后，还有更大的启迪……那是 10 月份刊载的《地狱一季》。这一切对我而言都是重大事件，也许解释了，在两部诗集发表的间隙，我创作的一篇颇有天主教意味的剧作，此前从未出版过，之后会收进我的全集里。

---

1 《彩图集》的标题"illuminations"在法语中还有"启示、灵感、照亮"等意思。

2 菲利克斯·费内隆（Félix Fénéon, 1861—1944）：法国作家，对兰波的诗作极为推崇。《风行》杂志的主编。

我认为，这篇作品表面上非常平庸，但从我个人心灵和宗教的成长角度来看，则有一定重要性。它叫……

《胎死腹中》？

不，是《人类的弥撒》，是 1886 年 7 月写的。

所以那是在《胎死腹中》之前……

之前。《胎死腹中》是我皈依以后写的，时间是我皈依两年之后：1888 年。

1888 年，的确如此。我想再稍微强调几句您对兰波的发现。在我看来，在您当时刚刚发现的兰波与您自己之间，似乎存在一种深刻的相似性。总之，如果从《惨剧片段》中选取几条极短的引文，就可以清楚地表现出这一点。首先，剧中存在一种对于世界的评判，那是一种相当激烈的评判，认为这个世界卑鄙下流。《惨剧片段》中的一个人物，玛丽，就持这种评判，它之后在《金头》[1] 中得到了发展和强化。她说："朋友，噢这个地方，噢憎恶这个邪恶的世界。"

然后，基于这个对于卑鄙世界给出的评判，相应地还存在一种相当彻底的绝望。还是玛丽这个人物，她说道：

---

1 《金头》：克洛岱尔创作的一出戏剧，1889 年推出第一个版本，1894 年进行了修订，为第二版。在最初的版本中呈现了克洛岱尔作为年轻作家经历的生存与信仰危机。

"有一件事情比其他一切都好，那就是在由鲜血与死亡组成的睡意中安眠。"

《惨剧片段》出自一种与我们刚才提到的《睡美人》完全不同的氛围。当时，我不但已经皈依，而且频繁参与各种天主教礼拜活动已经两年。你提到的那种绝望，更应该被解释成向那极端困难的适应过程投去的一瞥，因为不可能在一天之内学会像天主教真理那样难以融入而且与我们相隔遥远的东西，为其中的诸多要素找准位置。在我们世俗的生命中，在我们寻常的生活里，将其融合进来，难度高得吓人，尤其是对我这样一个情绪非常强烈的人而言。你提到的那种绝望不是放弃的念头，而是斗争的思想，就像兰波所表达的那样："精神的战斗与人类的作战一样艰辛……"

不过这只是您身上的一部分而已。

关于放弃和绝望，我不记得自己体验过这种绝对化的观点。存在这样一种放弃和绝望，就像有人站在一面几乎笔直的峭壁旁边，心想：我永远也爬不到顶，心里既激动又失落。

是的，不过我斗胆说一句，我并没有把这种绝望用于您的全部，而仅仅是您的一部分。

从这个角度看，是确切的。

是的，因为还有另外一部分，您形容为纯粹的男性气质，您这么说肯定想到了兰波，一种野性的纯血物种，带着他过于充沛的精力，这位征服者后来变成了……

这些都是《惨剧片段》里的吗？

都是《惨剧片段》里的。因为女主人公玛丽问过男主人公亨利……亨利不是一个太诗意的名字，起码比"金头"[1] 少了很多，这个人物的名字就像是……

"亨利"是为了与"玛丽"押韵。

啊，是这个原因？好吧，玛丽对他说："我接受，而且我要求在你身上行使一项权力，要求死亡中的一个位置。"所以她是选择接受的人。而他回答："我不会这么说。"他拒绝接受。"我看到了你，我选择了你，是我扑在你身上，抓住了你，就像一只狼把它的绵羊扛在背上。"当她要求他在死亡中对他们的爱情予以终极实现时，他转身离开了她，甚至不愿去拥抱她，他用这样的方式与她告别：

"永别了！我们就这样分别了，我不会再回来，至于你……我们究竟要走哪一条漫长、痛苦又隐秘的道路呢？我会在哪一条小径的哪一根木桩上看到你坐着休息呢？请你记

1　"金头"：剧本《金头》中主人公西蒙·阿涅尔给自己起的绰号。

住，记住这个记号……"然后他就走了。

好吧，在这最后几句话里面，你肯定认出来了，在《正午的分界》[1]里存在几乎一模一样的文本。《惨剧片段》其实是《正午的分界》的雏形，我在体验过作为后者直接来源的诸多经验之前[2]，就已经对它们有所了解了。这正好说明了诗歌灵感的极端隐秘性，因为在我尚未经历那些日后感受到的可怕经验之前，在亲身承受之前，我就已经提前进行了描述。

这正是我想要指出的。

那是《正午的分界》的胚胎。《正午的分界》整个最后一幕的胚胎都在你刚刚提到的引文里。

好的，我很高兴能让您这么说，能抛砖引玉，因为刚开始时，您对这两篇少年时代的小作品做出非常严厉的判断，您现在看得很清楚，我之前说的也许不全无道理。

《惨剧片段》和《睡美人》必须区别对待。《睡美人》

1　《正午的分界》：克洛岱尔完成于 1905 年的一出戏剧。描述了主人公在世俗之爱与天国之爱间犹豫不决的痛苦内心。

2　《正午的分界》涉及克洛岱尔本人 1900 年至 1905 年间经历的一段与有夫之妇的爱情纠葛。这段爱情纠葛对克洛岱尔的创作意义重大，但由于其中经历多有不堪，因此在访谈中总是用心照不宣的方式加以影射。

确实是一篇幼稚的作品。相反，《惨剧片段》则是我智力发育期的第一次觉醒。正是在那个时候，我才真正对自己说："好吧，我确实有点手段。"那里面的确存在最初的发酵过程，喔我的上帝，人们当然可以将其称为"天赋"，我在当时意识到了这种发酵过程，后来它在《金头》中成型了。

第四次访谈

上次我们谈到您的绝望，也谈到您的天性，您进行反叛、证明与征服的意志，您逃离与出走的志向，然而，您身上的某一部分——也是属于诗人的部分，也许可以暂时称为"女性化"的部分——始终心系故土：她就在那里，坐着，坐在哪根木桩上？我们不知道具体位置，她没有和孤身离去的诗人一同上路。

所以，既有呼唤与志向，同时也有拒绝与逃离，而恰恰在这种呼唤与志向中隐藏着救赎的可能。

所有这一切都说得非常好，你谈到这两种要素的分裂，其实可以在《金头》里找到，比如在赛贝斯与金头之间。

是的。

后来，在我其他的构思中，你还可以发现同样的元素，例如：思想与灵魂[1]。

诗人只是在发展某种预设的意图而已。

好吧……

在这其中存在一个诗人生命中神秘的一面，也可以说具有预见性的一面，最佳例证之一就是波德莱尔，他还在读高中时，就已经预见了自己未来的全部人生，写下了那些奇怪的诗句："所有被爱的灵魂／都是盛着我们闭眼饮下的胆汁的器皿。"

他写下这句诗时只有十七岁，还在上高中修辞班。他当时肯定从没喝过什么苦水，但已拥有了未来的经验。

魏尔伦的情况也是如此，在他拥有如今众所周知的跌宕人生之前，就写下了这样的句子："我的灵魂向着恐怖的海难启航。"

是的，正是为了这一点，我才想和您多谈谈您的早期作品，以便为我们确保一个坚实的出发点，好去探索未来那些如此重要、如此丰沛又如此艰难的作品。

我想向您提一个问题：在《金头》中，赛贝斯曾经讲过一句名言："话语只是一种噪声，书籍无非纸张而已。"在

1　1925 年，克洛岱尔发表了《思想与灵魂的寓言》。

您写下这句话的时候，它究竟在多大程度上表达了您对印刷品的厌恶呢，比如对书籍的厌恶？

是有这样的情绪，不过，相比我所急需的、必不可少的精神食粮，更多是对书的不满足，而不是彻底蔑视书。我一直是阅读量很大的人，对印刷品手不释卷，现在我早就感觉不到这种轻蔑情绪了。相反，我很清楚自己应该多么感激学习与阅读。只不过，我感觉每个人都在独立地形成自己的个性，就像莱布尼茨[1]所说的单子，没有任何东西，绝对没有任何东西可以取而代之，哪怕某些外部影响——我不说一直，但至少在某些时候——确实有害，会把你引入歧途。必须拥有某种狠厉的情绪，某种无畏的个性，这将引导诗人，至少是萌芽期的诗人，让他得以区分什么对他好，什么对他坏，把那些对他有害的东西心怀厌恶地驱离。

好吧，那么在您青少年时期的读物中，哪些是有益的，哪些是有害的呢？

首先是我在高中接受的那一整套文学教育。对它们，我当时非常反感。别人试图强加给我的那堆知识，我几乎全

1　戈特弗里德·威廉·莱布尼茨（Gottfried Wilhelm Leibniz, 1646—1716）：德国哲学家，提出了单子论，认为世界由无限多个单子构成，每一个单子都是自足的，包含了自身的无限可能性。

都扔了。等到高中毕业，我对这些知识全盘否定，也就是说，我把别人试图塞进我脑袋的东西统统扔掉，态度激烈。

在那之后，当我终于可以自己做主的时候，我就立刻投入了莎士比亚的怀抱。

对不起，对不起……请原谅我打断您的话，不过我相信我们的听众都很想知道，在您高中毕业的时候到底如此态度激烈地扔掉了什么？

不好意思，我只有讲完后来发生的事情，才能回过来谈论这个话题，因为，那些当年别人想要强加给我的东西，等到没人再试图这么做的时候，等到我自主管理自己的时候，我却反过来主动接受了其中的绝大部分内容，而且如饥似渴，把它们当成自己能够吸收的、生命器官必不可少的养分。

请原谅我刚刚打断您的话。对不起。（笑）

我正想和你解释一下我皈依之后的学习过程：因为，皈依、伦理教育和知识教育，这几件事在1886年到1890年或1893年间并行不悖，我自己也在此期间进行了完整的自我构建，形成了我的每一种个性。

这些初步的学习开始于莎士比亚。我非常细致地研读了莎士比亚，用了一年、一年半或者两年时间：我读完了，而且做了详细的笔记。我手头甚至有过好几套莎士比亚，后来丢失了，估计是在东京大地震[1]的时候，我的大部分藏书当时都丢失了。

您当时读的是原著吗？

这么说吧，我的英语就是通过阅读莎士比亚学的。刚开始学英语时，我一手拿着字典，一手拿着莎士比亚的译本，如饥似渴，收获颇丰。当时，我对莎士比亚依然怀着无限的仰慕，这种情绪被我保存下来一部分，对我的成长产生了极大的益处。翻开我第一个版本[2]的《金头》，就会发现莎士比亚的影响无处不在，包括它的风格、意象、情节起伏、谋篇布局，一切都是莎士比亚式的，都可以在《金头》里找到。

莎士比亚还把我引向了古希腊悲剧。我读了古希腊悲剧，在高中时读保罗·德·圣维克托[3]的《注疏集》时就已经对它们十分赞叹了。《注疏集》也是令我赞叹的对象之一，曾经的赞叹对象。

我是通过勒孔特·德·李勒的译本开始阅读莎士比亚

1　1923年9月1日，日本发生关东大地震，对东京造成了毁灭性破坏，当时克洛岱尔正在东京出任法国驻日大使。

2　克洛岱尔的剧本往往存在多个版本，第一版创作完毕，常常在过了几年甚至几十年之后他又提笔大幅修改，因此对于克洛岱尔的剧本，往往需要指明到底是哪个版本。《金头》的第一版完成于1889年，1894年修改完成第二版。

3　保罗·德·圣维克托（Paul de Saint-Victor，1827—1881）：法国文学评论家，此处的《注疏集》可能是指他的《两张面具：悲剧，喜剧》。

的，我觉得那个译本相当拙劣。

我感觉您想说的是埃斯库罗斯[1]吧？

对。我看完那个译本，心想：这不可能！埃斯库罗斯肯定不是这样的。于是我就想去直接阅读原文，但那样的话我就不得不去把高中时代的大部分课程重学一遍。不过最后我还是觉得必须这么做，因为我急需的各种诗律方面的训练都是埃斯库罗斯带给我的。在我看来，史诗和抒情诗属于两种不同的体系。不能把史诗或者亚历山大体套用到戏剧里：我认为这么做完全是错误的。最地道的戏剧韵文或抒情诗体，是抑扬格[2]。所有大戏剧诗人[3]都使用抑扬格，无论是古希腊悲剧家、莎士比亚，还是抒情大师品达[4]，等等，他们都坚持抑扬格原则，也就是长音和短音的交替连续：踢踏、踢踏、踢踏，或者两短一长：踢踢踏，踢踢踏，踢踢踏。

1　勒孔特·德·李勒一生中翻译过许多古希腊文学作品，包括荷马、赫西俄德、埃斯库罗斯、索福克勒斯、欧里庇得斯等，在当时流传颇广。

2　抑扬格：一种起源于古希腊的诗歌韵律，是重音与轻音、长音与短音的特殊组合方式，之后在欧洲各语言中形成了多种变体。法语中，抑扬格变为长短格，基本原理相同。

3　在欧洲的传统文学概念中，戏剧普遍以韵文写成，因此戏剧家同样被视为诗人，例如亚里士多德的《诗学》其实以讨论古希腊悲剧为主。这一点直到十九世纪依然在延续，例如雨果在《克伦威尔序》中也明确支持用韵文而非散文创作戏剧。

4　品达（Pindare，前518—前438）：古希腊最著名的抒情诗人。

相反，亚历山大体，或者六音步诗体，都是叙事体的要素。在我看来，把它们应用到戏剧领域十分荒唐，除非是拉辛 [1] 那样不世出的天才，我发现他曾经用出了奇迹。拉辛是文学领域难以置信的例外之一。这充分证明，不存在什么绝对，因为，即便运用这件在我看来对于戏剧来说相当糟糕的工具，拉辛在这方面的手腕还是令人惊异，另外你知道，拉辛是我在法兰西学院的先辈，因为我坐了他的席位 [2]。

我猜测，拉辛应该是您高中毕业时抛弃的作家之一吧？

完全正确。必须承认，过了很久之后我才重新回到拉辛。对于高乃依 [3] 我始终兴趣寥寥，但拉辛完全不一样。我认为，一个人必须拥有一定的阅历之后才能欣赏拉辛。他不适合年轻人，他的作品具有深刻的人生经验与非凡的艺术形式，这些都不是为那些涉世未深之人准备的。必须拥有丰富的阅历，必须饱饮人生的苦酒，才能欣赏拉辛的作品。

借此，我必须强调拉辛的三篇杰作，《勃里塔尼居斯》

1　让·拉辛（Jean Racine，1639—1699）：法国戏剧大师，法国古典主义戏剧的最高代表之一。

2　法兰西学院共有四十位院士，为终身制，每一位院士去世后，会再选举一位接替他的席位。在法兰西学院的每一张座椅背后，都刻有之前每一位入座者的名讳。克洛岱尔1947年当选法兰西学院院士，入座第十三席，恰好是1672年时拉辛的席位。

3　皮埃尔·高乃依（Pierre Corneille，1606—1684）：法国剧作家，与拉辛齐名的古典主义戏剧大师。

《费德尔》和《阿达莉》，我在世界任何语言，包括在莎士比亚、古希腊悲剧以及其他任何地方，都没找到可以相提并论的。我觉得它们都是非凡的作品，却与我格格不入：我们往往可以赞赏某种东西，却同时感到它完全超出我们的领域，超出我们的气场。我赞赏拉辛，但把他当成完全外在于我的东西，不试图从中寻找任何素材。

《阿达莉》[1] 也同样如此吗？

《阿达莉》也一样。当然这是一部非常伟大的作品。

好的。不过我还是想问，《阿达莉》在您看来与您的天性如此格格不入吗？

是的，是的。

与您的脾气也格格不入吗？

是的，是的。我和拉辛的感知方式不一样，也许除了《费德尔》这篇非凡的杰作。不过我还是能够欣赏他，就像我与安德烈·舍尼耶[2] 相去甚远，却依然能够欣赏一样。

1　《阿达莉》：拉辛 1691 年发表的一出五幕悲剧，用亚历山大体写成，取材自《圣经·旧约·列王纪》中犹太国太后及女王阿达莉（即亚他利雅）的故事。

2　安德烈·舍尼耶（André Chénier，1762—1794）：法国诗人，法国大革命期间遇难。

您刚才提到，您对莎士比亚最初的敬仰之情后来只保留下来一部分？

是的。也就是说，如今我充分地看到了他的不足之处，我对拉辛的赞赏增加了，对莎士比亚的评价则稍微变低了一点。

为什么？

先来谈谈我在莎士比亚笔下发现的绝美之处。无论如何，我始终将其放在第一流之列，是古往今来四五位最伟大的作家之一。在某些方面，我将其置于拉辛之上，尽管我不确定这么做是否合理。

在莎士比亚笔下，首屈一指的便是其思想的多面性。他塑造了一个完整的世界，还有那种暴烈的灵感，戏剧性的情节起伏，想象力既亲切又崇高，二者融为一体。当时这一切都让我无比兴奋，甚至包括那些我不那么喜欢的作品，比如早期的历史剧或者《罗密欧与朱丽叶》之类，其中充斥着恶俗的语言，晦涩难懂，杂乱无章。不过说到底，其中有一种青春气息，一种暴烈的灵感与无畏的情绪，曾让我无比激动，如今依然令我激动不已。莎士比亚终归是大文豪！

然后，读完那些成熟期的非凡之作后，我们就抵达了人类精神的巅峰，莎翁的最后五部剧作，它们令人震惊，其中蕴含的诗意几乎是超自然的：《辛白林》《冬天的故事》

《暴风雨》……总之我记得他晚年的作品一共有五部。

莎士比亚刚开始写的是喜剧，后来开始写正剧，最终抵达了某种享见天主[1]的境界，类似于贝多芬。这种境界出现在他最后的几部作品之中，对应于某种非常特殊的诗律，其基础便是一种特殊的跨行方式，让我觉得非常有意思。从《冬天的故事》开始，莎士比亚就频频切断他的文句，不再遵循灵感的自然停顿，而是中途打断，去制造某种意义的"内出血"：他在完全出人意料之处断开文句。从这个角度看，我们还从来没有好好研究过这最后五部作品中的诗律，它非常奇异，而且在莎翁笔下也是全新的，是在那些古代剧[2]之后发展起来的。标志着莎士比亚的一个全新发展阶段。当时这让我非常感兴趣，后来我在读中国诗歌或日本诗歌的时候又回想了起来，尝试着亲自实践一番这种意外的断裂，把词语折断。

您经常使用这种手法。您不仅实践了这种特殊的跨行方式，以便激发某种文句的"内出血"，有时候您甚至会把词语腰斩。

我开始于一种未经思考的本能，那是在《金头》里，

1　享见天主：基督教术语，意为天选之人得见上帝的状态。

2　指莎士比亚根据古代题材创作的剧本，包括《雅典的泰门》《科里奥兰纳斯》《泰特斯·安特洛尼克斯》等。

接着我放弃了这种手段。一直要到后来，等到我开始写中国诗和日本诗的时候，我才兴趣盎然地进行这类尝试，中间隔了三四十年。（笑）

我想我们之后还有机会回到这个话题。不过，您刚刚谈到了莎士比亚以及古希腊悲剧。您对埃斯库罗斯怀有极高的敬意，后来还亲自翻译过[1]。那么，西班牙戏剧家呢？

之后会谈到他们的。我赞叹的不仅仅是埃斯库罗斯，还包括在他之后的所有古希腊剧作家。我无比赞赏索福克勒斯和欧里庇得斯，尤其是欧里庇得斯，在他身上有一种非常接近波德莱尔的感觉。我甚至很难把他放在埃斯库罗斯之下，他们永远都是两个非常伟大的家伙。

当时，这种对古希腊剧作家的倾慕又把我引向但丁，我同样带着极大兴趣阅读了他的作品。但丁还带我认识了一位我一生中无比敬仰的对象，一个也许被我放在万物中心的人，他就是维吉尔[2]。维吉尔令我痴迷。我现在依然把他的许多完整片段熟记于心，如果你愿意的话我可以背诵。

1　克洛岱尔翻译过埃斯库罗斯的"奥瑞斯提亚"三联剧，其中的第一出《阿伽门农》完成于 1895 年，第二出《奠酒人》完成于 1914 年，第三出《复仇女神》完成于 1916 年。

2.　维吉尔（Virgile，前 70—前 19）：古罗马最著名的诗人之一。在但丁的《神曲》中，维吉尔充当过但丁的引路人与保护人，带他游览地狱与炼狱。

这种痴迷起始于您的青年时代，而且始终不渝吗？

始于我高中毕业之后，因为在中学里，我一点也不喜欢维吉尔。

安德烈·纪德[1]也和您一样敬仰维吉尔，没日没夜地读维吉尔，您知道吗？

啊，就是啊！……

这是你们之间的第一个共通点。

就像他自己说的，两极相通[2]。（笑）

不，他说的是：两极都与我相通。（笑）好吧，还是让我们继续谈谈您在文学方面的发现吧。

当时，我发现了陀思妥耶夫斯基，这也对我产生了重大影响，尤其大大影响了我对笔下人物性格的看法。陀思妥耶夫斯基是千面人格的发明者。换句话说，无论莫里哀或者拉辛，还是那些伟大的古典作家，他们创作的人物性格都是

1　安德烈·纪德（André Gide, 1869—1951）：法国著名作家，克洛岱尔青年时代的友人，双方通过许多信，后来纪德的无神论观点以及对教会的冷嘲热讽，尤其是1914年《梵蒂冈地窖》的出版，引起了克洛岱尔的激烈反驳，双方关系破裂。

2　克洛岱尔在此暗示他与纪德身处两个极端。因为他们由于价值观的严重差异，在人生中分道扬镳了。

单面的，而陀思妥耶夫发现，在人的心理中存在自发的突变，就像德·弗里斯[1]在自然界的发现一样。人的性格有可能突然发生转变，也就是说，他会在自己身上发现一些以前从来没有出现过的东西，就像德·弗里斯命名过的一种黄花，名字我忘记了，在几百年间都持续开黄花，却突然之间绽放一朵白花。没人知道为什么。在陀思妥耶夫斯基笔下也是同样的情况，你看到一个恶棍，比如在《罪与罚》中，我记得有个家伙折磨过拉斯柯尔尼科夫，是个极其可怕的恶棍，却突然变成了天使："天使在昏睡的粗汉身上苏醒。"[2]陀思妥耶夫斯基最强烈的兴趣所在，正是人性中的这种无法预料和未知之处。人对于自我而言是一个陌生者，他永远不知道自己面对新的刺激能够干出什么来。

这是陀思妥耶夫斯基最重大的发现之一，无论是在戏剧艺术方面，还是在我关于生存本质的思考方面，它都对我多有助益，尤其让我永远不要绝望，始终处于某种不受拘束的状态。没有任何人知道自己身上到底包含着多少潜能。

正因如此，那些古希腊哲学家劝人自省的手段——"认识你自己"，以及普鲁斯特的自省方式，等等，在我看来都是完全错误的，因为如果人们专注于凝视自我，那他什么

1　许霍·马里·德·弗里斯（Hugo Marie de Vries，1848—1935）：荷兰生物学家，第一批研究基因遗传学的学者。

2　语出波德莱尔《恶之花》中《精神的曙光》一诗。

也看不到，不是吗，看不到任何东西！就像《诗篇》里说过的那样，我们的生命建立在虚无之上[1]。

相反，正是生活，是与生命的诸多接触，是我们遭遇的各种生灵，突然之间，在我们身上造成了我们远未料到的东西，这些东西，例如在我的《正午的分界》里就可以看到的，梅萨如果没有遇到那个唯一知晓其真名的女人[2]，他就不值一提；他灵魂的秘密、自身的存在，根本不在他本人体内，而是在他在船上遇到的这个女人身上。正是因此显露了他的兴趣，"把你的秘密告诉我，把我的名字告诉我，它只有你一人知晓"，而这个女人只有通过与众人接触才能知悉。

这是您思想体系的一部分，您的体系完整而统一。我想之后还会谈到。而现在，也许您能够帮助我们更加深入下去，一步步追踪它是如何建立起来的。

一切都立得住脚，都是一致的。为了让你理解我之后需要展开的内容，必须弄明白我戏剧技法的开端，以及我世界观的起点，它们都包含在我与陀思妥耶夫斯基的相遇之中，而我对他的认识永远不嫌多。我接受过许多伟大的精神导师教诲，陀思妥耶夫斯基正是其中之一。

1　语出《圣经·旧约·诗篇》第八十九章第四十七节："你创造世人，要使他们归何等的虚空呢？"

2　即《正午的分界》中的女主人公漪瑟，梅萨认为漪瑟真正理解了自己。

第五次访谈

您谈到了陀思妥耶夫斯基以及他对您的深刻影响。您还就陀翁的问题给安德烈·纪德写过一封令人赞叹的信，他与您一样对这位伟大的俄国小说家满怀崇敬[1]。

是的，不过他并没有看到陀思妥耶夫斯基的实质：他有点把陀翁视为一个病人和蛮人[2]。这完全不对：陀思妥耶夫斯基既不是病人，也不是蛮人。他对于自己想要表达的东西一清二楚，他那些小说都是其独特手法谋篇布局的典范。没有什么比《白痴》开头的构思更加精彩了，我把其中的声调称为"贝多芬式"的声调。《白痴》的前两百页是真正的杰作，让人想起贝多芬那些音色渐强的段落。

1　安德烈·纪德撰写过一系列关于陀思妥耶夫斯基的论文，并进行过多次相关演讲，这些文稿后来以"陀思妥耶夫斯基"为题结集出版。

2　这是克洛岱尔对纪德的误解，纪德认为陀翁是揭示人物心理秘密的大师，其实与克洛岱尔不谋而合。

您将《白痴》置于《卡拉马佐夫兄弟》之上吗?

《卡拉马佐夫兄弟》是一部碎片化的作品,是由很多片段堆叠起来的。和很多走到生命尽头的人一样[1],他写出了人生的不同面向,但我可以这么说,它们合在一起效果并不好。不过,陀翁作品中各不相同的内容确实都被汇集到了《卡拉马佐夫兄弟》里面,但它缺少《白痴》的整体性,缺少完整、统一的文气。

当然,在《卡拉马佐夫兄弟》中,陀翁发现了更深层次的心理现象,迸发出许多新意,所借助的恰恰是那些构成其情感与知性学识的经验。我把《卡拉马佐夫兄弟》视为一部巨著。我是从纯形式的角度来谈的。在形式层面,我从陀翁那里获益良多,就像我会说自己从贝多芬那里获益良多一样,当时他们都是我苦心钻研的对象。我从他们的谋篇体系中找到了许多相似之处。这些体系无比丰茂,毫无遗漏。对于我们这些法国人来说,也许有点太丰富了,但与此同时,那种意图的统一性与技艺之高超却绝对值得注意。

在读完陀思妥耶夫斯基之后,或者说阅读期间,您似乎染上了某种真正的读书饥渴症……

---

1 《卡拉马佐夫兄弟》是陀思妥耶夫斯基创作的最后一部小说,1880 年完成,次年陀翁去世。

一点儿没错。不过这只是我研习文学的阶段之一，与此同时，我个人也来到了一个新的阶段，因为当时我必须去谋生，为此我要努力准备法律方面的文凭考试[1]，还有政治科学以及外交事务。

您在选拔中成绩优异[2]。

天知道我是怎么做到的，为什么给我这么高的分数。

总之这是事实。

这是无可辩驳的事实。(笑)

不必为此脸红。

我并不为此脸红，不过对我来说这难以解释，但我还是接受了。除此之外，还有一件更重要、更深刻的事情，因为它与我本人的关系更加紧密，那就是我在宗教教义方面的学习。我把天主教的世界引入了一个原本绝非为其预备的环境。因此我的工作极其艰苦、极其困难：把天主教教义引入理性的世界与感性的世界，而这原本是我作为艺术家与思想

---

1 高中毕业之后，克洛岱尔考入巴黎的政治科学自由学院学习法律，1888 年得到了本科文凭。

2 克洛岱尔在 1890 年法国外交部的选拔考试中名列榜首。

者所拥有的世界，在当时，并不容易做到。

于是我展开了无比漫长的工作，哲学与形而上学方面的工作。首先是亚里士多德的《形而上学》，它让我摆脱了康德哲学。我的思想基石之一便是亚里士多德的《形而上学》，之后在读过圣托马斯[1]的《神学大全》之后又有所发展。之后，我还读了博须埃[2]的几篇大作，比如《高举圣体》《福音沉思录》，尤其是《新教诸变体》——我认为这是一部杰作，比《哲学批判》更好。至于《布道集》和《悼词集》[3]，反倒一直读得不多。

我对博须埃极为推崇。他也许是拉辛之外唯一打动过我并且让我五体投地的法国作家。但就像我之前说过的，拉辛对我来说是个外人，而博须埃却大大影响了我的句式。

我们刚刚提到了兰波。兰波身上的某种面向曾经影响过我，这是他的原句："通过一条危险的道路，我的弱点把我带到了世界边缘，带到了新梅里亚，那个阴影与旋风的国度……"在这句话中有一种抑扬顿挫，我写下的一切都在模

---

1 托马斯·阿奎那（Thomas d'Aquin，1225 或 1226—1274）：中世纪最重要的基督教神学家。《神学大全》是其晚年思想集大成之作。克洛岱尔习惯称呼他为"圣托马斯"，本书保留了克洛岱尔的称谓方式，后文中的"圣托马斯"均为托马斯·阿奎那。

2 雅克-贝尼涅·利涅尔·博须埃（Jacques-Bénigne Lignel Bossuet，1627—1704）：法国大主教，神学家，坚定支持天主教，反对新教。

3 博须埃善于布道和发表演说，《布道集》与《悼词集》是他流传最广的作品，而克洛岱尔之前提及的几部作品都颇为小众。

仿这句正典，总之，在我写下的全部作品中，音质的榜样，旋律的典范，都可以在我对兰波的这份爱意中找到；一切都多多少少嫁接自这行诗句。

在这个基础上，博须埃加入了一些兰波笔下没有的东西：插入句的运用。这对于法语散文写作来说极其有用。类似福楼拜或者伏尔泰那样的人，他们的句子完全由主句构成，没有插入句。例如，你在福楼拜笔下可以读到："C'est à Mégara, faubourg de Carthage, dans les jardins d'Hamilcar."[1] 好吧，这是个糟糕的句子。福楼拜自诩有一双好耳朵，但以阳性音节结尾的三音节词实在太不悦耳[2]，让人很不舒服。

博须埃教会了我如何运用插入句。句子不像在伏尔泰及其断句方式的追随者笔下那样，一头栽在地上，一锤子砸下来，插入语展开了翅膀：巨大的翅膀，通过各种插入语和虚拟时态的使用，当句子抵达终点时，无比轻巧地着陆。你明白吗？在声音层面的语句还没有抵达终点之前，插入句就耗尽了逻辑层面的语句，于是，句子不会一头栽倒，而是带上了几分庄重的平衡，让句子变得威严大气许多。

1　福楼拜的小说《萨朗波》开篇第一句。意为"那是在梅加拉，迦太基郊区，哈米尔卡的花园"。

2　在法语中，如果一个单词的结尾使用的是不发音的 e 或 ent，则称为"阴性音节"，反之则为"阳性音节"。

对于您刚刚引用的那个福楼拜的句子，我想尝试着为其辩护一二。您难道不认为，恰恰是这三个福楼拜刻意挑选的阳韵，它们让您感觉不协调、不舒服，却从一开始便树立了一种奇特而野蛮的感觉[1]吗？

也许吧。福楼拜，在生涯早期，耳朵训练有素得多。在他最早的作品《圣安东的诱惑》中，那些句子就好很多，表明他的耳朵远比写《萨朗波》时精细敏锐。他变了，但没有往好里变。"Et moi sur la secande branche j'éclairais avec ma figure les nuits d'été."[2] 在这里，就有阴韵的参与，比《萨朗波》里的句子更加和谐、更加精巧。我已经很久没有翻过《萨朗波》了，但是像 "C'était à Mégara, faubourg de Carthage ... dans les jardins d'Hamilcar" 这样的句子，包含三个如此生硬不讨喜的同音，是绝对不可能让我承认它写得漂亮的。三个 "a" 完全一样，给人一种伤人的感觉，就像被钝器挫伤了一样。

还有什么其他阅读经验对您产生过比较大的影响呢？

我感觉上次谈话已经提过了……在法语作家方面，我认真阅读过的，除了博须埃，重要的就不多了：一点点孟

1　《萨朗波》的故事发生在公元前三世纪的北非迦太基，以迦太基人与蛮族佣兵之间的冲突为主线。

2　我坐在第二根树枝上用我的神色照亮了夏夜。

德斯鸠，一点点莫里斯·德·盖兰[1]，还有……

　　帕斯卡尔？

　　帕斯卡尔也算，不过要追溯到更早之前，当时我正在寻找自己的道路，等到我阅读博须埃的时候，我已经找到了。帕斯卡尔从未给我留下深刻的印象，因为我对天主教早已产生了相当明确的看法，而且我没有在帕斯卡尔笔下找到自己当时正在寻找之物。帕斯卡尔适合那些对宗教缺乏概念甚至不信上帝的人，对于他们来说，帕斯卡尔可能会起到一些作用。但这不属于我的情况。我信仰上帝，甚至相信教会，我的问题都是一些更加具体的神学问题，在帕斯卡尔那里找不到答案，也可以说，帕斯卡尔写书本就不是为了回答这些问题。例如，圣母与圣体是天主教独有的问题，而我在帕斯卡尔笔下没有找到任何相关论述。关于这些主题，在帕斯卡尔笔下看不到任何东西。他能够为天主教辩护却不触碰如此重要的内容，这本身也很稀奇。于是我很快就放弃了帕斯卡尔。

　　我对博须埃则多有偏爱，我在他笔下体会到的神学内容要多得多。我拥有一种精神禀赋，也许遗传自我的外伯祖，神学在我的精神世界中扮演了重要的角色，之后，在一

1　乔治-莫里斯·德·盖兰（Georges Maurice de Guérin，1810—1839）：法国诗人，英年早逝，在十九世纪末逐渐被重新发现。

个我们还没谈到的时期，我细致地学习了圣托马斯的《神学大全》，那是我离开巴黎之后，在中国生活的五年期间，我读完了圣托马斯的两册《大全》[1]，从中获益匪浅。

至于帕斯卡尔写的护教文，其根基是悲观主义和怀疑主义，我兴趣寥寥。似乎我早已超越这个阶段了。

那我们是不是应该这么理解，帕斯卡尔作品中的焦虑感，强烈地刺痛过他的许多读者，尤其是那些不信教的读者，但您却格格不入？

可以说是这样。上次谈话时我和你说过，我是突然之间皈依的，所以避免了很多人经历过的心路历程，帕斯卡尔对他们而言是非常有用的角色。我仔细读过帕斯卡尔，而且阅读时带着极大的兴趣，但他没有回答我任何关键问题。

在您1910年写给纪德的一封信中，可以发现一句非常有意思的话。您在谈到帕斯卡尔时说道："做一个几何学家[2]并不足以学会推理。"在同一封信中，您对蒙田也提出了相当严厉的评价，认为他是一个平庸的思想家。

这确实是我的想法。

1　即《神学大全》与《驳异大全》，均为托马斯·阿奎那代表性的神学著作。

2　帕斯卡尔本人在数学方面颇有建树。

您今天还这么想吗？

我并不经常翻阅蒙田，已经很久没读过了。不过，我还记得，在我阅读蒙田的时候，他那些怀疑论在我看来无比薄弱，都是一些饱经世故者的论调，从来没有经过深思熟虑。一个像帕斯卡尔那样的思想者居然赋予蒙田如此高的重要性[1]，这让我非常惊异。

不过帕斯卡尔还有一个面向，您完全没提到，那就是被他本人视为雕虫小技的上乘文采。这涉及的不是他的思想，不是他的品质，不是他理性思考的严密或者神学方面的价值，而是他的诗意。对此您心有所感吗？

当然。不过这诗意仍在潜伏状态。帕斯卡尔笔下存在许多由博须埃发展起来的音响原则，但在我看来，相比博须埃，帕斯卡尔的力度、光彩与丰富性都大为逊色。

例如，在帕斯卡尔笔下，可以发现，在文句的音节方面，运用了长短相间或者两短一长的原则，后来这成为我本人写作手法的基础。这一点在博须埃笔下同样可以看到。但在帕斯卡尔笔下，用法十分初级，近乎粗陋。比如帕斯卡尔的这句话 "Que de royaumes nous ignorent"（太多王国为我

1　蒙田在《随笔集》中表达的怀疑主义观点令帕斯卡尔深感震撼，继而试图从宗教层面予以回应。

们不识），这里面可以发现一种关联声音的原则，而非后来我自己在散文与诗歌中发展出来的不规则节奏原则。帕斯卡尔的整个句子都建立在长音"o"与短音"o"的关系之上，"Que de roy*au*mes n*ou*s ign*o*rent"。

另一个句子又略有发展，"Le silence éternel de ces espaces infinis m'effraie"（无垠空间的永恒寂静令我惊恐）。音调的变化非常和谐，整个句子都建立在闭口音"i"和开口音"e"的关系之上，"Le silence éternel de ces espaces inf*i*nis m'eff*ra*ie"。你可以看到"infinis"与"effraie"之间长短格的关系以及音调变化。

总之，亚历山大体诗歌运用的押韵与顿挫原则，在我看来方式过于烦琐、过于粗糙。音乐中的主音与属音也同样如此。说到底，我写的诗句和亚历山大体一样，包含某种顿挫和押韵，如果你愿意的话，也可以叫作一个主音与一个属音，但它不需要承担亚历山大体的音节算术关系。后者在我看来十分可憎：这种完全依靠手指去计算十二音步的做法从音乐的角度看实在是可怕极了。

有一位大音乐家，约瑟夫·桑松[1]先生，他是第戎大教堂唱经班指挥，也是优秀的音乐家，尤其在格里高利圣

1　约瑟夫·桑松（Joseph Samson，1888—1957）：法国音乐家，1947年出版专著《保尔·克洛岱尔，诗人音乐家》，在书中专门研究了克洛岱尔诗歌的韵律问题。

咏[1]方面建树颇丰。他写过一本关于我的书《音乐家克洛岱尔》，在书中进一步阐释了以上这些原则。他花费了半本书的篇幅，来证明我采用的节奏变化形式以及诗句形式的合理性，同时指出，早期音乐家曾经同样使用过纯粹依靠算术的要素，但很快就把它抛弃了，投身于更加自由也更加丰富的技巧。这就是我之前做的事，而解放法语诗歌需要比解放音乐花费更多时间。当音乐家早就在使用这种自由的转调形式时，法国诗人还在摆脱亚历山大体可笑的算术外衣。

事实上，法国诗人们也正是在这段时期[2]开始摆脱这种可笑的算术外衣，但不要忘了，您自己也用过：您剧本的卷首语[3]就是用亚历山大体写的，而且写了两次，您的《流亡之诗》[4]也用上了，这部作品我们以后再谈。

当时，我还远没有定型，而且我一点也不专制，我认为，所有诗歌形式都绝对合理，只要它回应某种表达的需求。我相信写诗是为了表达，而非为了写诗而表达。

1　格里高利圣咏：天主教礼拜仪式上使用的主要音乐形式，得名于教皇格里高利一世，传说他曾经下达过在各地搜集圣咏的命令。

2　十九世纪九十年代，随着法国象征诗派登上文坛，自由诗体的概念开始大兴，相关理论及实践层出不穷。

3　卷首语指 1912 年克洛岱尔戏剧作品首次结集出版时，在卷首选用的一首 1893 年创作的亚历山大体诗歌《五点的歌声》。

4　《流亡之诗》：克洛岱尔 1898 年创作的一首亚历山大体诗歌。

第六次访谈

在我们上一次谈话结尾，您曾经指出，自您文学生涯伊始，亚历山大体对您而言就是一种粗陋做作的工具。

关于这一点，您如何看待瓦莱里[1]的诗歌艺术呢？他认为诗人必须依靠传统的惯例。

在经过一段时间之后，恰巧亚历山大诗体再也无法满足我的任何表达需求，于是我就把它抛弃了。

不过我也曾多次或多或少亲近过亚历山大体，因为在某个特定的时刻，它回应了我的表达需求，但我从不迷信它。同样，我认为，像瓦莱里那样的诗人，亚历山大体在其笔下回应了某种自然而然的需要，那么加以运用就再正常不过了。对我来说这根本无所谓，我不是那种诗歌使徒，非要

1　保罗·瓦莱里（Paul Valéry，1871—1945）：法国诗人，与克洛岱尔年龄相仿。瓦莱里喜爱科学，在诗歌创作中追求精确，运用的诗歌形式较为古雅。

为了自由体而自由体，不是吗？

是的，完全赞同。

亚历山大体没有回应我表达的需要，如此而已。

请允许我冒昧指出您刚才的态度与瓦莱里恰好相反。

这不是我和他的唯一分歧。

正是瓦莱里，他似乎把亚历山大体提升到了最大的清晰度，将其打造成为某种创作体系。

我不确定他是否为亚历山大体融入了某种特别大的清晰度，因为他关于自由诗与亚历山大体的论断，和平常流行的观点是一样的，我完全不觉得多么一针见血。

比如他谈约束之美。好吧，我可以这样回应：既然您认为约束是美的重要元素，那您为什么只在计算音节数上限制自己呢？为什么不去写藏头诗、打油诗或者十五世纪修辞学家们用过的韵诗形式，比如叙事诗或皇家颂歌[1]？

是的。

约束本身在我看来并不是构成美的元素。比如，一个

1　皇家颂歌：一种十四世纪在法国出现的古老诗体，具有固定的格律，最早用于歌颂皇室成员，故而得名。

杂技演员，他为了从一把椅子的横档间穿出来而花样百出，为了成功穿过横档和椅腿，对肢体进行可怕的扭曲。对他来说，约束当然是体操动作的元素，对于观众来说，这是不是引起愉悦的因素呢？对此我表示强烈怀疑。

也许并不是崇拜为了约束而约束，在某种程度上，这种约束的目的类似于筑堤坝……

瓦莱里可不是这样说的，纪德也不是这样说的。他们似乎认为，约束本身迫使诗人更加严厉地监督自己，迫使他们不满足于脱口而出的表达，迫使他们的诗歌形式更加坚定有力，更具艺术性。对此我完全无法认同，因为，韵脚的约束，就像帕尔纳斯派[1]的实践那样，反而大大弱化了对于语言的探索。他们不得不使用一些老掉牙的形式，满足于一些大路货以及现成的表达，因为这么做简单得多。比如，有一些韵脚听起来不太优美，相关词汇数量却极其丰富，"an""on""in""en"之类的鼻音，可以找到无数用它们结尾的单词，而一些非常悦耳的词尾，比如"humble""pourpre""simple"之类，能和它们押韵的单词却寥寥无几。要是你写了一句用"pourpre"结尾的诗句，那你就像个贱民一样，根本找不到其他押韵的单词。

1　帕尔纳斯派：十九世纪中叶继浪漫主义之后登场的重要诗歌流派，以勒孔特·德·李勒为代表，强调诗歌形式的严谨古雅。

你设想一下，有一个在登记局工作的倒霉临时工，他没什么钱，买不起韵书，有一天他写了一句以"pourpre"结尾的诗句，"dans l'or et dans la pourpre"（在金色与绯红色中），结果他发现接不出下一句了。由于他买不起韵书，余生只能被判处禁言，再也没法写诗了。（笑）

除非他用了一个离"pourpre"很远的韵脚。

瓦莱里会严厉禁止他这么做的！（笑）

我们稍微有点偏题。对不起，我想把您引回正题。

我们还在您生命中的这一时期，当时您花了大力气彻底皈依。1886 年 12 月 25 日，在圣母院的晚祷时间，您受到了神恩的冲击，得到了启迪。但您还是需要去正式皈依天主教，让您的整个思想去服从、听命于您刚刚接受的信仰。

就是这样。你理解得很正确。四年。我在这方面不止花了四年，是六年。

事实上似乎是四年，因为您是 1890 年 12 月 25 日在圣母院初领圣体的，也就是您接受神恩那天四年以后。

在这期间，阅读但丁是否给过您某种特殊帮助？您最美的诗之一《但丁逝世六百周年颂诗》就是献给但丁的。

我非常敬仰但丁，他令我无比愉悦，但很难说"受教"。他极度美妙的艺术形式可以带来愉悦与享受，这对头脑来说当然是很大的幸福。但我并未从中汲取教诲。他为我打开一扇通往天堂的门，就像维吉尔为他做的那样[1]。

但我不能说他给过我直接的教诲。

至于莎士比亚，在我看来他在形式方面比但丁要稍微低一点点，但他在戏剧方面令我大为受教，古希腊悲剧也是如此。

您在发现并投入莎士比亚之后，不就开始阅读但丁了吗？

啊，不是的。阅读但丁是很久之后了。

原来是这样。

莎士比亚是第一个。

也许正因此，您从莎士比亚那里汲取了更丰富的教益。

有可能。

不过，您难道不认为，您谈到的这种愉悦本身，也同样是某种根本性的教育，比智力层面接受的教育更加本质吗？

这完全有可能。

如果你愿意的话，存在某种内心的天堂，诗人在那里

1　在《神曲》中，维吉尔带领但丁漫游地狱和炼狱，一直把他送到天堂的大门前。

总能获益，比如维吉尔，虽然并没有产生直接的教育效果。那里保留了某种气候，某种氛围，对余生而言绝非无用。

总之，如果您允许的话，那么用您的话来说，教育是思想的食粮，愉悦是灵魂的食粮。

如果你愿意的话。你的说法相当精辟。（笑）

非常感谢。不过我应该把这种夸奖物归原主，因为我是从您那里借用的。

好了，现在要谈谈另一种教育形式。那就是您的皈依在您的早期作品中流露出的方式。因为，在准备成为天主教徒而大量阅读时，您并没有停止写作，而且写出了几本最受读者热爱的作品。在我们之前的谈话中您曾提到，我打算询问您关于《金头》的问题，这个想法让您有些担心。要是这么做让您有点惊讶的话，请多包涵。不过在向您询问《金头》前，我想提醒您，1887 年，您给斯特凡·马拉美[1] 寄了您最早的诗歌尝试。是两首短诗，《阴郁的五月》与《秋之歌》，收入了您的诗集《冠冕》。

这两首可以算我的开胃小菜，之后我做过改动，不能

---

1 斯特凡·马拉美（Stéphane Mallarmé, 1842—1898）：十九世纪末法国诗坛最具影响力的诗人，他在位于巴黎的家中，每周二组织青年诗人聚会，是当时巴黎最重要的诗歌沙龙。

表现我最初构思的形式。我给马拉美寄的都是史诗片段，没有太大价值，但他怀着无比宽容很乐意表示赞赏。

后来我把原稿毁了，因为不觉得它们有意思。我那段时间写的东西，只剩下在贡比涅[1]创作的这两首小诗。当时我父亲在贡比涅任房地产抵押登记官，我经常在森林里漫步。你提到的这两首就源自这座森林给我留下的两段印象。

请允许我以全体读者的名义向您提出责备：您居然毁掉了这两首诗的初稿。

我只后悔一件事，那就是毁得不够多。当我重读自己的早期作品时，我总会想："我怎么能留下这些东西呢？我本该销毁更多。"（笑）

那么现在我想和您谈谈《金头》了。您对这部作品持保留态度，但我要和您说，无论您必须赋予您的作品怎样的完成度，您的许多读者，尤其是从青年时期就开始接触您作品的读者，他们对《金头》这出戏都怀有深深的热爱，您甚至无法想象其中的力度有多大。

首先我想请您为我们解释一下，1889 年，您在创作《金头》的第一个版本时，您的状态如何。

1　贡比涅：法国北部城市，位于巴黎东北约八十千米。

《金头》表达了一种危机，我相信，在很多年轻人那里，甚至是大多数年轻人那里，都出现过这种危机。

一个孩子到了一定年纪，产生了一些自我意识，他的力量增长了，在家里感到窒息，想要彻底赢得自身的独立自主。从而产生一种对蛮力和自由的需求，这会以不同的形式表现出来。这一刻，孩子们逃离家庭，扬帆远航，用尽各种方式去试着确认他们的个性。在我身上，这一欲望尤其暴烈，因为与此同时，我恰好有一个惊人的发现，发现了世界的另一半，超自然的世界，在那之前，它对我而言根本不存在，突然间，它被揭示出来。克里斯托弗·哥伦布发现美洲都难以与之相提并论，因为它不仅涉及一个国家（那终归和我们的国家差不多）；而且涉及一个完全不同的世界，有了它，就必须对现实世界加以调和。

调和两个世界让它们相互吻合是我一生的事业。就在我走出圣母院的那一刻，这项无尽的事业一跃在我眼前。

《金头》略微算得上这场斗争与这种眩晕的结果。我1889年写《金头》时，还没把自己彻底交给教会。《金头》表现了我在竭力抵制那呼唤我的声音时心中的怒意，《金头》的公主便是这声音的象征。公主的角色无比重要。

我跟你讲过，从圣母院回来之后，我翻开了一本《圣经》，那是我姐姐从一个德国朋友那里收到的。我翻到了其中两个地方，它们都具有一种预言般的重要性。第一处是以马忤斯[1]，主要讲述了与耶稣的一次相遇，耶稣从寓言的角度，从他的道成肉身、他的救赎与《圣经》关系的角度解释了整本《圣经》，解释了所有天主教的奥义。

我翻开的第二处是《箴言》绝妙的第八章，其中上帝的智慧由一位女性形象所象征。智慧在第八章里说道："他立高天，我在那里。他在渊面的周围，划出圆圈，上使穹苍坚硬，下使渊源稳固……"总之《箴言》里非凡的拟人手法让我深受触动，我之后作品中所有女性形象都或多或少与这个发现有关，她们都有《箴言》中智慧的一些特征。

对我来说，女性始终代表着四种东西：人的灵魂、教会、圣母与神圣的智慧。我们总能找到这种潜在的想法。在《金头》中，这种在所有年轻人身上频繁涌现的盲目、野性、发自本能的力量，公主的现身要比它更加强有力，于是它不得不咬牙切齿地向公主低头。

啊，是的，确实如此。不过，在第一个版本中，金头临死时才向公主低头。

1　参见《圣经·新约·路加福音》第二十四章："正当那日，门徒中有两个人往一个村子去，这村子名叫以马忤斯，离耶路撒冷约有二十五里。他们谈论所遇见的这一切事。正谈论相问的时候，耶稣亲自就近他们，和他们同行。只是他们的眼睛迷糊了，不认识他……耶稣对他们说：'无知的人哪，先知所说的一切话，你们的心，信得太迟钝了。基督这样受害，又进入他的荣耀，岂不是应当的吗？'于是从摩西和众先知起，凡经上所指着自己的话，都给他们讲解明白了。"

所有的皈依或多或少都是一种死亡。

是的，不过在整部剧中，金头都在不断表露、叫嚣他的反抗。我想对您说的是：对于很多年轻人来说，西蒙·阿涅尔[1]是一个典范与兄长，非凡的兄长，不仅具有力量和勇气，而且具有一种表达能力，其中的丰富与美感，我认为您的其余作品也无出其右。总之，西蒙·阿涅尔对他们来说就是他们生存境况的化身，是人类处境的化身，是青年人处境的化身。

西蒙·阿涅尔提出的问题，以及那些摆在他面前的问题，其实也是每一代人始终需要面对的问题。

至于西蒙·阿涅尔给出的解决办法，或者说西蒙·阿涅尔的创造者之后给出的解决办法，容我冒昧，当时并不太重要。要点在于西蒙·阿涅尔的面对方式，他经历了这些问题，忍受它们，不是去尝试找到解答，而是跳出这些问题。

我不知道他跳出去没有。在第一个版本中，你甚至可以看到，说到底，他败了。

西蒙·阿涅尔的立场其实是兰波的立场，在《地狱一季》结尾，当兰波耗尽了他的地狱季（就像我们可以说金头耗尽了他的炼狱季），他扪心自问："之后我要怎么活下去？"

他不想失败，我也不想失败。于是，现在就涉及，搞

1　西蒙·阿涅尔：《金头》的主人公，"金头"是他的化名。

清楚自己要用这种体内的力量去做什么。兰波的回答，就仿佛是我在回答一样：

清晨，披挂炽热的耐心，我们将走进辉煌的都市。[1]

我同样可以说，这也是《金头》的结论。只不过，这种炽热的耐心，是公主，是剧中的女性教会他的。它的意思是不做战败者。不要变成倒霉的魏尔伦、倒霉的维利耶·德·利尔-亚当[2]，我在马拉美家里见过他，是个失败者。我想做胜利者。

"我有很多东西要说……知晓大限将至……"你还记得我卷首语的这句结尾吗？

"看清我的命运并知晓大限将至，/ 我大笑着走上可怕的路途 / 银河穿过漫天星辰。"

就是这句。同样的思考促使兰波走上了探险之路[3]，同样的发现也让我走进了外交部，让我选择了一项令我吃尽苦头的事业，却也得到了许多自我提升的机会。

1　语出兰波《地狱一季》的最后一篇《永别》。

2　奥古斯特·维利耶·德·利尔-亚当（Auguste Villiers de l'Isle-Adam，1838—1889）：法国作家。

3　兰波在放弃文学写作之后，便开始在全世界漫游探索，先后抵达过爪哇、塞浦路斯、阿比西尼亚等地。

第七次访谈

现在我想把您引回《金头》。请原谅，我今天有点像戏里的主人公，难以满足。

在第一个版本的结尾处，金头说过这样的话："我不是神；我到底缺少什么，到底错在哪里？"

他无法回答这个问题，没有任何人能够回答这个问题。我认为，这个问题是带着巨大的力度提出来的，这出戏反映了青少年或者说普遍的人类，他们觉得自己无辜，而不是被证明无罪，他们觉得自己是清白的，没有感到原罪的痕迹与印记。这就是兰波笔下的"太阳之子"，而您的这位太阳之子，在全剧结尾，在最后那场无比唯美的戏里，发现自己直面太阳，直面公主，金头在死前张开双臂拥抱夕阳。

在这个时候，金头还不是基督徒吧？

他明面上不是基督徒，但暗地里也许是：因为金头提出的问题，就像你提到的那几条，在许多世纪甚至上千年前，曾经由约伯向上帝提出过[1]。在《约伯记》中，可以看到各种指责和亵渎神明的话，比金头的语言强烈得多："诅咒我被创造出来的那一天。我做了什么？你为何迫害我，你，比我强大良多？这是不是一种做人的方式，用这种方式对待一个时日无多的人？如果你是正义的，如果我拥有一个让自己被听到的位置，啊！你还没和我谈完，我还有话要说，我可以为我的动机辩护，无限优于我的作为。"[2]

这种语气延续了很多章。约伯的朋友们，比勒达、以利法，第三个人的名字我记不得了[3]，他们完全被约伯的话得罪了，试图让他闭嘴，对他说道："全能的上帝比你更清楚他需要做什么。"到了最后，全能的上帝介入了，他像太阳一样照进约伯的胸怀，对他说道："我不来解决，而是填补。"就像福音书说的那样，我来用占有去替代分析或辩证的回答。

是的，金头徒劳地寻找过这种占有，他说道："噢，大地，噢，我无法把握的大地，"于是……

1　在《圣经·旧约·约伯记》中，信仰上帝的约伯在人生中遭遇了一系列严重打击，因此发出了一系列疑问，核心内容是为什么敬神之人会受苦。

2　克洛岱尔引述经文全凭印象，与《约伯记》中的原文多有出入，因此按照他所说的直接翻译。

3　《圣经·旧约·约伯记》第二章第十一节："约伯的三个朋友提幔人以利法，书亚人比勒达，拿玛人琐法，听说有这一切的灾祸临到他身上，各人就从本处约会同来，为他悲伤，安慰他。"

他把握住了起因，那就是太阳。

他把握住了作为起因的太阳。我想往前回溯一点。您之前谈到了公主的重要性，事实上，我认为公主扮演了一个非常重要的角色。冒昧地说，她扮演了好几个角色：她当然是女性，她也同样是女继承人，她是维奥兰的预兆，尤其是西妮的预兆[1]。

不过在公主之前还有一位女性，在戏剧开头，金头在赛贝斯的帮助下把她埋葬了。这第一位女性……

这触及了诗人头脑中一些非常神秘的东西，因为我相信一个诗人在胚胎里就蕴含了其人生的全部结果。

这位女性，与真正的女性相比，是虚假的。对我而言，真正的女性是教会，而虚假的女性，则是《正午的分界》里的那位[2]，是拉拉[3]，这就是你想要的，不是吗？

所以第一位……

同样的，玛尔特[4]也同时身具两种女性的特点。

---

1 维奥兰是克洛岱尔 1892 年创作的戏剧《少女维奥兰》中的女主角。西妮则是《人质》中的女主角西妮·德·库封坦。

2 指《正午的分界》中唯一的女性人物漪瑟，人物原型是曾经与克洛岱尔相恋的有夫之妇罗萨丽·维奇。

3 拉拉：克洛岱尔 1890 年的剧作《城市》中的女主角。

4 玛尔特：克洛岱尔 1894 年完成的剧作《交换》中的女主角之一，代表纯洁严肃的爱。

不过，在某种意义上，玛尔特过着一种《圣经》里的生活。

对。不过她也同样拥有未来的生活。我在玛尔特身上感受到了我后来遇到的某位女性。

好吧，这说明……

我提前经历了一些为我几年之后预留的经验，这相当稀奇，但不容置疑。

同样的，你在《城市》中也可以找到公主的形象，在拉拉身上，她是第一个……拉拉，她既是公主，也是莱切·艾蓓农[1]。

是的，当然。另外，我们可能要略显武断地把《金头》的第一版和《城市》的第一版分开考虑，虽然它们几乎是同一时间完成的。

差不多……

只相隔几个月，但我把它们分开考虑的原因是，《城市》涉及了其他的问题：这里面有城市本身的问题，因此是您的主人公在一个具体社群中的处境问题，而西蒙·阿涅尔则是

1　莱切·艾蓓农：《交换》中的女主角之一，代表激情之爱。

一个人，也只想一个人。这是另一个与其相关的特殊要点。

西蒙·阿涅尔杀死了皇帝。西蒙·阿涅尔埋葬了他的第一个女人。西蒙·阿涅尔向赛贝斯提了几个问题，对他的房子还有双亲相当漫不经心：他们都去世了，他声称杀死了自己的过去。他的过去不再重要，他断言从第二次诞生之日起启动，世界也和他一同启动，剩下的一切都不复存在。

朝着生活与征服出发，这里面存在某种相当独特的内容，一个人拒绝承担一份遗产所包含的责任。

是的。

那么，这种精神状态，这种生活处境，可以说，在多年之后，被一些极权者，一些像墨索里尼和希特勒那样唯我独尊的人绘成了漫画。总之，法西斯主义或者纳粹主义的立场，与金头的立场很相似。他们在某种意义上将其进行了漫画般的夸大和歪曲。

另外，在被占领时期[1]，这多半打动过很多占领者，他们多次向我要求演出《金头》，我一直不愿意，恰恰是因为它看起来和希特勒的某些举动过于相似，后者确实是一幅漫画，不过在《金头》的一些思想和希特勒或者纳粹主义的理念之间确实存在很多形似之处。

1　被占领时期：即维希政府时期，法国在二战中被德军迅速击败后，北部地区包括巴黎在内都被纳粹德国占领代管，南部由维希政府统治，时间从 1940 年 7 月到 1944 年。

对不起打断一下。这只是纯粹表面上的相似性。因为，事实上，对金头来说，涉及的是另外的东西，更加深刻的东西，当他对赛贝斯说，"我感受到这属于我的生命，这尚未婚娶、尚未诞生的事物，其职能在我体内"，这是完全不同的东西。

所以我说那是一幅漫画。

对，一幅漫画。因此，人们曾经或现在能够对二者进行的比较都是不恰当的，在我看来，真实的、具有普遍意义的内容是对自身产生意识，意识到自己存在，对于这种生存状态，我们第一次发现其中滋味，不仅对这种生存状态产生了概念，而且拥有实际经历过的深刻感觉，这就规定了一些责任。金头带着绝对非凡的力量冲去征服他的命运。

好吧，总之，这在福音书里可以找到。"天国属于迅猛之人"[1]，迅猛之人把天国夺取了：这是福音书里的话。甚至圣保罗也是一个迅猛之人，当他在前往大马士革的路上被天火击倒在地时，他说的第一句话是："您想让我做什么？"他没有问其他方面，他问的是如何行动。[2]

1　和合本《圣经》译作"天国是努力进入的，努力的人就得着了"（《圣经·新约·马太福音》第十一章第十一节）。但法语经文中使用的"violent"（迅猛）一词与"努力"有一些差异。

2　保罗最初曾是基督徒的迫害者，在从耶路撒冷前往大马士革的路上，他被天火击倒，双目失明，听见了耶稣的声音，之后受洗加入基督教，并成为向外邦人宣教的使徒。关于保罗归信，具体内容参见《圣经·新约·使徒行传》。

他当时依然目不视物，摔倒在地，被雷击劈成了焦炭，而他站起身时却在说："您想让我做什么？"

好吧，这就是金头刚刚提出的问题。好吧，这就是答案。上帝回答说："我会为你指路，你会看到所有你需要为我承受的苦难。"[1]

他问道："你想让我做什么？"

上帝说："首先学会受苦吧。"

然而，金头转身面对他那些手下，在他行将就木之际，在即将庆祝他与公主血腥的冥婚之前，金头对那些手下说道："永不放弃，无论发生什么，无论何种借口，永不放弃征服尘世的意志。"

是的，不过尘世的土地很多。而在这些土地中，就有应许之地。天主教带来了它最珍贵的东西，而这恰恰是一种令人不满足的元素。这就是《圣礼颂》[2]所要表达的内容，"尽力去做力所能及之事"，我在图赫吕尔身上也重复过。

宗教带来了一种无法满足的饥饿与干渴。"那些为正义感到饥渴的人是有福的，不仅因为他们将得到满足，而且因

1　和合本《圣经》译作"我也要指示他，为我的名必须受许多的苦难"（《圣经·新约·使徒行传》第九章第十六节）。

2　《圣礼颂》：托马斯·阿奎那 1264 年前后创作的一首拉丁语诗歌，供罗马天主教弥撒之用。

为永远得不到满足。"[1] 这是一种无法平息的需求。"那些吃我的人将依然饥饿，那些喝我的人将依然干渴。"[2] 这就是福音书透露的内容。

总之，金头的征服意志就是这种意思，他身上便存在这种无法平息的干渴——以后在您笔下的其他人物身上也会看到，比如《缎子鞋》[3] 中的罗德里格——这使得金头在不知情的状态下成为基督徒。

是这样。对我来说，这是我在基督教中一直可以得出的教诲。也就是说，道德并不在于某种可塑的智力锻炼，不在于寻找美与均衡，而是首先回答某种需要，某种胃口，某种欲望，它能够平息我们身上一切躁动之物，不仅包括我们拥有的，还包括我们自身力量所不具备的。人类蕴藏着无边的力量，但他对此一无所知，有点像原子核，需要一个外来的召唤才能把这些力量实现。

在《金头》的第一个与第二个版本之间，在二者可被

1　前半句出自《圣经·新约·马太福音》第五章第六节："饥渴慕义的人有福了，因为他们必得饱足。"后半句出处不详。

2　《圣经·新约·约翰福音》第六章第三十五节："耶稣说，我就是生命的粮。到我这里来的，必定不饿。信我的，永远不渴。"克洛岱尔的转述似乎与原意相反。

3　《缎子鞋》：克洛岱尔 1925 年完成的一出戏剧，故事背景是十六世纪的西班牙殖民帝国，描绘了唐·罗德里格与唐娜·普鲁艾泽相爱却不能相守的爱情悲剧。

列举出来的所有差异中，无论细节差异还是更加重要的区别，有一个不同点在我看来非常特殊：第一幕中，有一段树下祈祷，金头向树祈祷，这个内容是第一个版本没有的。

为什么您要把它引入进来呢？

这意味着当时我在思考我的过去。那些树，我在贡比涅森林里见过很多，我在森林中长途漫步时，我感到它们带有某种呼唤，而树便是森林的符号，召唤、启发了金头这个主角。第二个版本中，这个想法成型大概就源自这里。

有趣的是，前些年，为了回应巴罗的要求[1]，我尝试着用我自己的方式重新编排《金头》。我失败了。为了好玩，我选择的形式是一群人在战俘营里排演《金头》，于是我就把自己当下的念头融入了过往。由于在战俘营里没有树，只有火炉的烟管，于是烟管就扮演了树的角色，拥抱烟管取代了拥抱树木，可以说，烟管是树木的易燃形态。(笑)

对，不过当时您对树这种符号的价值难道不是特别敏感吗？

是的。

---

1 让-路易·巴罗（Jean-Louis Barrault, 1910—1994）：法国著名舞台导演，与克洛岱尔有过多次合作。

敏感于符号的价值，象征整个人生的符号？因为，您如此令人钦佩地说道，或者起码是西蒙·阿涅尔如此令人钦佩地对树木说道：

对你而言你只是一种持续的努力，是你脱离无生命材料的躯体勤奋的拉伸。

老者，你吮吸大地

向四面八方插入、张开有力灵敏的根须！而天空，你把它撑住了！你整个绷紧了

在一片宽广的叶片中憧憬，火之形态！

取之不尽的大地被你所有的根须怀抱，

无垠的天空，与太阳和繁星身处周年运动，

整个天空与大地，必须有它们，为了让它们令你保持直立！

这就是金头想要的。但正是在这里他产生了错误与抗拒，因为他没有转向天空，只是转向大地，他在赞美诗的结尾说道："我想向你们询问，深深的根须，大地悲伤与死亡的秘密，你们从那里汲取养分。"

你自己已经完美地回答了你的问题。这个树的形象，在我一生中都追随着我。最近，我重读了自己为《启示录》撰写的长文，其中对于《启示录》第八章提到的生命之树形

象，有一段很长的评论，我重新完整分析了树的概念，在《认识东方》里也可以找到，在《榕树》¹里，你记得吧。在这篇长文里，我做出了非常完整的分析和发挥，等到这部关于《启示录》的书出版时就能看到了²。

《金头》情节起伏，如果可以说《金头》有情节的话——可能不是戏剧成分意义上的情节，我没有看过《金头》在舞台上怎么呈现，我和许多人一样，对此无比好奇——这个情节带着以西蒙·阿涅尔为首的军队，向东，向高加索进发，在此之后，金头死了，在内心中败了，因为事实上败的并不是他率领的军队，金头死了，他的军队却获胜了，尽管胜利了，却向西方退去，得出剧中教训的人说道："三个王死了，各种奇特的事件发生了，惯常的律法被粉碎了，人类的弱点被克服了，事物的障碍被清除了，而我们的努力抵达了一个徒劳的极限，像褶子一样松开了。"他的结束语是："前进！回家，向西。"在您的戏剧中，这个向西回流有什么象征意味吗？

1　《榕树》一文的结尾写道："有神话赞颂为当地百姓带来水的英雄，他撬开挡道的巨石，捅开堵塞的泉眼。而我则在榕树身上看到了一个植物界的赫拉克勒斯，它威风凛凛，稳稳站立在它那艰辛劳作的纪念碑中。难道不是它，这被缚的庞然大物，战胜了土地固执吝啬的抵抗吗，靠了它，地下的泉水汩汩涌出，青草茂盛生长，而水，如今则灌入了稻田。瞧，它抽枝了。"

2　即《克洛岱尔探问〈启示录〉》，1952 年出版。

金头耗尽了他的努力，他们只剩下回家一途。你念到的这个段落具有一种莎士比亚的色彩。其中可以感到莎士比亚的影响，应该能让你回想起《亨利四世》中的一些选段。必须用金头的死作为全剧的终点，就像你说的，最初的推动力已经耗尽了，只剩回家一条路。

当然，只剩回家一条路，就像兰波只能放弃诗歌写作彻底离开一样。不过对您本人来说，您当时正好在着手准备去"征服"东方，您在这里将其对立于西方，起码暗含这层意思，也许您在写作时没有感觉到。当然，您也去过西方，在南北美洲住过很久。我想知道的是，当时您发自内心地感受到远东的召唤了吗？

我当然想到中国，因为，当我接到外交部派我前往中国就职的电报时，我正好在西方，在美国[1]，我高兴极了：没有哪个国家比中国更让我想去看看。不过，关于东方的直接看法，我记不清了。我当时想要的就是离开。离开巴黎，离开我的家庭，离开一切围困我的东西，因为我对此怀有一种非常强烈的欲念，结果碰巧被任命去纽约。但毫无疑问，我更想立刻去中国，有人把我派过去让我非常开心。

1　克洛岱尔 1893 年被法国外交部派往美国，先后在纽约和波士顿工作，1895 年转任中国，先后在上海、福州、汉口、天津等地任职。

第八次访谈

我想请你回忆一下您动身前往美国之前的那段时间。

当时您已经真正皈依了，因为您已经彻底服膺于教会，1890 年 12 月 25 日您在圣母院初领圣体，同时，通过对您的传记略做研究，我发现您当时有过一些文学圈的交际，尤其是施沃布、于勒·雷纳尔[1]，更加重要的，是马拉美和他的小圈子。

我和马拉美的频繁接触起始于 1887 年，稍早于你提到的日期。我去马拉美家拜访，我的上帝啊，大约每月一次，在那里，我遇到了那些围绕在他身边的年轻人组成的整个小团体：德·雷尼耶，弗朗西斯·维埃莱－格里芬，圣－波尔，杜雅尔丹[2]，总之整个小团体，包括勒

1　皮埃尔－于勒·雷纳尔（Pierre-Jules Renard，1864—1910）：法国剧作家。

2　亨利·德·雷尼耶（Henri de Régnier，1864—1936），弗朗西斯·维埃莱－格里芬（Francis Vielé-Griffin，1864—1937），圣－波尔－鲁（Saint-Pol-Roux，1861—1940），爱德华·杜雅尔丹（Édouard Dujardin，1861—1949）：均为法国诗人，日后法国象征诗派的成员。

内·吉尔[1]，他组建了那个被称作颓废派象征主义的团体[2]，还有马拉美的一些朋友，比如惠斯勒[3]、维利耶·德·利尔-亚当等。马拉美的这些朋友都给我留下很好的印象。

不过，我从来没有刻意交往过德·雷尼耶还有那些围绕在马拉美身边的年轻人，他们当时都在给一些小杂志，比如《艺术随笔》[4]写稿。

我和其他年龄相仿的年轻人来往过，但这是另一回事。

当我写完《金头》时，我收到了一封热情洋溢的信，来自莫里斯·梅特林克[5]，令我十分吃惊，他当时刚刚被米尔博[6]夸赞过。他给我写了一封非凡的信，让我深感惊奇。收到这封信之后，我开始觉得自己有点东西。（笑）几乎同时，我还收到了另一封信，来自我的朋友马塞尔·施沃布，我在高中就认识他了，他对我也非常亲热。

1　勒内·吉尔（René Ghil，1862—1925）：法国诗人，建设法国象征诗派的主力。

2　十九世纪末法国诗坛上先后出现了颓废派与象征派，二者参与的人员高度重合，关联紧密。

3　詹姆斯·麦克内尔·惠斯勒（James McNeill Whistler，1834—1903）：美国画家，1888年经由印象派大师克劳德·莫奈介绍与马拉美相识，之后成为好友，现有通信集存世。

4　《艺术随笔》：勒内·吉尔1887年创立的一份杂志。

5　莫里斯·梅特林克（Maurice Maeterlinck，1862—1949）：比利时诗人、剧作家，参与过象征主义运动。

6　奥克塔夫·米尔博（Octave Mirbeau，1848—1917）：当时享誉欧洲的文艺评论家。1889年，梅特林克的第一出戏剧《马来娜公主》得到了米尔博在《费加罗报》上的赞赏，一夜成名。

于是，通过施沃布，我结交了其他朋友，莫里斯·波特谢[1]、莱昂·都德、于勒·雷纳尔，也许还有巴比塞[2]，我们甚至在索邦大学边上的达尔库尔咖啡馆组织过聚餐。

那段时间我正在着手翻译埃斯库罗斯的《阿伽门农》，这让于勒·雷纳尔大为惊讶。我时不时给他们朗诵一些我的译文片段。于勒·雷纳尔在他的日记里提到过。当我朗诵诗句时，似乎我嘴唇的摆动方式让于勒·雷纳尔觉得极其好笑。(笑)

是的，他在日记里提到过好几次。从那段时间开始，一个朋友之间的小圈子，包括勒·雷纳尔在内，谈到您和您的《金头》时，都认为展现出了天赋。

是的。

我猜想应该是……

不是于勒·雷纳尔而是马塞尔·施沃布，还有其他人。

但雷纳尔在日记里也提到过，就在开头的地方。

是吗？

1　莫里斯·波特谢（Maurice Pottecher，1867—1960）：法国剧作家。

2　亨利·巴比塞（Henri Barbusse，1873—1935）：法国作家。

是的，1891 年左右。他谈到了您的天赋。

马塞尔·施沃布介绍我认识了一个荷兰人，叫比范科[1]，他当时人在巴黎，关于我的第一篇评论文章就是他写的，发表在一本名叫《导引》[2]的荷兰杂志里。我还记得，为了阅读比范科先生的观点，我还试着去学习荷兰语，但我不得不承认自己所得有限：荷兰语不是一两天就能学会的！（笑）

是的，不过我想问您，这些对于您早期作品的极高评价会不会让您有点上头。您刚刚说到，您开始感觉自己是个人物了。

是说过。

不过还不至于，因为我当时投入了一项非常令人心碎又非常引人入胜的探索，以至于不管别人怎么谈论我，都对我影响不大。最好的证据便是，当我写出《城市》时，它的印数极少，不比《金头》更多，我甚至没有把名字写上去。从《城市》写完，到《树木》[3]首次出版，我的上帝，差不多间隔了十年。

1　威廉·比范科（Willem Byvanck，1848—1925）：荷兰学者，1891 年与克洛岱尔相识。

2　《导引》：荷兰最古老的文学杂志，1837 年创刊，至今仍在出版。

3　《树木》：出版于 1901 年，是克洛岱尔的第一部戏剧作品合集，收录了《金头》《城市》《少女维奥兰》《第七日的安息》与《交换》共五部剧作。

对，十年[1]。

是的。当时我完全沉浸于个人探索之中，我觉得它比那些文学交际或者抛头露面要有意思得多。我感觉自己当时还有很多东西要学，正是这种教育工作令我充满热情，远远超过在谈话中飘飘然之类的。我觉得那会让我变弱、走偏。

所以，您内心的努力，您为了阐明自我、阐明作品做出的努力，相比于荣誉、名声等各种外在的抱负，占据了上风。

荣誉、名声以及哥们义气……

哥们义气？

我感到这里面对我而言具有一种危险。当然，危险不是很大，因为 1893 年我就被派到北美去了，又从那里去了中国，除了操心文学，我还有其他事情要做。

请原谅我要把您引回刚才的话题。我注意到，您当时还出入过一些沙龙：亚当夫人的沙龙，德·卢瓦尼夫人[2]的沙龙，等等。

1　克洛岱尔 1890 年创作了《城市》的第一个版本，1895 年重写出第二个版本。在《树木》中收录的是第二版，但距离第一版问世过去了十年。

2　卢瓦尼伯爵夫人（comtesse de Loynes，1837—1908）：十九世纪下半叶巴黎著名的沙龙女主人。

不对，不对。

那是很久之后吗？

很久之后。我已经和你提到了当时我在文学圈几乎全部的人际关系。至于那些沙龙，如果你知道我当时多么粗野就好了（笑），我对它们敬而远之。

所以我看到这些信息感到非常惊讶，还专门做了笔记，决心向您询问一番。

你可以这么做。莱昂·都德结婚之后，我也去过他家，在那里我见过一回阿尔丰斯·都德，他非常友好地招待了我。除此就不记得什么了……我只见过一次他俩同时在场。我没有其他文学方面的人脉了。

总之，您没有对当时的名人屈膝讨好。

没有，没有。

很高兴得知这一点，因为刚开始还是相当吃惊的。总之，任何能够让您在您的读者或观众眼中变得更易于理解的东西都很有用，我正是为此向您提出了很多问题，甚至是荒唐的问题，请您原谅。不过关于马拉美，我还不能放过您，因为，您从马拉美那里收获的远不止某种印象：您从他本人以及他的作品中收获了一种真正的教诲，我想，关于斯特凡·马拉美的整体面貌，您能多谈几句。

啊，我非常崇敬马拉美，因为他拥有许多我不具备的禀赋。那是一个极其高雅的人，一位杰出的谈话者，他的表达方式非常有魅力。这一切，从根本上来说，并没有对我产生太大的影响。不过，他的一句话，却在我的脑海中留下了深刻的印记，那几乎是我从他那里得到的唯一教诲，却是一个最重要的教诲。我始终记得，某年晚上，马拉美谈到了自然主义者，谈到了洛蒂[1]、左拉或者龚古尔[2]，他说道：

"所有这些人，说到底，他们都在干什么？写了些法语作业，一些法语记叙文。他们描绘特罗卡德罗，描绘巴黎大堂区，描绘日本，总之你想要什么都有。这一切，都是记叙文，都是家庭作业。"

我认为，从一个当过教师的人[3]嘴里听到这样的意见是相当有趣的。他当过英语老师。这段话里的见解相当重要。他对我说道："我带给文学的，就是面对某种景象，我不会

1　皮埃尔·洛蒂（Pierre Loti，1850—1923）：法国作家。洛蒂本人并不是自然主义作家，他本人也表示不了解相关理论，但有不少同代人将其视为自然主义者的一员。

2　爱德蒙·德·龚古尔（Edmond de Goncourt，1822—1896）和于勒·德·龚古尔（Jules de Goncourt，1830—1870）：合称"龚古尔兄弟"，法国自然主义小说家。

3　马拉美做过三十年英语老师。

说'这是什么景象？这是什么东西？'不会试图去尽我所能地描绘它，而是问一句'它想表达什么？'"这条意见深深地影响了我，在我的人生中，面对一件事物，我从来都不试图借助它带给我的感觉或者根据我一时的情绪去描述它，而是去理解它，去弄清楚它想表达什么。"想表达什么"这个表述在法语里非常动人，因为它传达了某种意志。这棵像榕树一样的大树，或者这个我在观看的场景，都具有某种隐秘的、潜在的意志，它对我们提出一个问题，并且敦促我们回答这个问题："它想表达什么？"

后来，我在使徒圣雅各的篇章中找到了一个段落，准确回应了马拉美的问题。他说："受造之物服在虚空之下，不是自己愿意。"[1]不是吗？这就证明，它们想要的是另外的东西，所以"它想表达什么"这句话就具备了一种极致的重要性：事物臣服于虚空，它不愿意这样，它想要别的东西，想让自己具有某种意义，某种含义。为了回答这个问题，后来我在圣托马斯的哲学思想中找到了强有力的倚靠，它其实是一种特殊的基本原理，让我能够倾听对我说话的事物，从细节上理解它们对我提出的、我受邀前来回答的问题。

因此，"它想表达什么"，这个问题就是我从自己与马

1　语出《圣经·新约·罗马书》第八章第二十节。这句话并非出自使徒圣雅各，而是使徒圣保罗。

拉美的交往中得到的关键成果。

在这个问题之后，我能够从自己与马拉美的交往中得到的益处都没用了。总之我摆脱他了。

难道没有什么纯粹情感方面的连接，某种钦佩之情的羁绊吗？

那也主要是一个粗野的人、一个无知笨拙的人，面对一个不可思议的高人流露出的钦佩。可以这么说，在他家里，听他讲话，听他用一种既高贵又优雅的方式侃侃而谈，我瞠目结舌。我的钦佩之情就像一个正在练习音阶的小家伙听到了高手演奏。我完全被钦佩之情捕获了，但钦佩之情和想要亦步亦趋，这两件事完全不一样。

但我想到的并不是这些。我想说的是：您在和马拉美来往时，在他的命运以及他的探索中，您难道没有感觉到某种骨子里的悲剧性吗？在《立场与主张》[1]第一卷中，您收入了一篇非常珍贵的文章，《伊纪杜尔的灾难》，您谈到了马拉美，谈到了一个根本性的主题，它在欧里庇得斯那里就可以找到预兆，但在您看来，一直到十九世纪才得到了完整的发

---

[1] 《立场与主张》：克洛岱尔的随笔集，共两卷，分别于1928年和1934年出版。其中收录了一篇《伊纪杜尔的灾难》，"伊纪杜尔"是马拉美的一部未完成之作《伊纪杜尔或艾蓓农的疯狂》中的人物，克洛岱尔在这篇文章中对马拉美的创作进行了分析。

展，关于这个主题，您说道："我将其称作同情夜晚，纵容厄运，黑暗中的苦涩交融，以及生而为人的不幸。"

您列举了三位诗人作为例证，他们都对这个主题魂牵梦绕，分别是埃德加·爱伦·坡，波德莱尔和马拉美本人。因此我想知道，在您与马拉美交往的时候，这位魔法师的典型个性是否打动过您呢？

好吧，当时我面对的那个马拉美，是一个已经找到个人道路的马拉美，他很平和，平和地接受了一种命运，仁慈地说，平庸的命运。而那个曾经打动过我的、促使我为其奋笔疾书的马拉美，是那些早期诗作中的马拉美，他曾经写下了法语中最美的诗句之一，写给一位妓女："站在虚无之上的你比逝者更懂虚无。"

从写出这些诗句到定居巴黎，马拉美发生了很大的变化。他变成一个技术专家，一个分析师，远远大于一个诗人。

在我看来，作为诗人的马拉美，基本上在写出献给泰奥菲尔·戈蒂耶[1]的《墓志》时就到头了。从那一刻开始，他就变成了一个技术专家，一个令人眼花缭乱的技术专家，他作为诗人的才干依然未受损坏，但是，在《墓志》之后，不

1　泰奥菲尔·戈蒂耶（Théophile Gautier，1811—1872）：法国浪漫派诗人，在世时影响极大，波德莱尔曾将《恶之花》题献给他。1872 年戈蒂耶去世后，马拉美创作了这首《墓志》。

能说他还创作过任何真正动人、惊人的诗歌作品。最好的证据便是，当蒙多尔[1]成功地从马拉美的零星文稿中找到一些诗句，把它们当成《艾罗狄亚德》[2]这首马拉美重写了二十遍却从来没有成功写完的作品的续篇，我必须承认，这些后来的句子都平庸无比，完全无法比拟《艾罗狄亚德》中那些已有的美好诗句。

但我想问的是，不管怎么说，马拉美笔下最有代表性的东西，难道不就是您揭示出来的这种失败吗？

啊，你知道所谓的"图尔农之夜"[3]，在我看来，它标志着一次转折，图尔农转折[4]，一次马拉美生命中的转折，让他离开了那些精神探索或者灵魂探索。他在那一刻做出了决定，变成了一个技术专家，一个能人。就像他自己说的那样，他把主动性赋予词语。这话很重。

把主动性赋予词语。

刚才您重复了马拉美提出的那个问题："它想表达什么？"

1　亨利·蒙多尔（Henri Mondor，1863—1971）：法国学者，马拉美研究专家。

2　《艾罗狄亚德》：马拉美未完成的长诗。

3　马拉美在图尔农中学教英语，在当地经历过一次精神危机。

4　在法语中，图尔农"Tournon"和转折"tournant"在拼写上十分接近，克洛岱尔在这里借用了这个文字游戏。

在某种意义上，对于这样的质询不可能给出答案，相比于您亲身追逐之物，这一问题开启的难道不是别的东西吗？

毫无疑问，显然在整个人生中，这个问题都在引导着我，把我放在自己见过的所有生灵与场景面前，带着一种理解的热情，试着去理解对方想要表达的内容。

我感觉，在我所有应邀参与的场景中，都存在一个问题，在搞清楚如何回答之前，必须首先理解这个问题，这需要付出巨大的努力去进行分析，在这方面我从圣托马斯那里接受的训练对我来说非常有用。说是圣托马斯，其实归根结底还是亚里士多德，因为正是亚里士多德指出了提问的诸多原则，这种提问是科学与艺术的起源。

只有我们提出准确的问题，事物才会给出准确的回答。

这个准确的问题并非任何时候都可以轻而易举地提出。为此必须高度集中注意力并且进行一些辩证法方面的训练。

第九次访谈

在上次访谈结尾，您提到了斯特凡·马拉美的命运。您说道，对您而言，他最明确的教益就蕴含在一个问题之中："它想表达什么？"这个问题在每件事物乃至于整个世界面前被提了出来，涉及的关键是理解。

不过，为了理解世界，还必须具有这样的意愿，体会到这样的需求，被某种内心情绪所支撑吧？

对我而言，世界极其有趣，我所寻找的正是如何理解它。

这始终是金头提出的问题："我，这个无知的傻瓜，直面各种未知的事物。"

马拉美让我迈出了一步。他教会我如何直面未知的事物，它们并不是无力回应的斯芬克斯[1]，这些未知的事物完全有能力对你给出某种回应，不过必须善于把这个问题提出来。

1　斯芬克斯：古希腊神话中的怪物，喜欢问过路人谜语，猜不中就把他吃掉。最后谜语被猜中，斯芬克斯跳海而亡。

是的。我相信我们即将进入一个极其艰深的话题，不幸的是，我感觉自己没法跟上您。

我只想为您指出一点：我不知道您有没有读过瓦莱里的小文章，几年前以"手册 B 1910"[1]为题结集出版。其中，瓦莱里指出，诗歌是诗人为了表达事物想要说出的内容或者"在他看来它们似乎打算说出的内容"而进行的努力。

好吧，你看这基本上是同一回事。只不过，瓦莱里本人追寻了他的导师马拉美的榜样，因为相比于倾听事物并向其发出提问，他似乎和马拉美一样，把主动性赋予了词语。

是的，我认为，瓦莱里与您的全部距离，就体现在瓦莱里没说出来的这句话里："事物想表达什么"——他当即改口道："它们似乎打算说出的内容"，因此他没有下断言，而是满足于推测[2]。

诗歌是对于问题的某种可能性给出的回应。

区别在于，瓦莱里没有严肃对待生灵与事物。他设想自己面对着一个没有多大意义的场景，而我则深信它们具有某种意义，一个类似于斯芬克斯的意义："猜出谜底，或者

1　《手册 B 1910》：瓦莱里出版于 1930 年的一本手册，收录了他的许多笔记。

2　"它们似乎打算说出的内容"中，原文动词用的是虚拟式，表示主观推测而非陈述事实。

被我吃掉"，总之……

好吧，我认为，这一点相当直接地把我们引向了您在这段时间撰写的作品之一，那就是紧随《金头》之后完成的大戏《城市》。现在，我想就《城市》提几个问题。

首先我很想知道，在那个撰写《城市》的作者与您本人之间，存在怎样的内在联系，《城市》在何种程度上回答了您头脑与内心中产生的焦虑呢？

与《金头》不同，《城市》正好是我准备皈依时写的，它对这场皈依的暗示要比《金头》清晰得多。对我而言，城市代表了索多玛或蛾摩拉[1]，我深陷其中，必须不惜一切代价摆脱它。那时我在巴黎长距离漫步，有点像于勒·罗曼[2]笔下的人物，城市对我来说是我试图摆脱的敌人……

后来，我在《耶利米书》中发现了这种感觉，耶利米要求他的仆人把他那些关于巴比伦的诅咒记下来，然后扔到幼发拉底河里去。[3]（笑）

1　索多玛和蛾摩拉是《圣经》中记载的两座罪恶之城，被天火毁灭。

2　于勒·罗曼（Jules Romains，1885—1972）：法国作家。在小说中经常描写主人公游走于巴黎城中。

3　参见《圣经·旧约·耶利米书》第五十一章第六十节至六十三节："耶利米将一切要临到巴比伦的灾祸，就是论到巴比伦的一切话，写在书上。/ 耶利米对西莱雅说，你到了巴比伦务要念这书上的话。/ 又说，耶和华阿，你曾论到这地方说，要剪除，甚至连人带牲畜没有在这里居住的，必永远荒凉。/ 你念完了这书，就把一块石头拴在书上，扔在伯拉河中。"

当时，我差不多就是这种心态。幼发拉底河对我而言就是塞纳河，城市把我压碎了，它代表着一个我试图摆脱的敌人。在《城市》的第三幕中，可以看到城市变成了废墟，变成了如今许多德国城市或者华沙那样被摧毁的城市。这些被彻底摧毁的城市，不久之前我们都是亲历者，而这出戏正是所有这些城市的预兆。

是的。确实，在《城市》中也许还存在其他内容。

在《金头》结尾，如果我们把自己带入金头的处境就会发现，全剧表达的，是人类在以自身的性命和力量为基础的条件下，占有世界的努力失败了。所以单靠自己，人类只不过拥有了一种力量的幻觉，他没有真正的力量，没有切实的力量。但金头是孤独的，无可避免地孤独，因为他在临终之际无法与公主的爱结为一体，这多少嵌入了某种社会背景。而《城市》这出戏则涉及众人在社会中的生存状态，以及这种生存状态建立起来时所基于的各种关系。

你说得非常准确，我要做的就是赞同这种观看方式。

好的，不过您用一件宏大的作品构建起一幅关于世界的画卷与清单，其中出现了许多迥异的人物，让我感兴趣的地方在于，我很想知道这些人物与您本人之间是什么关系。

差不多同一时间，您以一种决定性的方式把外交事业定为职业方向。您为什么选择这个职业，而您的本职，从您的全部作品中都能清楚看到，终归是做一位诗人吧？

我的本职主要还是观看天地万物，不是吗，我在好几本书里都提到过"对天地万物的热情"。巴黎令我窒息。家庭生活令我窒息。首先我想要让自己透口气。非离开不可，非去看看世界不可。不然，我就不会渴望像兰波那样逃离，我很清楚出走不会把我引向什么大不了的成就：我的腿脚本不足以了解整个世界，也没有令我置身于好好观看世界、理解世界所必需的位置。

因此，我必须找到一种职业，它对我来说既是一种开放，又能让我透口气。于是这种职业自然便是外交，去做领事或者外交官。

我一开始想要谋求一个翻译人员的职位。我心想，作为翻译，也许我可以得到自己需要的一切。我当时已经想到了中国。于是我去了东方语言学院，我在那里找到了院长，他对我说道："您的年龄达标，您非常年轻，您今年二十一岁，为何不去参加外交部的选拔考试呢？"

我心想："嘿，这是个好主意！"当时我在政治科学院已经上了三年学。我正在准备最高行政法院的考试，但最高行政法院把我折磨得要死。我心想："还是去准备外交部的选拔吧!"我有一个专门的老师,在几周内对我进行了突击培训,我的上帝啊,内容相当初级,让我深感惊愕的是,我得了头名。至今我依然在问自己到底怎么办到的,为什么分这么高。

所以,外交最吸引您的似乎是这份职业的巡游属性?

是的,就像上帝对亚伯兰说的:"离开你的家!"[1](笑)

对于《城市》中的各种人物,在您看来,他们都拥有属于自己的生活,还是说,当您写这出戏的时候,他们每个人在某种意义上都是您本人的形象呢?

那其实是一支歌队[2]。

当时我阅读了很多古希腊剧作家,有一出埃斯库罗斯的戏剧,没什么人读,谈得也很少,却令我大受触动。当古希腊悲剧开始摆脱酒神颂[3]时,出现的就是这出戏剧。《请愿妇女》[4]是一种对话,对话的一方是一个剧中人物,现在我已

1　语出《圣经·旧约·创世记》第十二章第一节:"耶和华对亚伯兰说,你要离开本地,本族,父家,往我所要指示你的地去。"

2　歌队:古希腊戏剧中的特殊元素,一般由十多人组成,负责交代剧情或者对人物的叙述进行补充。

3　一般认为,古希腊戏剧起源于酒神祭祀,在祭祀期间会表演歌舞祭祀酒神,即"酒神颂"。

4　《请愿妇女》:埃斯库罗斯创作于公元前466年左右的戏剧,剧中人物包括一个歌队,代表了达那俄斯的五十个女儿,以及达那俄斯和珀拉斯戈斯。内容以达那俄斯与歌队的对话为主。

经不记得他叫什么名字了[1]，另一方则是歌队，由匿名者的声音组成的歌队。

在《城市》里，由于我已经有太长时间没有重读这个老剧本了，我现在尽力回想起来，也是同一回事：核心人物是诗人科弗尔，他与一个由匿名者的声音组成的歌队对话，从中凸显出一个人物形象，她就是拉拉，有点像《金头》中公主的角色。

我感觉您对您的剧作已经有些记不清了。

是的。

在第一版与第二版之间相隔了好几年，二者存在不少本质性的区别。第一个版本挤满了各种人物……总之有二十多位……都是一些次要人物，出场然后退场。而第二版是您在中国写的，其中能找到的人物数量很少。

是的。

剧中确实有歌队，也确实有人群，但只剩下数量很少的人物。我认为，不管怎么说，简要勾勒这些人物的天性与特质还是很有趣的。

1　应该是指《请愿妇女》中的男主角达那俄斯。

请允许我帮您回忆一下。

在第一部分，我们看到贝姆两兄弟，朗贝尔·德·贝姆，政治家，以及伊西多尔·德·贝姆，工程师。

然后，我们看到了阿瓦尔，他是革命者，我感觉像金头的化身。他经常使用金头的语言，因为相比贝姆兄弟，他完全依靠自己的力量定义自我："我是带来惊愕之人。我在体内承载着一种力量，就像爱情的生硬。"

因此，即将摧毁城市的阿瓦尔，他是金头的兄弟，或者说是金头转世。

接着是女性人物。整部剧中只有一位女性，至少在第二个版本中是这样，她就是拉拉，过一会儿我们再来谈她。最后是诗人科弗尔。

城市摧毁后，贝姆兄弟消失了。只剩下阿瓦尔，他获胜后，立刻就退隐了。我们重新见到科弗尔，科弗尔与拉拉的儿子伊沃，还有那些覆灭的资产阶级留下的继承人。

您感觉到了剧作中近乎先知的特质吗？因为，总而言之，这出剧涉及一个腐朽、没落的资产阶级，被无产阶级革命吞没了，不信上帝的无产阶级，只依靠自身的力量，呼唤正义，想要在正义的基础上建造新的城市。

好吧，你让我的记忆恢复了青春。

尽我所能地回想起来，当时，拉瓦绍尔、亨利[1]等人的无政府主义运动，总之所有你能想得起来的无政府主义袭击事件，都给我留下了深刻印象。我必须十分羞愧地承认，和我的大多数朋友一样，我对他们心怀深刻同情。在无政府主义中，我发现了一种近乎本能的行动，对抗我们周围这个令人窒息的、拥堵的世界，就他们来说，他们的举止就像溺水者在寻找空气，盲目地丢炸弹，几乎不知道丢向哪里。

你提到阿瓦尔这个人物，他确实与金头存在相似之处，但他也同样表达了一个人发自天性的能量，他想要与大环境抗争，想要不惜一切地呼吸，让自己透口气。

当时，您产生了这样一种感觉，您生活其中的世界是一个由各种明确关系组成的世界，其中人与人之间的关系则具有一种机械性与官僚性。

这主要是一个令人窒息的世界，人们尽可能地膨胀，绝不留下任何空隙。人们没有空间，挤在一起。你去看看那些政治形势或者文学境况，给出的总是同一印象：那些膨胀之人，由于浮肿而膨胀的人互相妨碍，彼此伤害，用一种自私的方式膨胀起来，没有任何慈悲，没有任何耐心或者相互

---

1 拉瓦绍尔（Ravachol，1859—1892）和埃米尔·亨利（Émile Henry，1872—1894）都是十九世纪末法国知名的无政府主义者，由于进行过多次暗杀活动和恐怖袭击而被处死。

支持，只有彼此之间的恼恨与持续的紧张，只有所有人对抗所有人的秘密战争，后来我在研读外交文献（类似于那个时代的《黄页》[1]）时又重新发现了这些东西。我们看得很清楚，这类怀疑、仇恨与恐惧统治着各个大使馆。

在我看来，您在某些人物身上投入的控诉要深刻得多，比如朗贝尔·德·贝姆和伊西多尔·德·贝姆。

这种控诉并不仅仅针对某些人的社会行为，而且涉及他们形而上的态度，因为，这两个人，工程师是物质力量的至高主宰，政治家也一样，但在剧中，他们都绝望了，完全绝望了。朗贝尔试图借助爱情逃离绝望，因为他想娶他的养女拉拉，拉拉刚开始接受了，然后又拒绝了他。伊西多尔则彻底死于绝望，死前他完成了一项发现，本人却无法从中获益：他在死前对科弗尔说，他发现存在一种科学之下的科学，必须将其称作"无知"。

好吧，这是我皈依之前精神状态的回声。确实，朗贝尔·德·贝姆与伊西多尔·德·贝姆传达的深深绝望，我本人也体会过同样的情绪。总之，这种精神状态并没有完全消失，因为我在许多年轻人的信件和不少依然不显得过时的书中都找得到。从这个角度看，这本书具备某种现实性。这是

1　1939 年，法国外交部出版了一本《黄页》，记录了许多重要的外交文献资料。

胡戈·冯·霍夫曼施塔尔[1]告诉我的。《城市》是我的作品中他最喜欢的一本，这很稀奇。

您为什么认为这很稀奇呢？难道这部剧作如今已然离您如此遥远了吗？相反，在我看来，它蕴藏着一种非凡的现实性，不是吗？

它对于其他人来说具有当下的现实性，对我却没有。这些感觉对我来说都变成了别的东西……我已经超越了那个时期。

但我想说，它实际上就是当下的现实，因为这幅关于世界的画卷，这个没有上帝的世界，只有两股力量在互相对抗，一极是莫斯科，另一极是罗马，我们生活在这个世界上，它的状态就是在两座首府之间偏振，一座物质，一座精神。

尽我所能地回想起来，那时候我同时身处于两个世界之中，这就是区别所在。我当时并没有完全脱离前一个世界，也尚未完全被纳入后一个世界。不过，时至今日，前一个世界已经被抛开很久了，已经被忘掉了。

1　胡戈·冯·霍夫曼施塔尔（Hugo von Hofmannsthal，1874—1929）：奥地利作家。

第十次访谈

我已经二十多年没读《城市》了，重读时，我感觉到，即便您已经皈依，当时您身上也依然存在某种需要，去焚毁您肖像中的某些形象，或是您自身的某种可能性。

其中同样也有我的哲学老师布尔多的某些特点。

《城市》的中心人物是诗人科弗尔，可以在好几幕重要场景中发现他的身影，包括以下这一场，在全剧一开始，他遇到了伊西多尔·德·贝姆，二人分别解释了各自看待世界的方式。伊西多尔依照某种秩序，也就是数学去阐释世界，他掌控了力量，他是精于计算之人，秉持实用主义哲学，终极目标就是对此加以实践，他是工程师，是贝姆。而另外一方，诗人，关心的则是完全不一样的东西。

这个人是朗贝尔吧？

不，是伊西多尔。另一位贝姆，朗贝尔·德·贝姆，是个政治家。在科弗尔面前，伊西多尔发现自己处于这样的处境，就像某人正在理解一种自己不理解的语言，但他充满敬意地指出了其中的特点，因为他对科弗尔说道：

你啊，你像舌头一样，置身于一个昏暗的角落！
假如那是真的，就像泉水从大地中涌现，
自然同样从诗人的嘴唇间为我们打开话语之源，
告诉我，被你的嘴加工成词语的这股气息来自哪里。
因为，当你说话时，仿佛一棵树，它全部的叶片
都在正午的寂静中摇曳，我们心中的平和渐渐接替了思考。
通过这无乐的歌和这无声的话，我们与这世界的旋律协调一致。
你什么都没有解释，诗人啊，但经由你，万事万物都对我们变得可以解释。

由此，伊西多尔理解了诗歌。他从外部理解了诗歌。
科弗尔回答他说，诗人的职能恰恰不是从智力方面解释世界，而是将其转化为一种可理解的、令人愉悦的话语。

从中可以认出一点点马拉美的理论，不是吗……

不过，这里面还有另一个问题，不仅涉及诗人在世界

的处境问题，还是爱的问题，这个问题在前文已经正面提过，由一位独特的女性（大写的"女性"）完整地提了出来，她就是拉拉，一个非常神秘的人物，可以说自身几乎不存在。我们清楚地感觉到，她恰恰意识到了某种通道，某种借助她、通过她完成的传导，于是诸多事物在她身上并且经由她完成：总之，她只具备某种中介功能。

我们可以在您作品中的其他人物身上发现这种中介性质。不过在这里，光明携带者与死亡承载者的双重面貌在同一个人物身上汇合了。

您在创作《城市》时，创造出这样一种特点究竟呼应了什么样的个人经验呢？

就像我之前和你说的，拉拉回应了《圣经》中那个令我无比着迷的人物，就是《箴言》第八章里的智慧。《圣经》用一个女性表现智慧，上帝创世时她便在场，甚至上帝正是把她当成，如果可以这么说的话，相互激励着创造了世界。她代表这种难以捉摸、难以把握的因素——神恩。

在我看来，所有女性形象中都存在这一面。存在灵魂，也存在神恩，这些都是无法推理的因素，是不可预见的，是幻想，既可以有好的一面，也可以有坏的一面。这个女人是神恩，她也同样可以变为沉沦，但她不会为此失去与前者相同的特征或者与后者对立的面向。

这部作品里有拉拉，同样在《交换》中也有莱切·艾蓓农这个人物，不是吗？

是的。

我的其他剧作也同样存在这种因素，这种始终难以捉摸的因素："无法信守的诺言。"我不知道这个表达有没有被我放对地方，也许是另一出戏里的，但拉拉就是这样，就像我说的，这是"一个披着错误外皮的真相"……

是的，她确实具有这种模棱两可的性格。

不过我提的问题其实更加冒昧。我想知道这到底是来自您想象力的纯文学创造，呼应您对女性的看法，还是说相反，拉拉这个人物在您作为男性的生活经验中存在根源？

她太真实了，因为二十来年之后，或者十多年之后，她真的在现实中出现了。这是一个我不久之后有机会遇见的女性，拉拉构成了她的肖像。

是她的肖像与她的预兆。

她借助她的"空"浮现出来，就像马拉美说的那样。

不过这也是属于您自己的表达，因为对您而言，每一件事物恰恰是通过自身的空无才浮现出来的。正是这种空无构成了神恩的召唤，对神恩加以填充并且赋予其现实性。

当然。在这里，其实是一种中国思想，是道家思想：每一件事物恰恰由于它的"无"才有价值[1]。

您和我说过，在您写《城市》时，还有同期创作的《少女维奥兰》中，关于女性的问题并没有让您操很多心。

与此同时，观察这些剧作中的某些人物被爱情方面的问题、被男女关系的问题困扰，却十分令人好奇。

就像政治家朗贝尔·德·贝姆这个人物，在生命的终点，他发现自己把一辈子都献给了一份职业，无论这个职业多么令人满意，他发现这样的生活遭到贫乏侵袭，缺少某种东西，某种本质的东西，这种东西不仅可以给他带来利益，而且可以极其准确地为他带来实在的真实性，他发现没有爱情的冠冕就没有生活。他在和拉拉对话时是这样说的：

跟我来吧！通过一场神秘的婚姻，一场如同大提琴与管风琴的婚姻，通过一种巧妙展开的协议，

从前我有过这样的念头，在一个男人和一个女人之间，

---

1 《道德经》中类似的语句很多，例如："三十辐共一毂，当其无，有车之用。埏埴以为器，当其无，有器之用。凿户牖以为室，当其无，有室之用。故有之以为利，无之以为用。"

幸福是可能的。

让我们立刻去这座宽敞的老房子里居住吧

我知道它位于山间，在榆树与松树丛中，终日被最温和的阳光轻抚，它的墙壁拥有岩石的干燥与坚固。

屋中，则是神秘，是某种深邃而成熟之物，

走过充满柔光的过道和房间，

你会闻到一股淡淡的地板蜡与玫瑰花香。

在右边，栗树林后面，就是农场

各种牲畜，各式器具，牛栏马厩，乳品作坊，还有堆满麦秸与干草的耳房，还有谷仓和粮库。

在左边，有一个大花园，种满各种珍奇的花草树木

我们将一一解释它们的习性与特征，

在我们周围，是天地万物。

当朗贝尔这样讲话的时候，难道不是您本人，保尔·克洛岱尔，在借他的嗓音开口言说吗？

很有可能。事实上，在我撰写这部剧的时候，这正是萦绕在我头脑里的一个念头。在你的描述中，我认出了某些自从童年时代便熟稔的城堡……我父母就住在苏瓦松附近。所以，这也许就是对于苏瓦松附近那些城堡的回忆，它造就了你刚刚引述的那段文字的主题。

难道您不认为，这段关于房屋的描述中，似乎已经出现《五大颂歌》[1]里提到的那个著名的封闭房屋的预兆吗？

我不确定，封闭的房屋主要涉及一种形而上的思考。这些想法究竟在何种意义上彼此启发，相互贯通呢？要弄清楚这一点非常困难。对此你知道的和我一样多，甚至关于这个话题也许你知道的比我更多。(笑)

我不知道。无论如何，您现在就在这里，为我们阐明各种象征的意义。

说实话，我看不出多少联系。有可能存在联系，但完全存在于我的潜意识中。

伊西多尔·德·贝恩这个人物，朗贝尔的亲兄弟，也许他最准确地表达出了所有资产阶级代表的精神状态，这个行将就木的资产阶级，已经感受到了自身的失败，即将在革命风暴中被连根拔起，伊西多尔在内心深处对此是赞同的，就像阿瓦尔在剧中向他指出的那样。伊西多尔·德·贝恩用一个非常可怕的词汇总结了他的整个生存状态，那是一个非常黑暗的词。他说："无物存在。"某些人反感伊西多

---

1 《五大颂歌》：克洛岱尔 1910 年出版的一部诗集，其中收录的最后一首颂歌题目叫作《封闭的房屋》。

尔·德·贝恩大声喊出的这声咒骂，对此他的回应是：

听着，我要重复自己说过的这句话：无物存在。

我看到了，我触及了。

憎恶无用性。向不存在之物增补我双手的证明。

虚无不缺一张嘴自我宣告：我存在。

这就是我的收获，这就是我的发现。

这个绝望之人认为，世界仅仅存在于表象状态，在他面前，诗人科弗尔断言，世界存在于具体的真实性之中，存在于生动而无可置疑的真实性之中：

难道我不是大地吗，

以便传授我的狂欢！看看天空，当它开启时，

当金雨落入霹雳之光时！

冬季，当能够外出时，

闭上双眼，直立在正午的田野中，

或想想六月的森林，噢深深的安宁！聆听杜鹃长鸣。

然后你稍作等待，你将亲眼看见到底是不是春天。

当飞雪咆哮的子嗣为美丽的法兰西洒满光明，

让它脚下晶亮的积水流动，

由此葡萄藤活跃起来，草木丰茂起来，花朵和富含营养的南瓜苗生长起来。

浸透露水的玫瑰

芬芳四溢地向火热的星球转身，而你，你向着快乐转动你的心灵，

转动吧，贝姆，向着快乐转动你的面颊！

这是我那些年进行的哲学探索的回声，是我皈依之前的心态。事实上，过去世界在我眼中缺少关联。这就是佛教所谓的"色界"，表层世界。当时我感到，在这个表层之下，存在某种真实的东西，甚至在自己身上也存在某种不容置疑的东西，那就是个体的知觉。

这是那些年内心搏斗的回声，我经历了这些搏斗，或者说，我在写《城市》前刚刚经历过这些搏斗。

总之，科弗尔在这里呼应了您身上积极的一面？

积极的一面？积极的一面就代表还有消极的一面，对世界真实性的否定，或者更准确地说是质疑，质疑世界的真实性。当根源、起因遭到质疑的那一刻，后续的结果就从基座上被切割下来，飘到了空中。于是，只需要一个简单的怀疑，就能让这种质疑抵达真正的否定。

例如，这就是在马拉美身上发生的事情，他通过否定去表达一切：他不用"说"这个词，而是用"缄默"，不用"在场"，而是用"缺席"。这里面就是一种本质性的怀疑，关系到一个与其起因相分离的世界。

圣保罗说，我们生活、运动、存在，都取决于上帝[1]。这句话非常重。于是，当上帝的概念消失的那一刻，生存的概念也同样受到了质疑。

这正是科弗尔在伊西多尔面前断言世界的真实性后伊西多尔的回答：

那么，请在你我之间放上一架天平，摆上托盘，

然后称量宇宙，你摆一边，我放另一边

我怀疑，下沉的会是我这边。

我想请问您的是，恰恰因为科弗尔是诗人，他领会、承担、忍受并颂扬了世界的存在，那么他的做法是否表现了一种纯属于诗人的方式，以一种纯属于诗人的方式去传达世界的真实性并将其捕获呢？

我没法笼统地谈诗人，因为不知道那是什么。不过我可以谈自己，谈我写完《城市》时经历的危机与争论，当时，我在自己身上感到某种任何怀疑都绝对无法消除的东西。

于是，我便用这种观点抗衡孔德[2]的思想，后者在我写《城市》时流传甚广，而我竭尽全力将其摈弃。

1　语出《圣经·新约·使徒行传》第十七章第二十八节："我们生活，动作，存留，都在乎他。"

2　奥古斯特·孔德（Auguste Comte，1789—1857）：法国思想家，实证主义的创始人。

第十一次访谈

现在，把世界存在或者不存在的想法以及相关论证方式先放到一边，让我们回到《城市》中通过几位人物构想出的爱情概念，因为我们看得很清楚，剧中表达了两种爱情概念，其中一种必须摒弃，应该抵制，因为它会把我们引向沉沦，引向孤独的爱。科弗尔是这样表达的："这不是自然世界给予我的建议。"当有人向他说，男人不能活得孤独，必须为了不再孤独而与女性结合时，这便是科弗尔的回答：

当春天充满荣光地降临，当得胜的太阳照耀一切，
草木，花朵与树叶
我走向一位少女或者任何女性
迎娶她并把她占有，
因为这就是人们所谓的爱情：女性鲜活的身体，男人在她身上找到安宁。
而我心中设想的爱情

绝非静止于休眠之中，也根本不知休憩。

这绝不是给予我的建议！

就像一只身处大地中心的野兽，就像一匹脱缰的野马向着太阳发出一声人类的叫喊，

当我第一次睁开双眼，看见世界在其叶片的青翠中展现

在壮阔的比例中，在根基的深广中突显，带着其律法的秩序与多变的结构，

像一个满怀爱意的男人和一个心悦诚服的女人，我伸出双手，

像一面纯金打造的镜子把照来的火焰形象全部反射回去，

我受到一种与视觉同样迫切的欲望焚烧，向着根源与起因进发，我想要观看和拥有！

为了这另一种疯狂的爱，如果有人发现被抛弃或背叛，

他会隐藏起来，心中始终想着同一件事，

他不知道别人在对他说什么，他会不合时宜地保持沉默：

我也同样如此，孤独得像一个悲愁者，在马路上游荡，

收集石块与碎木，行走，思索，走入森林，在傍晚之前绝不出来。

如果有谁是我的朋友，我却只是一个似是而非的友人。

对于已婚男士来说，他不读书，如果有时间，他就和邻居们闲聊：把面包分给自己人，他吃着自己的份额，嚼得心满意足。

您当时是否也和科弗尔一样，是否也明确地认为，这样的爱情，这种伴随着妻子、孩子、房子以及各种职责的已婚男人的爱情，可能会妨碍您的探索与征服之志？

这一切都很难弄清楚。现在很难把我重新带回当时的情绪。不过，你读的这段话似乎确实可以用这样的方式阐释。在这段话中，打动我的是你刚才念到的一个片段，我收集石块，收集自然界的奇特物件，收集在路边发现的破铜烂铁。这让我想起了让·保罗·里希特[1]的一段逸事。

让·保罗·里希特是一位德国诗人，他正好有收集这类破烂的习惯，对他而言，这些东西具有某种沟通鬼神的意义：马蹄铁、造型特殊的碎石子等，装满了好几箱。在圣–琼·佩斯[2]的一首诗中，我也发现了同样的嗜好，去年我在《巴黎杂志》的一篇文章[3]中进行了评论。这些天然的五角星和护身符具有某种神秘的交感价值。很难解释。不过，在让·保尔·里希特和圣–琼·佩斯笔下，我找到了和自己当时乃至现在同样的嗜好！

---

1 让·保罗（Jean Paul, 1763—1825）：原名约翰·保罗·弗里德里希·里希特（Johann Paul Friedrich Richte），德国浪漫派作家。

2 圣–琼·佩斯（Saint-John Perse, 1887—1975）：原名阿列克西斯·莱热。法国著名诗人，1960年诺贝尔文学奖得主。

3 《巴黎杂志》是法国著名文学期刊，1829年创刊，1970年停刊。1949年11月当期刊载了克洛岱尔的文章《圣–琼·佩斯的一首诗》。

我们之前用三言两语谈到您人生中的一个时期，您亲口承认自己当时也可以算是无政府主义者，而那恰恰就是您写《城市》之时。尽管《城市》是一出社会剧，就像我之前简略提到的，我们并没有强调您思想中的这个政治性阶段。

阿瓦尔是您在剧中最熟悉的人物之一，在他的举动中蕴含着某种近乎先知的内容，对此我想和您谈一谈。阿瓦尔摧毁了这个没有上帝的城市，不是为了建立一个存在上帝的城市，而是为了这座上帝之城能够建造在虚幻的人类之城残存的废墟上。在这个机械化的世界中，人类的劳动非人化了，而这正是我们的世界，它每一天都在变得更加机械化，对此，阿瓦尔极其强有力地进行了揭露：

从前，工人要把他的产品整个掌控在手，

就像心灵用色彩悦目，

从他的作品中发现美，他在劳动中感到满足；

他认识买家，被另眼相看。但是今天，劳动的一切恩泽，一切荣耀，一切才华都被吊销。

一个人劳动的目的再也不是为了满足另一个人，而是为了供给普遍的需求。

他的作品只剩下实用价值，机器替他制造。

从这样的事实中两种自由遭到了剥夺，手段中失去了选择，劳动中失去了秩序。

此外，我认为一种双重的赞同遭到了拒斥：

预见并决心坚持到底的才智，

专注作品而忘记劳动的意志。

于是，无论薪水高低，工人都变得奴颜婢膝，

身为奴隶，他渴望自由。

阿瓦尔思考社会秩序与劳资关系的方式，如今您是否依然将其视为您自己的态度呢？

显然这需要进行定性。在那之后我又经历了很多事情。我在美国生活过，我依然相信，无论如何，机器无法像个体那样运用任何资源。有人宣称使用机器是一种必要，必须对其顶礼膜拜，但很显然，一个诗人或者一位艺术家永远不会接受这样的概念：需求可以由机器的工作来满足。

劳动具有某种人性的东西，这是一份礼物，就像我在上面那个段落里提到的，由一个独特的人交给另一个独特的人。而这种奴颜婢膝的、机械的、近乎非人化的劳动，事实上，在我看来无法代表精神层面的明确进步。不过说到底，这是一种必然，人们不得不屈服。

所以您不认为对这种必然性加以反抗是正当的吗？

有什么用呢！

有什么用呢……不过我认为，还是应该指出《城市》中的这个独特观点。另外，现在让我们最后谈一谈《城市》与一些同期作品之间的对照。拉拉这个人物扮演着一个非常重要的角色，常常是您的代言人，在剧作结尾，当她对自我做出定义之后，当她在自己身上定义了女性在世界中的职能（某种超越女性的女性）之后，拉拉对您如何设想世界以及当时人与人之间的关系进行定义：

> 一个男人与一个女人缔结的联姻与婚约
>
> 并不足够，爱情也会像友谊一样耗尽。
>
> 就像一个音符容纳了一连串无穷的泛音直至听觉的高低极限。
>
> 每个人，为了体验他的整个灵魂，呼唤多种多样的和弦。
>
> 如果不存在科学无法利用的垃圾和污泥
>
> 我想也不存在卑劣和低微到对我们的一致性无用的人
>
> 但愿没有任何合乎人性之物逃脱了我们的享用，但愿律法能从
>
> 那不可战胜的和谐让任何人避无可避之地找回，
>
> 但愿在他身上没有任何东西白白丧失。
>
> 这就是我们将要建设的城市。

这段话写得好。确实，我现在依然这么想问题。只不过处理方式既不是零碎的解决办法，也不是向过去无用的

回归。这是未来之秘。我认为，必须找到办法，就像大家说的，用人去开发人。有人反抗这种由人去开发人[1]的想法，但我感觉这绝对是非常美好的东西，非常美好的想法。人是一种原料，必须向他提出各种必要的问题才能得到他能给出的一切。因此，指责人开发人是愚蠢的。相反，人要求得到开发。黄金也是如此，一切需要得到开发的自然资源都是如此。人只是一种原料而已，必须得到他能给出的一切。

对，不过在您的代言人口中，这里似乎存在两种思想。

是谁在这么讲话？

是拉拉。

是拉拉，噢。

对。一种思想是，人确实不具备多个灵魂，但在他身上，在同一个灵魂之内，却存在好几个人，而他们拥有的任何可能性都不应该遭到限制……

应该说"本不该"。

---

1 "开发"一词"exploiter"在法语中还有"剥削"之意，事实上，在左派革命思想席卷法国之后，这个说法主流的翻译是"由人去剥削人"，克洛岱尔在这里改换了这个流行语的意思。

本不该遭到限制。在这里面仿佛存在一种对于非凡生活全方位的渴望，您在撰写这出剧作时的根本诉求中有可能包含的所有那些暴烈与绝对之物，似乎都准确表现了出来。

至于去开发人，让他把能够提供的一切恰好都提供出来，这是相辅相成。另外，在《城市》中，您相当简要地草拟了一种社会理念，可以称为共产主义社会，因为那些旧社会的破坏者想要建设的正是一个人类按需所得的社会，不过它提供的物质总量恰好与消耗量相等。新社会就是这样在自由之中、在团结之上建立起来的。这些内容您还记得吗？

嗯，在我的大部分作品中或多或少都隐藏着这些问题。但不过怎么说，有一件事情是我始终坚持的，是当时我那些无政府主义思想的基础，那就是个体对于万事万物、对于围绕在他身边的一切来说都具有优先性。我从不接受这样的想法：一个活生生的人，一个酷似上帝的形象，臣服于某种抽象的概念，臣服于无论何种社会思想。社会是为了个体而存在的，而非个体为了社会而存在。正是这一点把我和所有社会主义或者共产主义思想分隔开来。个体至上，社会的存在恰恰是为了从个体身上得到他能够给出的一切。

个体就其本身而言，是一个贫弱的生灵，是一个极易被击败的生灵，他需要一个有利的环境去发展他的潜力。社会是为个体而存在的，而不是相反。这是我从那时起就产生的看法，如今则更加强烈得多。

您在《城市》中强有力地表达过这种看法，把您的思想建立在一条法则之上，日后您将在您的全部作品中发挥这条法则，它就是神秘的类比法则，科弗尔在全剧结尾处对其给出过一个隐喻性的表述，他说道：

全人类的整体可以比作一个单独的人。

就像基督徒把他赖以生存的世界一角献给他的造物主，整个宇宙也被交到人类手中成为他的赠礼。

接着他又重拾这种建立在人类与社会之间的类比概念，用另一种更加符合其诗人天性的形式加以发挥。他对伊沃说道：

噢我的儿子，当我还是一个泯然众人的诗人，
我发明了这些既没有韵脚也没有格律的诗行，
我在心中悄悄为其定义这种双重的交互功能
人类依靠它汲取生机，在吐息的至高行为中释放
可理解的话语。
同样，社会生活也只是由感恩或赞歌组成的双重诗句，
人性借此吸收其原则并重建它的形象。

由此，每一个人，在世界中，每一个活生生的人、了解自己的人、努力理解世界的人，都很像科弗尔，他的诗人行为，相对而言，与祭司献祭的举动颇为近似。

这正是我的想法。

那么，这种在剧作中如此引人注目的关切，很抱歉特意强调，因为如今它已经离您相当遥远，不过我认为它在您的作品中占据了一个相当重要的位置，所以您有没有注意到，剧中的诸多关切也许和您的某些同代人操心的问题存在近似之处呢？

人必须在其全体性中实现，必须走到自身及其潜力的终点，在纪德不久之后的作品中，尤其是在《背德者》[1]中，不也可以发现类似的观点吗，例如《人间食粮》[2]里的名言，"承载尽可能多的人性，是为正道"？

"人性"是个笼统的词汇，而我并没有想到人性，相反，我想到的是独特性，是每一位个体，是每一位个体身上的不可取代之处。这些个体彼此互补。要提供个体的独特之处，提供别人缺少的、能够对他们最有用处的东西。如果你拥有和别人雷同的天赋与才干，那么你是没有办法帮助其他人的，因为你提供给他们的是他们早已拥有之物。但是，如果你提供的是他们缺少的，那么你就变得必不可少了，正是你拥有的最独特之处让你得到了最多的用武之地，不是吗？

因此，重点不在于实现笼统的人性，而是要实现个体。

---

1 《背德者》：纪德发表于1902年的作品，在这部小说中，纪德描绘了主角米歇尔为了实现自身的一切可能性，最大限度地对自我的内在需求予以满足。

2 《人间食粮》：纪德发表于1897年的作品，强有力地歌唱人性的自由与解放。

谢天谢地，正是这种个体概念现在重新变成了哲学思考中最优先的问题。我们终于理解了，个体并不是一般事物的某种特殊表现，相反，个体是一种绝对不可替换的独特单一体，这种单一性恰恰来自其不可替换的一面。

请您见谅，我感觉您没有确切地回答我的问题——也许是我问得不好。因为，在《城市》这出戏里，您笔下人物涉及的并不是与他人的关系问题，并不是提供帮助还是不提供帮助的问题，而是他们自身的生存状态以及自我定义的问题。相比您在作品中进行的发挥，在纪德的早期作品中也可以找到同样的问题，提法不同，并且用不同的方式进行了演绎，请原谅我这样对照。

我记不清纪德的这些段落了，无法给你提供什么观点。我不记得了。

因为，其中涉及的内容，也是颂扬那种让个体变得无法取代之处。他在某个地方写道，我们每一个人都必须致力成为最不可取代的生灵，因此，在一个人身上必须加以发扬的，正是他的独特性最难以被其他人缩减之处。

是的，同样的措辞常常掩盖着完全不同的内容。总之，我没办法回答你这个话题，因为你试图让我回忆起来纪德的这些段落，但我确实不记得了。

第十二次访谈

在您的早期剧作里，尤其是在《金头》和《城市》中，存在一些性格激烈的人物，他们无法满足于普通人的处境。他们不仅扪心自问"人是什么？"，而且尤其在问"人能做什么"，从中诞生出灼热的欲望——"改变生活"[1]，就像兰波说的那样。他们的征服欲和占有欲，他们对于探索的渴望，这一切都使他们接近于超人，而先驱便是尼采。

您当时读过尼采吗，之后呢，您对尼采有什么看法？

我试着读过好几次，但他的书总是从我手中掉落，因为内容让我不快，不仅触怒我的基督教思想，而且惹恼了我的整个哲学观。我一直厌恶疯子、狂徒和偏激之人。因此，这个家伙让我反感，当然，他那些想法或者判断并非他所独有。我总是任由他的书掉落，我根本没法读。

---

1 语出兰波的《地狱一季》。

不过，看到您早期剧作中的某些人物显得很像尼采的心腹，还是非常稀奇的。

我为他们感到遗憾。（笑）

这种萦绕在他们身上的强力，也许正是由于这一点，有时候会给您留下一种印象，似乎他们与您相距甚远，而且让您现在试着回顾自己写作《金头》的状态时困难重重？

我写《金头》时，我想尼采便已经开始为人所知了[1]。我试着读过，但都读不下去，因为我当时已经产生了非常明确的、一以贯之的哲学观点。我已经读过亚里士多德，不久之后就要读圣托马斯，而尼采这个家伙从来没有讲清任何东西，他被一种近乎疯狂的激情操纵，令我反感。

然而，正是这个从来没有讲清楚任何东西的人，这个与您想要成为之人相对立的人，他试图定义并建设一个完整严密的世界，而在您的剧作结尾，您摧毁了这种构建。只要有女性的呼吸就足够了，拉拉得出结论并说道：

我的头发确实已经灰白，不久之后黑夜与黄金即将被飞雪的神秘色彩取代。

1　1890 年前后，尼采的思想和作品开始在法国传播。

但我的美依然如故。

那侵袭我的衰老在我与追随我的人之间消除了误会。

你以为我在你们中间没有位置吗？

我是无法信守的诺言，我的风姿便由此构成。我是存在者的温柔与不存者的遗憾。

我是披着错误外皮的真相，爱我的人不必担心如何分辨二者。

聆听我声音的人克服了永恒的休眠与令他休眠的思想。

凝视我双眼的人不会再去钟情另一张面孔，如果我微微一笑，他又会怎么做？

已经开始跟随我的人再也不会停下脚步。

但我感到死亡近在咫尺！

秋天来了，有时一瞬之间万籁俱寂。

枯叶在树梢颤抖，仿佛被困住了，

就像死人一样，在加农炮的震荡中飞起，落向池塘水面，

我就这样被收容，一阵轻微的声响

就足以解脱我的灵魂。

因此，为了您笔下人物从事的这一切逻辑、形而上甚至神学构建在另一种现实面前消散，只需要美之面容显现就够了，一种与人类不同的美。

我对"神学"一词持保留态度。因为对我而言，拉拉

始终和一种我跟你提过的想法有关,《箴言》第八章的产物。对我来说,拉拉既是神恩,也是教会。我笔下的女性负责阐释的始终是这种多重象征。拉拉并不想同时摧毁两个世界。她只是暂时远离这笨重的、阻碍其发展的世界。

对,我不认为自己和您的说法背道而驰。我只是想到:因为拉拉是神恩,于是她发现(即便在不自觉的情况下)存在一种与合乎逻辑的现实不一样的现实,与正义组成的秩序不一样的秩序,而且更优越,那就是仁慈组成的秩序。

是这样。

在得出这一结论时,我不认为背叛了您的想法。

没有,没有。这极其确切。

关于《城市》,按您的意思,也许我们已经讲得太多。现在我们把它放到一边,以便尽快谈及一出萦绕在您思想中近二十年的剧作,那就是《少女维奥兰》。我想请问您,这出戏的构思回应了您身上的何种深刻需求与思想根源呢?

很难说清楚。这当然和我与故土、与维勒讷沃当地的联系紧密相关。另一方面也关系到我的家庭、村庄以及曾经生活的环境中发生的各种事,包括当时阅读的书。所有这些想法是怎么在我脑海中结晶并最终成型,不仅仅是形成一出戏，而且是好几出互相重叠的戏？这些构思方面的秘密，我并不比你知道得更多。

剧中的两姐妹，其中之一最开始叫作毕碧安，在第二个版本[1]中变成了玛拉，后来又出现在了《圣母领报》中，另一位则是维奥兰，从第一版开始您就立刻把这个名字赐予她了。这两姐妹之间的竞争，难道没有什么在您身边发生的事情能够给您带来这方面的灵感吗？

有可能，但现在离孕育它时的现实已经很远，变化很大了，说真的，我实在没有能力描述这种演变。

您并没有把剧作的第一个版本销毁，依然将其收入您的戏剧全集之中，如今您对这个版本有什么看法？

对于这个 1892 年的版本，我在任何时候都不满意。之所以我让它公之于众，是因为罗耶尔[2]先生，应该是他，从不知道什么角落里把它翻出来了，并且请求我允许将它出版。于是我感觉它也许有点文献方面的用处，但我从来没有重读过这个版本，甚至完全不清楚里面到底写了什么。

1　《少女维奥兰》的第一个版本撰写于 1892 年，第二个版本撰写于 1899 年。

2　让·罗耶尔（Jean Royère，1871—1956）：法国作家、出版人。1926 年在伽利马出版社出版了《少女维奥兰》的第一个版本并撰写序言。

1901 年出版的剧作集《树木》中没收入这个版本吗？

我想没有。

那里面有《金头》的第一版和《城市》的第一版。

这足以说明我对其极不满意。

所以这一版直到 1926 年才由让·罗耶尔公之于众？

没错。我甚至想不起来他到底是从哪里找到的手稿。

在《少女维奥兰》的第一版和第二版之间，我帮您回忆一下，第二版是您 1898 年在福州和上海撰写的，这两个版本被一些非常重要的人生经验分隔开来，包括您第一次漫游北美以及您第一次驻留中国。因此……

是在《交换》之后，不是吗？《交换》正好插在后一版之前。

这正是我想说的。因此，如果您愿意的话，我们将抛开《少女维奥兰》，然后讨论几个可能和《交换》有关的问题。我想请问您，您对美国的最初印象有哪些，因为《交换》全剧都是 1893 年到 1894 年在美国写下的。

肯定是很不惬意的印象。当时我就像一条离了水的鱼。

那时候，欧洲比现在更像欧洲，法国更像法国，美国也更像美国。如今两国之间的关系近了很多，接触也多了很多，而当时，却有一种背井离乡的感觉，从任何角度看都是，包括我借宿的人家，彻底的孤独，包括食物、人际关系，甚至非母语的日用语和大相径庭的宗教，留下的印象非常残酷，尤其是我当时囊中羞涩，而在美国，一个人没什么钱，他的生活绝对不会惬意。

因此，如果我理解正确的话，您对美国的最初印象，可以在《少女维奥兰》结尾安内·维尔科[1]的言辞中找到相当确切的描述。

我记不太清楚了，应该是这样吧。

他的言辞内容如下，请允许我帮您回忆一下。

"我不喜欢那些美国人。"安内·维尔科说道。

"我也不喜欢他们。"皮埃尔·德·卡翁回答道，他之前也去了美国。

美国的地好？对于一块不需要劳动就有收成土地，能说它是一块好地吗？用上他们那些机器呢？

这一切都萎靡不振，

---

[1] 安内·维尔科是少女维奥兰的父亲，在剧中决定动身前往美国。

就像一个女人在饥肠辘辘中枯萎。

人们失败地图谋古老的沙漠，土地闻起来总有臭虫的味道。

他们不喜欢劳动。他们的果实注水。他们收集了可疑的财富。

由于他们根本不会工作，他们也完全不懂如何享受他们的所得。没有任何东西像理所应当的那样成熟。

就像一群衰颓的老人，他们喜甜食，他们吃糖果，他们喝汽水。

一切都靠机械制造，机械是身体与精神的配件。

这就是安内·维尔科简略的判断，他已然注意到，美国人到底消费了多少冰激凌和可口可乐。（笑）

是的，是的，这种印象有点幼稚，但是，我的天啊，它很真诚，我肯定留下过这方面的印象。当然，在美国还存在一些别的东西，不止这些略显稚气的、流于表面的印象。这些印象并不单单属于我本人，其他一些旅客也有同感，比如史蒂文森[1]和雷瑙[2]。面对美国，他们和我产生了相同的反应，尤其是那种统治着整片美洲大陆的忧郁之感。我不知道

---

1 罗伯特·路易斯·史蒂文森（Robert Lewis Stevenson，1850—1894）：苏格兰作家，在美国漫游期间写过许多旅行文学作品。

2 尼克劳斯·雷瑙（Nikolaus Lenau，1802—1850）：奥地利诗人。

自己有没有在剧本里提到过这些，不过在我之前和你说到的那首圣-琼·佩斯的诗作中，也可以找到这些内容。

是的，这种忧郁之感，可以在您这一时期的作品中找到，尤其是在《交换》结尾处，被玛尔特表达了出来：

我向你致敬，海洋！

……噢，忧郁！

我向你致敬，孤独，带着所有的舰船在动荡的水面上缓缓移动它们微小的光焰！

我向你致敬，距离！

我直立着，赤裸双足，站在这片海滩上，站在这片坚实的沙地上，海浪在这里雕琢出各种奇异的形象。

我站立在这片西方的土地上。噢，这片在大雨之外被发现的土地！

就像有人得到了一份财富，当他须发灰白，不久他便要收回属于他的利润。

噢，流亡之地，你那些原野对我来说令人生厌，你那些江河让我感到平淡无奇！

我将回忆你，我来于斯的故土！噢，那片产出小麦与神秘葡萄的土地！云雀从你的田地间飞起，歌唱上帝的荣光。

噢，上午十点的太阳，还有在青翠的麦田中闪耀的虞美人！噢，我父亲的屋子，房门，火炉！

噢，温柔的缺陷！噢，雪后采摘的第一批紫罗兰散发的芬芳！噢，草丛中混着枯叶的古老花园

孔雀在啄食葵花籽！

我会在这里回忆你。

是的，我在这其中发现了自己第一次旅行时产生的那种怀乡与忧郁之感。当我回到法国时，我发觉，就像英语里说的那样，I did not belong（我不属于这里），我不再属于这个世界，这个旧世界，大家已经轻而易举地把我忘了。这治愈了我的怀乡病。于是，我便彻底投入了自己作为旅行者的职业生涯，而这种在玛尔特口中回响的怀乡之感，从此之后我就再也没有感觉到或者极少感觉到了。

您刚刚说了一句非常感人的话："当我回到法国时，我发觉大家已经轻而易举地把我忘了，于是我便彻底投入了自己作为旅行者的职业生涯。"当您说"大家已经把我忘了"的时候，您到底想说什么？

关于这个，在《认识东方》里有一首诗可以提供一些线索[1]。这首诗恰好描写了一个游子回到法国本土时的感觉

1　即《海上遐思》。其中写道："游子如客人般回到自己家中，对一切都感到陌生，一切对他也同样陌生。"

与状态，他发觉，人们已经把他完全忘了，已经完全不需要他了，一条裂缝已经形成，他再也变不回曾经的他，在过去与现在之间，一条裂隙形成。因此，当我第二次出发，向更加遥远的地方流亡时，我再也没有体会到怀乡感，也许是因为，相比当时的美国，中国更令我喜爱，更符合我口味。

感谢您这样作答。不过，请您原谅，我还是想坚持再问一下，因为您的回答方式略显笼统，而其中表达了一个贯穿您全部作品的主题，分离的主题，流亡的主题，不仅仅是一种具体实际的流亡，而且也是一种人类生存境况中固有的、形而上的流亡。而我想知道的是，您刚刚谈到的这种关于遗忘的表述，您难道没有办法将其在作品中兑现吗？

嗯，总而言之，美国留给我的印象所产生的后果，一直要到我两年之后回到法国本土才显现出来。正如美国带给我一种在陌生环境中生活的效果，让我感到抗拒，同样，在美国住了一年半甚至两年，也让我对曾经的祖国感到陌生。我的父母、朋友都不了解那个我刚刚抽身的世界，我发现自己与他们充满分歧。我们的感知方式已经不一样了。我再也不属于自己曾经生活过的圈子了。于是，就像我在《认识东方》的那首诗里说，"我曾经踏入的流亡如今跟随着我"。对于你的问题，这便是我能够给出的最佳答案。

从个人角度来看，甚至在朋友以及家庭层面，您在法国本土都感到疏离和流亡吗？

某些事情造成了无法挽回的结果，那是对往昔的依恋留下的最后痕迹。在我的一生中，我一直试着向前过日子，从这种对身后逝去之物的遗憾与忧郁中解脱出来，这种遗憾只会导致性格与想象力遭到削弱。因此，从这个角度看，《认识东方》的那首诗非常重要，因为它标志着我彻底告别了怀乡感，这种怀乡感在皮埃尔·洛蒂[1]、夏多布里昂[2]以及所有被我称为生活在"后座"上的人笔下都能找到。

在一辆马车里，分前座和后座[3]，有人看着正在远离的过去，另一些人则看着即将抵达的未来。《交换》这出戏标志着一种区隔。那一刻，我换了座位，从后座调到前座。

1　皮埃尔·洛蒂：在海军服役时曾多次抵达远东地区。1900 年八国联军攻占北京期间，他作为海军上尉进入北京城，并将其见闻写成了《北京的末日》。

2　弗朗索瓦-勒内·德·夏多布里昂（François-René de Chateaubriand，1768—1848）：法国作家，曾长期担任外交大臣，在多国驻留。

3　克洛岱尔提到的老式马车与现代车辆不同，座位的前后特指朝向，前座朝着马车前方，后座朝着马车后方。

第十三次访谈

我觉得您已经把《交换》这出戏定义得非常清楚了。在这出戏中，涉及如何与往事一刀两断，同时，也明确指出您如何理解美国，理解您所抗拒的、激烈抗拒的美式秩序。

想不到我激烈抗拒过……我主要还是试着去理解它。有一些事情我无法接受，但确实让我很感兴趣，不是吗？在那些被我们抗拒的事物中，也依然存在理解的努力，我们之所以抗拒它，恰恰是因为我们已经试着去理解它为什么排斥你，为什么没有回应你当时的感受。

当然。

在我的职业生涯中，无论是文学生涯，还是外交生涯，对于发生的任何事情，我都始终保持兴趣。随着阅历渐长，我愈发试图摆脱那种悲伤或者不满，这些感觉不能带来任何益处，缺乏阳刚之气。相反，在所有我到访过的国家中，我都试着理解它们有可能具备新意之处，去理解它们给予我的教诲，去理解它们为我带来的全新认知。随着阅历增长，这些内容变得愈发重要，而《交换》让我看到它依旧敏感于这种对过去的怀旧与遗憾，这些情绪不能带来任何益处。

您之前谈到您在美国的流亡，也谈到穷苦的生活状况，谈到您由于囊中羞涩而受苦。您真的受过这方面的苦吗？

啊！我的上帝，这绝对没有任何令人惬意之处。当你寄宿在别人家里，总之大多数时候住在一个每月十二美元的寄宿房里，没法每天都吃上午饭，这绝对没有什么特别令人惬意的地方，尤其是在一个像美国那样的国家。（笑）

您认为，在美国，穷人的状况比旧世界更加困苦吗？

在一个陌生的国度，我几乎说不来它的语言，一个人都不认识，状况当然更加困苦。尤其是，我抵达美国时，身怀一种非常热忱、非常苦行僧式的宗教教育，因此我经历了一种双重流亡，在思想方面，它已经把我和我的法国同胞分隔开来，而且把我和我的美国友人分隔得更远，因此我的孤独从任何角度看都无比深切。

您的意思是说，宗教把您与您生活在美国的法国同胞分隔开了吗？

不，是法国本土的同胞。那种感觉是我还待在法国的时候产生的，因为当时，天主教在社会中完全被忽视了，结果让教徒变成了某种奇景或者怪胎，比现在严重得多。

那么在美国，新教徒的圈子，清教徒[1]的圈子呢？

天主教在美国始终受到尊重。那是非常不一样的天主教，其中外在之物都消失了。相反，存在一些实用的、情感的面向，并没有给我太多启发，因此，从外部来看，美国践行的天主教与我在法国遵循的道路相距甚远。我曾经长期沉浸在格里高利圣咏、礼拜仪式与拉丁语中。这一切在美国都不存在，他们反而试图赋予宗教尽可能现代的一面。

美国宗教里的这种现代特点与您曾经在法国体验的那种方式区别很大吗？

宗教始终是宗教。我依然去领圣体，但并未感到有利氛围的支持。尤其是在那个时候，仪式之类的事情比之后更让我敏感，后来我就彻底不需要这些外在之物了。

"交换"这个词，在我看来，似乎第一次是在《城市》里出现的，拉拉对伊西多尔说道："就像黄金是商品的符号

1　清教徒：指保留了天主教仪式的改革派新教徒，在北美流传甚广。

一样，商品也是一种符号，代表着呼唤它的需求与创造它的努力。你称之为'交换'的东西，我称之为'配合'。"

因此这就涉及一个非常宽泛的概念，一种有可能支配人际关系的法则。不过，也许存在一些无法被交换的东西，我们无权进行交换的东西，也许这些东西才是最珍贵的，唯一珍贵的，因为对于得到它们的人来说，它们具备某种绝对价值，就像那个关于聪明与愚笨的童贞女的寓言[1]所描绘的。我想请问您，我在这里用一种抽象平淡的方式表达的笼统话题，为什么会摆到您面前直至成为一部戏剧的素材呢？

"交换"的概念，就像你跟我说的那样，在我看来可以从中认识到某种确切的含义。一般来说，交换的意思是，失去某种东西以便获得别的东西，例如，我们手里有一张证券，我们把它卖掉然后再去买另一张。不过在这部戏里，我没有看到任何人物为了得到另一个不属于他们的东西而

1　聪明与愚笨童贞女的寓言出自《圣经·新约·马太福音》第二十五章第一至十三节："那时，天国好比十个童女，拿着灯，出去迎接新郎。/ 其中有五个是愚拙的。五个是聪明的。/ 愚拙的拿着灯，却不预备油。聪明的拿着灯，又预备油在器皿里。/ 新郎迟延的时候，她们都打盹睡着了。/ 半夜有人喊着说，新郎来了，你们出来迎接他。/ 那些童女就都起来收拾灯。/ 愚拙的对聪明的说，请分点油给我们。因为我们的灯要灭了。/ 聪明的回答说，恐怕不够你我用的。不如你们自己去卖油的那里去买吧。/ 她们去买的时候，新郎到了。那预备好了的，同他进去坐席。门就关了。/ 其余的童女，随后也来了，说，主阿，主阿，给我们开门。/ 他却回答说，我实在告诉你们，我不认识你们。/ 所以你们要警醒，因为那日子，那时辰，你们不知道。"

失去他已经拥有之物。与其说是交换，似乎更像是一次合奏。许多所持观点与追求目标大相径庭的人物，却在他们的占有之物中，在学院派所谓的"习性"之中，发现他们都拥有一种可以拿去与别人合奏的东西，一种可以激活自己原本拥有之物、激活自身习惯的东西，从而得到一种他们未曾占有的财富。于是他们没有失去任何东西，没有失去他们已经拥有的财富，就已经有所收获。为了令手中的财富带来更丰厚的回报，他们对其进行了开发。每个人都具有一种有待激发的价值。就像在合奏中，小提琴或中提琴的价值是在与另一把提琴的对话中激发出来并臻至圆满的。所以"交换"这个词在这部剧中更多采用了一种音乐方面的意义[1]。

是音乐方面的意义，而不是我刚才试图解析的那种精神的或形而上的意义吗？

起码与音乐方面的意义有关。一般来说，"交换"这个词的意思是失去一件东西以便获得另一件东西，但这个意思并没有被用在剧里，剧中没有任何人物失去任何东西。

1　所谓音乐中的"交换"，在西方古典音乐例如室内乐中，对于一件乐器奏出的一个主题，其他乐器可以进行呼应和模仿，然后作为一种发展手段，甚至衍生出某些变奏。

不过我感觉不得不和您唱点反调，因为在我看来，莱恩（我们之后会回过头来详谈这个人物的心理状态），当他接受了托马斯·波洛克·纳热瓦尔的一千美元，抛弃他那位被托马斯觊觎已久的妻子时，他的的确确放弃了某些属于他的东西，最终彻底失去了他的妻子，对吗？

在某种意义上确实如此，对他来说，一千美元只是一个机会，一个延续门第的借口，为此他和一个工具人结伙，在他看来不如和另外两个工具人结伙那么有利。一千美元只是一个手段，让他去充实他的人生观。

在这样的想法里，在你向我提出的思路中，如果把一千美元换成莱切·艾蓓农，那么确实有点合理性。事实上，莱恩占有了莱切·艾蓓农，不仅仅是为了得到她的人，而且是对已经令他生厌的玛尔特不辞而别的一种方式。

从这个角度看，你完全有理由这么说。同样，他抓住了托马斯·波洛克提供给他的机会，也是出于同样的原因。

是的，您强调了戏剧的整体，而在暗中，您引入了一个关键人物，他要么扮演了作者的角色，要么在更深刻的层面扮演了命运的角色，他主持全局，掌握着四个人物的要害。

是这样。

但从我的角度看，我试着更精准地切入每个人物的命运，他们看不到全局，只能勉强看见亲自参与的那部分。

这就错了，因为剧中的四个人物彼此之间是不可分割的，没有任何人物是分开单独构思的，而是根据其他人物设计出来的。仅靠自己，他很难知道自己是谁，有什么价值。他的价值与存在唯有通过与其他三人对照才能显现。

我想这不仅适用于这几个人物，而且适用于您的全部艺术创作，适用于您作品中可以发现的某些氛围或主张。

例如在《金头》里适用性就差一些。金头拥有独一无二的命运，他有他的存身之志，独立于他遇到的其他人物。或者说，相比《交换》中莱恩与其他三个人物的关系，金头与他人的依存性要松散得多、浮泛得多。在《交换》里强调了人物之间共同协奏的意愿，在《城市》或《金头》中则没有。

是的，这种强调也造成了情节的极致压缩，在我看来，这非常接近于拉辛构思悲剧情节的方式，也就是说，您笔下的情节浓缩为一次危机的爆发，整部戏都发生于一天之内。

你说得没错。因为在我的人生中，确实有过那么一刻，已经十分久远了，可以追溯到我的高中时代，当时，从作品结构的角度来说，马里沃[1]给我留下了深刻的印象，不是拉辛，而是马里沃。我现在并不特别喜欢马里沃，但他的作品曾经引起过我的兴趣，因为我认为它们的结构和组织要比拉辛的作品更加紧密。在我看来，甚至我对马里沃全部的兴趣都集中于这种非常紧密的结构之中。

是的，在《交换》里，这种结构尤其紧凑。我们看到，从一开始，从所谓的序幕部分开始，骰子就已经被掷出了，路易·莱恩将命中注定走向死亡，因为路易·莱恩哪怕在他的天性之中，也是一个逃跑者，因此，他不可能接受自己被封锁在玛尔特神圣爱情的狭窄限制之中，所以，他一有机会就会逃离玛尔特。不过，就像玛尔特无法留住莱恩一样，莱切·艾蓓农也同样留不住他。

是这样。

玛尔特的确是明媒正娶的妻子，莱切·艾蓓农在某种程度上则是自由的化身，她是绝对顺服的女性，仿佛盲目屈服于本能的力量，她无法接受这种拒斥，无法接受莱恩的抛弃，因此，她将诱发莱恩的死亡。

1　皮埃尔·德·马里沃（Pierre de Marivaux，1688—1763）：十八世纪法国最重要的剧作家。

只不过，如果孤立地加以考虑，每个人物对于其他人无能为力的事情，四个人合在一起却可以做到，也就是说，莱切·艾蓓农独自一人留不住莱恩，不会比玛尔特做得更好，但是四个人在一起却做到了，就在戏剧狭窄的场地中，在这充满戏剧性的二十四小时内，因为《交换》遵守了三一律[1]（这一点还没有得到足够的重视），不是吗？

是的。

因此，在这个构建出古典统一性的人造时间中，四个人物待在一起，无论他们做什么，从日出到日落的短暂时间内，他们都无法避免地聚在一起。可以这么说，他们被囚禁在戏剧的必要性中，而他们的性格会迫使他们做出什么，这正是这出戏所关注的。日后我进一步发挥了这个想法，那就是在故事中，无论在真实还是虚构的故事中，人物都是由处境调动的。不是处境通过人物得到发展，也不是人物在处境中找到他们对于自身的明确解释，例如莎士比亚笔下的某些情况。它是一些给定的处境，就像我们的

1　三一律：法国古典主义戏剧的核心规则，形成于十七世纪，一度成为法国文坛戏剧创作的根本准则，直至十九世纪才被雨果打破。具体内容包括：戏剧时间的一致性，必须发生在一天之内；戏剧地点的一致性，必须发生在同一地点；以及戏剧情节的一致性，必须只有一条故事线索。

古典文学那样，把人物自身调动起来。由此，剧作家的目的得到完全执行，四个人物事无巨细地探究了剧作家设想的处境。

就在刚才，您谈到了这四个人物在二十四小时内发觉被完全封锁的事实。

他们纠缠在一起。

他们都纠缠在一起，但他们在藩篱中纠缠不清的特征难道不是更加深刻地来自这样一个事实，即这四个人物都源自您，他们都从您当时正在经历的状态中吸取了这出戏的本质吗？

我的上帝啊，不仅是我当时经历的，而且是我之后很长时间也在经历的，甚至也许如今依然在经历的状态。在同一颗灵魂的不同部分之间，是各色能力的对话，正是这些能力构成了独立个体。我最近读了一本书，我觉得很有意思，是亨利·布歇的一本关于个体性格的书，他强调了个体身上不可撕裂的一面，个体是由一些从逻辑角度看大不相同的能力组成的，但从整个人的角度来看，从取得的效果来看，这些能力又密不可分。有形个体不是由可拆分的小方格组成的，他是不可撕裂的。在印度哲学家米兰达笔下，有一篇关于汤的辩护词：把清水、肉类、油脂、香料混在一起，如果你分别加以观察，每一种成分都大相径庭，不过一旦汤炖好了，你就再也不能把它们分开了，就像你不能复原鸡蛋饼的原料一样。个体是绝对无法撕裂的，不过你可以在他身上找到各种迥异的成分。然而，任何一种成分发生作用，其他几种成分也会以潜在的方式参与进去，与其共同谋划，以便取得功效。比如，在拿破仑身上，你就可以看到这一点，方式非常令人震撼。你会看到，许多表面上非常矛盾的能力结合在一起，在拿破仑身上，你会同时发现官僚、注重细节的人、奔放的浪漫主义者、秉持狂热信念以致不得安歇的人，而我们在拿破仑的性格中还可以发现其他成分。

第十四次访谈

《交换》中的四个人物难道不是您自己的四个方面，难道不是其作者的四种面向吗？

好吧，我认为这在所有人身上都是一样的。我认为，古典作家的特点，例如莫里哀，他刻画的吝啬鬼只是一个吝啬鬼，另一位古典作家则去创作、寻找、描绘一个骗子。我认为，从戏剧性的角度来看，这么做有它的好处。我不是为了和莫里哀争吵，他试图实现一个属于他的戏剧理念，他花大力气取得了成功。但从现实的角度看，我觉得这大错特错，我认为，一个完全显示出阿巴贡[1]特点的吝啬鬼，或者一个彻头彻尾的伪君子（这可能更加有趣，因为虚伪是我们能够想到的最出彩的主题之一），身上还是掺杂着某些矛盾：一个吝啬鬼可以对某些东西非常吝啬，却对另一

1　阿巴贡：莫里哀的名剧《吝啬鬼》中的主角，世界文学中著名的吝啬鬼形象。

些东西极其慷慨；同样，一个达尔杜夫[1]，一个伪君子也可以真诚无比，甚至在其他场合真诚至极。这两件事几乎可以并行不悖。这就是陀思妥耶夫斯基发现的内容，他从中获益匪浅，不过也许稍微夸大了一点，因为他那容易走极端的俄国气质把他推向了夸张。但我相信，在现实中，个体是极其丰富的，我们是各色能力的复合体，有些能力在我们身上完全不为人知，一阵突如其来的冲击却会为我们将其揭示出来。

是的，不过，您难道没有感受到统一所有这些对立倾向的诱惑吗？

啊！所有这些对立的倾向也许都能被一个共同的目标甄别，这个目标如此强大，以至于我们内在的破坏能力都服从于这个目标，服从于这种以近乎专制的方式强加给我们的意志。例如，在拿破仑身上，野心流露，又或者在赌徒身上，激情苏醒，它可以统合其他所有能力，甚至可以截断乃至最终毁灭它们。

因此，这里面存在某种自然而然的构思过程，就像在古典艺术中，重点恰恰在于让那些被视作次要的因素从属于

1　达尔杜夫：莫里哀的名剧《伪君子》中的主角，世界文学中著名的伪君子形象。

一个主导因素。

我对古典艺术的指责，并不是它令这些次要因素服从，而是把它们消灭了。吝啬鬼和伪君子只会出现在吝啬鬼和伪君子的角色之中，除了在《吝啬鬼》里也许……我已经很久没看这部戏了，吝啬鬼没有恋爱过吗？戏里有过诸如此类的事情。

是的，确实如此：吝啬鬼恋爱过，他感受到的爱具有与众不同的强度和烈度，足以覆盖衰老的爱[1]。

是的，不过说到底，这与他严格意义上的贪婪本性并没有特别的关联。所以你看，即便在莫里哀笔下，我们也发现了一点点这类复合能力，它们是借助角色逐渐汇聚起来的。作为剧作家，我认为角色先于人物，是角色创造了人物，而不是人物创造了角色。

这是一种相当独特的主张，我希望您能对此再进行一些说明。

好吧，《交换》恰好给你提供了这样的方法，因为这四个人物都被放在一张背景大幕面前，被放在美国这个国家面前，于是美国为这四个人物提供了共同的化学试剂，他们各

1　在《吝啬鬼》中，阿巴贡想娶少女玛丽安娜为妻。

自都在与别人的互动中得到发展。

正是因为接触到了美国，玛尔特才显露出真正的本性……

就是这样。

那么，是因为接触到了玛尔特，托马斯·波洛克·纳热瓦尔才显露出真正的本性吗？

按照托马斯·波洛克与美国的关系，他早就处在一个与玛尔特大不相同的位置。对于美国，玛尔特体会到的主要是某种排斥，她无法被同化。相反，托马斯·波洛克作为生意人，在美国发现了巨大的利益，发现了发挥其非凡天赋的办法。同样，美国神秘的一面及其边疆气息令莱恩血脉偾张，美国对他是一个广袤而陌生的国度。莱切·艾蓓农则被那些依旧生活在这个没有好好受洗的国家中的神秘恶魔附体。因此，这四个人物都表现出不同的反应，这些反应正是根据彼此之间的关系才形成。这出戏可能具有的某些好处便来自这里。

是的，这本是一场私人之间的戏，却以某种方式被插入了一出更加宏大的剧本，那就是两个大陆之间的对抗，一边是玛尔特代表的旧欧洲，一边是新大陆，不仅是两个大陆，而且是两种文明，两套价值体系。

打个比方，假设有一位音乐家，他打算创作一首关于美国的交响曲，他住在美国，他有理由去充分了解这个国家，因为他深受其苦……因为只有当一件东西让你深受其苦的时候，你才真正了解它：当一个女人让你受了苦，你对她的了解要比你仅仅生活在她身边时来得更多……那么，假设这位音乐家受了美国的苦，而且他更加充分地理解了造成这种痛苦的不同成分、不同元素，这位音乐家将获得四个主题，他将随着灵感的流动对其加以创作。

《交换》的好处，恰恰在于其中存在一种近乎音乐的构思。

那么，如果您愿意的话，关于《交换》中的四个人物，现在我想请您给我们提供一些相关细节，因为我想趁此机会稍微回顾一下，您在撰写这部剧作时，您对自身的理解究竟达到了怎样的高度。

莱恩，他钟情于梦想，在我看来，他代表了冒险与逃离的永恒诱惑，青春与叛逆的精神，必须一路走到底，必须不惜一切代价摧毁和根除自我。莱恩就是这样摆到您面前的吗？

"摧毁"这个词用得不对，人类作为上帝的形象，他身上的任何东西都不应该被他自己轻视。莱恩的这种冒险精神，这种对于创造、对于上帝之功业的渴望，本身并不是一件坏事，只是要给他找一份必要的事业罢了。

　　莱恩是一个年轻人，他还没有找到合适的办法去运用他体内这种认知、理解、拥抱事物的精神与渴望，这种能力本身是非常美妙也非常宏伟的，重点在于找到他的正当职业。

　　不过，剧中的每一个人物都没有完全成熟，都没有抵达那种造就真正统一性的完美集合体。他们更像是在寻找统一性，但还无人寻获。最佳例证便是在结尾处，玛尔特与托马斯·波洛克都比过去更加了解彼此，并向对方伸出手去[1]。这并不仅仅是两只手握在了一起，而是四个人物的四只手形成了某种十字。

　　显然，这也同样是两个互相对立而且充满敌意的世界连在了一起。不过，莱恩的手却是一具尸体的手：莱恩已经死了。

　　也就是说，我创作了一出戏，它受限于时间。也许他已经死了，不过，他所代表的东西却没有死，它始终活着，始终存在。最佳例证便是，它依然在观众的头脑中回响，观众则从中找到了对于自身感受的准确表达。莱恩死了，这是

1　《交换》的结尾。托马斯："请把你的手伸给我，好吗？"（她向他伸出手，他默默握着。）玛尔特："帮帮我，把他送回家。"（他们抬着死尸下场。）剧终。

真的，这个人物离开了，被后台吞没了，但他所代表的理念依然活着，依然在寻找着属于他的统一性，就像皮兰德娄[1]的戏剧《六个人物》一样。

所以，把莱恩的死看成一种象征性的表达，视为作者想要把莱恩所代表的那一部分内容从自己身上清除掉，这样阐释是错误的吗？

不，这种阐释太强烈了，太有力了，太实用了，太必要了，以至于我不想消除它。在戏剧必要性的推动下，我消除的是人物本身，他大限已至，但这个角色，也就是他所代表的激情，却始终活着，并将大有用武之地。

比如说，在一首关于圣·特蕾莎[2]的诗里，圣·特雷莎从某些方面看也代表了莱恩：她在寻找一个美国，一个更宽广的世界，爱的世界，它比眼前的世界更加值得关注，尽管物质层面的实际生活并没有带给她满足感。只有死亡才能让她抵达那个世界。

1　路易吉·皮兰德娄（Luigi Pirandello，1867—1936）：意大利著名剧作家，1934年诺贝尔文学奖得主。1921年创作了名剧《六个寻找剧作家的人物》。剧中描绘了一个奇特的故事：在一间话剧剧场的舞台上，导演正在和几个演员排演皮兰德娄的剧作，这时，六个幽灵般的人物闯入了剧场，自称是曾经被作者放弃的虚构人物，作者无力将他们创作出来。他们想获得舞台生命，请求导演把他们的戏排演出来，继而开始讲述他们各自的故事。

2　圣·特蕾莎·德·利雪（sainte Thérèse de Lisieux，1873—1897）：法国修女。1916年克洛岱尔专门为其撰写过一首长诗。

我不想说您已经成功从您身上根除了莱恩，把他从您体内彻底驱逐了出去，因为很明显，莱恩作为金头的化身，还将在您的其他许多剧作中登场。我只是想到，当您努力阐明自我并在精神方面得到提升之际，您已经尽力修剪了这颗多重的、矛盾的灵魂，并且抑制了其中的某些倾向。

作为艺术家，作为诗人，我只是打算去实现一件作品。作品强加在你身上某种神秘的进程，几乎无视你本人的意愿，这件事我一直没弄清楚。但很显然，我不会产生摧毁任何东西的想法。去摧毁深藏在人类本性之中的某种东西，这种想法，还有冉森教派[1]的想法，以及基督教思想中个别通过消除与破坏的方式前进的倾向，这些都不是我的思路。我更喜欢圣托马斯的观点，即人性中包含的一切内容，就其本身而言都是好的，坏在我们的使用方法。

这是一种哲学思想，但它其实晚于我的戏剧思想。我的戏剧思想，就是让我听见的这四个声音共同歌唱，我的思路就是把他们具现出来，传达"他们到底要说什么"，去倾听他们，与他们合作。我没有其他想法，我的想法就是实现一部戏，别无其他。

---

1 冉森教派：基督教的一支，信奉"原罪"说，认为必须对儿童严格管理，防止"原罪"的发展，要求学生仅读宗教读物，禁止学习人文主义作品，以期养成虔信的品德。而且要求教师昼夜监视学生活动，限制学生自由。

总之，这个喜欢做梦的莱恩在剧中死去了，不过他并没有在您体内死去，其他人物也都没有在您体内死去。现在我想就玛尔特的形象所代表的角色向您提问，在我看来，她是法兰西、欧罗巴以及基督教信仰古老智慧的化身。因为在整部戏里，她是唯一的基督徒，只有她懂得神圣之爱包含的意义。

是的，说起基督徒，这非常复杂。在基督教中，也有冒险的一面。例如，圣方济各-沙勿略为了征服迷失的灵魂而登船启程，绕过好望角，最终死在中国人面前。[1] 那么在他身上，也有冒险的欲望。

同样，托马斯·波洛克务实的一面也是如此。比如，在基督教里，它便等同于天主对其忠心管家的赞美。在基督徒心目中，教会的财富管理人员扮演了一个非常重要的角色。在基督教的职务品级中，甚至在神学家们心里，管理教会财富，包括物质财富和精神财富，这个角色非常重要。

同样，在莱切·艾蓓农身上，她那种略显疯狂的想象

1　圣方济各-沙勿略（saint François-Xavier，1506—1552）：西班牙天主教传教士，耶稣会创建者之一，曾在印度、日本等地传教，率先将天主教信仰传播到了远东地区。他很想前往中国传教，1552 年（嘉靖三十一年）年底抵达广州外海的上川岛，由于海禁无法登陆，他联系了当地的中国商人计划偷渡，但在成行前因疟疾去世。

力，带动身体，令它升空飞翔，可以这么说，你在圣方济各身上也会发现这种特点……因此，基督教精神不那么容易被限制在单一品类中。当然，剧中有玛尔特，不过正如我向你证明的那样，如果我愿意的话，在另外三个人物身上找到某种基督教精神并不困难。

是的，当然是这样。不过，在您的戏里，代表这种基督教智慧的人恰恰是玛尔特。

代表了这种智慧最显眼的一面……她代表了基督教精神的诸多面向之一，这种重视家庭的精神，这种中产阶级精神（它毕竟是我的出身，对此我并不否认），这种连续性精神，这种对于"谦卑随和的生活"严格的应用，就像魏尔伦说的那样……魏尔伦同样具有中产阶级的一面，在魏尔伦遭遇的诸多状况中，也可以发现这种对家庭生活的兴趣，对中产阶级生活的兴趣，这些东西并未在他身上占据上风，但显然存在。

我想问的是，您把"玛尔特"这个名字赋予您笔下的人物，您是不是有点被这个名字吸引住了，您现在把她禁锢在这种"无聊浅薄的劳作"之中是不是有点过了，因为她并非如此。

确实是这样。

在我看来，在某种意义上，玛尔特身上同时结合了玛尔特与玛丽的双重形象。她不止于玛尔特，莱恩对此心知肚明，他做出的定义令人赞叹：

温柔、苦涩，你既单纯又宽厚。

你既恒久又统一，别人夸张的话语不会令你惊讶。你曾经什么样，现在依旧什么样。

你想说的话，你说出来了。你就像一盏点亮的灯，走到哪里，哪里就被照亮。

这就是为什么有时候我会害怕，想要在你面前隐藏。

所以，她承载着光明，她的形象是这缕可怕的内心之光，所有人物在全剧结尾都将与之直面。

是的，对于这种阐释我没什么可说的了：确实如此。

第十五次访谈

在上一次谈话中，您专门指出，在《交换》这样的戏里，人物之间是依存的，全剧的统一性类似于音乐作品中的秩序，在各位主角之间存在各种呼应和隐秘的联系……

即便在玛尔特的性格中，也存在一些导线，可以令她与其他人发生关联。例如，这位女性，生来本是为了过上中产阶级的生活，为了过上精打细算的外省生活，为什么却突然迷上了一个流氓、一个无赖，她从大洋彼岸逃离，就是为了最后把手放到托马斯·波洛克掌中吗？这就证明，玛尔特的性格中存在某种把她引向他方的导线，我笔下的其他人物也同样如此，例如在图赫吕尔与西妮之间，无论看起来多么奇怪，他们同样具有某些相似点，令他们相互吸引或彼此排斥……

对此玛尔特说过这样几句话：

我不喜欢这里的人……

……我不喜欢这个人,当他直勾勾地盯着你,手插在口袋里,就好像他在口袋里计算你有什么价值。

这个一直在计算所有东西的价值并且试图用美元来评估一切的人,正是玛尔特出于本性只会感到害怕和恐惧的人。然而,到了全剧结尾,她却把手交给了他,她把手放在了他的掌中……

他们有一个共同点,就是对于实际价值的兴趣,对于事物本相的喜好,这是一种深刻的感觉:现存之物总是无限优于梦想之物。你可以从拿破仑的偏好中发现这一点,一方面他在与某种无度的想象力合谋,但与此同时,他们对于从现实中可以提取何种用处具有一种强烈的感知,以至于相比于另两个人物所代表的梦的一面,他们显得更加可取。

是这样,不过存在这种区别,玛尔特更胜一筹,她感觉到事物存在,正因为它们存在,所以在很大程度上,它们都是神圣的,而托马斯·波洛克则不知道,是他与玛尔特的接触为他揭示了这一点。

他当真不知道吗?也许是因为我们没有注意到,在关于托马斯·波洛克的某个段落中,提到了一个比喻,说他遇到了一个人,想要把上帝的恩典卖给他。然后托马斯·波洛克说道:"怎么,你拒绝了,但我不会拒绝。一切存在之物,一切有价值之物，我都随时准备把它买下来。"

是的，当然……

这就证明，他来者不拒。他在一切事物中寻找它们拥有的价值。而这种感觉，是他可以与玛尔特达成一致的基础。一切存在之物都有价值，同样每个人也都有价值。托马斯·波洛克以一种天真而野蛮的方式传达了这一点，他用美元来进行估价，但即便在福音书里，你也会看到类似的物质评估手段，不是吗？托马斯·波洛克在心底里是一个天真的人、单纯的人，不是吗？这并不意味着他没有判断。最佳例证便是：他欣赏玛尔特，他在她身上发现了这种对现实本身的喜好，这种头脑的简洁与明晰将其置于物质对象面前，放在他们想要得到的东西之中，处于某种天堂般的状态……人间天堂。

是的，从本质上来说，玛尔特是托马斯·波洛克在美国女性中从来没有遇到过的类型。他只见过各种各样的莱切·艾蓓农，像买一匹名马那样把她们弄到手，然后用同样的办法养在家里……

噢，不应该把美国女性贬低成这样！

但托马斯·波洛克说过："万物都有重量和大小，都具有某种价值，都可以用另一种价格、用足够的美元占有和出让。利用金钱之力，我们可以拥有一切……"

好吧，请你不要以为我在斥责这些东西……这仅仅是一种狂野粗暴的方式，去把一些千真万确的事情说出来，对吧？万物都有价值，这毋庸置疑，它的价值要么关系到我们所处的境况，要么涉及我们能够对其如何加以使用。这是一种粗略的评估，一种简单化的评估，但一件东西确实是有价值的。比如，托马斯·波洛克讨厌糟蹋东西。比如我听人说过，邓南遮[1]用淋过优质白兰地的精选肋排喂养他的猎犬。托马斯·波洛克和玛尔特肯定都会十分厌恶这种事情。当他说万物都有价值的时候，他的意思是：任何事物本身都有价值，这种价值当然是无可估量的，但由于我们可以对其加以使用，所以也可以用某种方式进行评估，值得我们专程忙碌一番去把它弄到手。这方面的最佳例证便是，圣彼得曾经把基督徒称为"上帝获取的子民"[2]。那么，托马斯·波洛克便代表了这种获取欲望，这正是基督徒性格的一个方面。

1　加布里埃尔·邓南遮（Gabriele d'Annunzio，1863—1938）：意大利著名作家。

2　语出《圣经·新约·彼得前书》第二章第九节："惟有你们是被拣选的种族，是有君尊的祭司，是圣洁的国度，是属神的子民，要叫你们宣扬那召你们出黑暗入奇妙光明者的美德。"其中"属神的子民"在法语中表述为"le peuple d'acquisition"，"acquisition"一词的本意是"获得、获取"。

是的，这多半是基督徒性格的一个方面，包括俗世财富的管理，包括那些必须交给恺撒之物[1]。但确切地说，无价之物是存在的，灯油[2]是存在的，那就是玛尔特……

灯油并非无价，因为在那则寓言中，天主说过：去商人那里买这种油吧。所以，你看，它不是无价的，正相反，它有一个确定的价格。

但是一旦买下，就再也无权和它分开了……

不，我们不仅有权利，而且有义务把灯油交给其他可能需要的人。只不过到时候，我们被置于一种不一样的氛围之中，与聪明的童贞女们待在一起，因为我们是在世界末日抵达的，再去买灯油为时已晚。这代表了灵魂最后一刻的状态，此刻已经不可能去买灯油了。所以，提出去商人那里买灯油的建议其实有点反讽。已经太迟了。

对于基督徒而言，时钟始终在回响，我们始终处于最初与最后的时刻，您难道不这么认为吗？

我觉得我们扯得有点太远了……（笑）

---

1 语出《圣经·新约·马太福音》第二十二章第二十一节："恺撒的归恺撒，上帝的归上帝。"

2 指第十三次访谈中提到的"聪明与愚笨童贞女的寓言"中出现的灯油，详见前文。

确实。我只是想指出一点，托马斯·波洛克猜测玛尔特身上有一个奥秘，他猜测玛尔特可以为他揭示某种生命的本质，而在他生活其中的这个纯靠物质交换的世界里，他还从来没有机会去体验这种本质……

不完全是这样，因为关于上帝之恩典的那段话也同样意味深长，不过总体来看你说的当然属实。

关于莱切·艾蓓农，您不希望她遭到贬低，不希望她被指控承担世界上所有的罪孽，对此我完全理解。这是一个非常独特的人物。在我看来，她代表了一个女演员，在某种意义上，她的个人生活已经被掏空了。她也同样想要改变，也同样具有这种狂热激情，要做个自由人，自力更生，她把这种激情与比她小几岁的莱恩分享了，因为莱恩二十岁，而莱切·艾蓓农是一个经验丰富的成熟女性。她并未走下坡路，恰恰相反，她看上去正处于美貌的巅峰。不过，她抵达了人生的顶点，体验到了心中对这个年轻人产生的激情，她不会接受这种激情再被剥夺。也许这就解释了莱恩逃跑时她产生的暴力反应以及想要把他杀死的原因。

在我看来，莱切·艾蓓农在这里成了命运的工具。她拥有某种预言性，因为正是她结束了全剧，她用您放入她口中的华丽话语为全剧盖棺定论，我想要帮您回顾一下的就是这方面的内容。

莱恩死了。托马斯·波洛克的宅邸以及他的所有财富都付之一炬了，整座房子解体了，还剩这三个人物带着一个死者："门关了，而且上了锁，窗都紧闭了，没有一扇开着，护窗板也固定住了，在里面扣上了插销与窗栓。但突然之间，就像一个人阴郁的疯劲发作，我们透过门窗的缝隙和洞眼看到内心的太阳放射出可怕的光芒。"在这二十四小时内，在您这出死亡游戏中，每个人物都会发现自己是孤独的，孤独地面对着这缕无人能够逃脱的可怕内心之光，在它面前无人可以逃脱，就像该隐无法逃离其坟墓深处上帝的目光一样[1]。

这就是您这出戏结尾部分的含义吗？

是的，只不过你提到的那种先知般的灵性，我的上帝啊，它在《圣经》中也占有一席之地，被称作"受神灵启示的人"。他们受启示的途径并不相同，但最终依然得到了启发。有许多圣徒甚至被当成了为上帝失去理智的人，不是吗？这就回应了莱切·艾蓓农身上表现出来的各种能力，这些能力一直沉睡在许多非凡的灵魂体内。

---

[1] 该隐是亚当与夏娃的长子，他和弟弟亚伯分别向上帝奉献了祭品，但上帝选择了弟弟的祭品，该隐心生嫉妒，最终把亚伯杀害，并且试图对上帝隐瞒，最终遭到上帝驱逐。参见《圣经·旧约·创世记》第四章。

例如，莱切·艾蓓农很像卡珊德拉[1]。当时我正在翻译埃斯库罗斯。她从埃斯库罗斯的卡珊德拉那里获益良多。区别在于，我和你提到的那些圣徒，无论如何，他们都拥有一个指导原则，一个为他们引路的原则，而莱切·艾蓓农或者卡珊德拉都是异教徒，都发狂了、走散了。

这种内心之光向着四面八方蔓延，这就是为什么它如此可怕。这不是一种善意的阳光，相反，是一种破坏性的阳光。一切过度之物都是破坏性的。

对，不过在我看来……

全剧的作用正是突出这种破坏性，借助三个人物的汇聚，去压制莱切·艾蓓农，尽管她的角色具有无政府主义倾向，行事脱离常规，但她依然不得不在剧中演她的戏份，没了她，这出戏就不存在了。

您为什么把托马斯·波洛克命名为"托马斯·波洛克·纳热瓦尔"？为什么选择了这个如此特别的词"Nageoire"呢？

我好像已经跟你说过了：因为我当时正在为我笔下的

---

1 卡珊德拉是《荷马史诗》中的一个重要女性角色，她是特洛伊的公主，阿波罗的祭司，由于得罪了阿波罗，她既被赐予了预见未来的能力，又受到诅咒：说出的预言无人相信。埃斯库罗斯在《阿伽门农》中曾让卡珊德拉感叹道："夜莺清纯的歌声，和她的命运！神把她化为鸟，赋予她无忧的生命，而我受的却是切割不休的刀锋。"

人物寻找一个名字，我在纽约看到了一张海报，上面写着：托马斯·波洛克·芬。在英语里，"fin"就是"nageoire"[1]。托马斯·波洛克·芬，从音的和谐的角度看相当糟糕，于是我就倾向于用"纳热瓦尔"来代替"芬"。

不过说到底，"nageoire"这个词还是很出人意料的……

我之所以选用它，仅仅是因为音的和谐而已。

是的，不过您难道没有加入一点点恶作剧的意图吗？

没有。

没有吗？因为我们很容易看出来，因为"游泳"[2]这个动词……

这能够指明美国人在征服北美大陆时移民杂处、相互融合的一面。各民族之间的杂糅状态便通过名字呈现了出来。

所以完全没有反讽意味。

现在我想请您和我谈谈，在撰写《交换》时，您的实际状态到底如何，能否给我们提供一些相关细节。您在撰写

---

1 "Nageoire"一词在法语中意为"鱼鳍"，"fin"在英语中也有"鱼鳍"的意思。

2 法语中"游泳"（nager）一词与"nageoire"拼法近似。

这部作品时，是感到开心呢，还是觉得困难呢？

啊，我写这部剧的时候……总之这是一种同化工作。我告诉过你，当时我从家庭生活和中产阶级生活坠入了一种自由而拮据的生活，因为我赚到的钱很少。所以，我还是受苦多一些。我住在每周十二美元[1]的寄宿房里，房屋条件并不豪华。所以，这既是一部怀旧的作品，让我想起了刚刚离开的法国，也是一部同化之作，因为我试图理解这个让我感兴趣的全新国度。从一种生活走向另一种生活，即便是从限制走向独立，也不会没有痛苦。因此，它既是在痛苦中也是在乐趣中写成的。

您在创作过程中有没有给您的某些朋友读过剧本呢？

噢，从来没有！从来没有！

它当时还处于一种绝对机密、保密的状态吗？

一直是这样。有一句英文谚语是这样说的，你盯着水看，水是不会沸腾的。我一直遵循这一原则。在作品完成之前，我从不展示任何东西，向来闭口不谈。这就像是一勺蛋黄酱，你看着它，它并不会调好[2]。

1　在第十三次访谈中，克洛岱尔提到寄宿房"每月十二美元"。

2　法语中有谚语"蛋黄酱调好了"，意为"事情开始变顺利了"。

那么剧本一旦完成，您会把它拿给谁看呢？

当时有一份杂志也名叫《交换》，后来卖给了法兰西信使出版社。我不记得那是我把剧本拿出来的同一年，还是不久之后。于勒·雷纳尔在他的日记里谈到过这件事，有几句话挺伤人，不过这是他的习惯。从雷纳尔的日记中可以找到交流剧本的确切日期，但我已经记不确切了。应该不是同时，多半是一两年后吧。

我看过于勒·雷纳尔那条简短的记录，的确相当伤人，他在谈到《金头》时摆出了一副自命不凡的样子，之后便显示出某种疏离，最后在我看来似乎还有点恨意，这种情况就好像我们谈论到什么人，对他无法不产生敬意，但他却又和你完全不同，他走上了一条完全属于他自己的道路，完全不可能给他设置任何障碍。

雷纳尔是一个奇人，某种遭受抑制的浪漫主义[1]令他深受其苦。他对维克多·雨果和邦雅曼·贡斯当[2]心怀无限的钦佩，而我对这两位的敬意要少一些，这伤害了他。也许也有这方面的原因吧。

1　从十九世纪中期开始，浪漫主义在法国文坛便逐渐退潮。

2　邦雅曼·贡斯当（Benjamin Constant，1767—1830）：法国作家，法国浪漫派的先驱之一。

那您的其他朋友呢，或者当时和您有来往的人呢？

如果我没记错的话，《交换》是收在剧本合集《树木》里的，在那之前没有单独发表过。

之前没有发表过吗？

没有，我想没有。

至于这出戏的各次演出，其中有没有让您特别满意的、引起过您注意的场次呢？

这出戏只被柳德米拉·皮托耶夫[1]排演过。第一次是和乔治·皮托耶夫在一起，当时他还活着，第二次是两三年前，和柳德米拉还有她的儿子和女儿。她的嗓音和举止都非常特别，那就是柳德米拉。我必须说演得好极了。

您对演出非常满意。

啊！柳德米拉棒极了。

1　柳德米拉·皮托耶夫（Ludmilla Pitoëff，1896—1951）：俄裔法国演员，戏剧导演乔治·皮托耶夫（Georges Pitoëff）的妻子。1914 年，《交换》由雅克·科波导演，首次在巴黎老鸽棚剧院上映，但反响寥寥。1917 年，乔治·皮托耶夫在瑞士日内瓦把《交换》搬上舞台，1937 年，在巴黎马图兰剧院重新排演。1946 年，柳德米拉·皮托耶夫在香榭丽舍剧院导演了《交换》。

她饰演哪个角色？

她扮演的是玛尔特。

玛尔特。那么谁来扮演莱切·艾蓓农呢？

莱切·艾蓓农，有一段时间是艾娃·弗朗西斯[1]扮演的。

啊！艾娃·弗朗西斯是您的御用表演者之一……

是这样。第一次演出时是艾娃·弗朗西斯，后来就变成了柳德米拉的女儿。

关于《交换》的话题将到此为止，因为这四个人物都活在您身上，剧作收笔并没有把他们消灭。他们一直待在保罗·克洛岱尔体内，他在1894年撰写了《交换》，而这些人物将在全世界您即将踏足的任何地方继续他们的戏份，尤其是中国，因为下一年您就抵达中国了。

是这样。

1　艾娃·弗朗西斯（Ève Francis，1886—1980）：法国著名女演员，克洛岱尔的好友，出演过克洛岱尔的多部剧作。

第十六次访谈

《交换》的几位主角将暂时离开您的内心舞台，我们翻开您生活的新一页。美国让位于中国，您将在那里经受第一次长达五年的不间断流亡，痛苦但获益匪浅的流亡，凝神思考如何创作我们之后会详谈的《流亡之诗》，如何创作《认识东方》与《第七日的安息》[1]，但尤其专注于一种内心争斗。

把您推向中国的，究竟是一个偶然，还是一种选择，类似于某种召唤，某种天命呢？

中国，尤其是远东地区，曾经让我很感兴趣。我的姐姐是一位大艺术家，她对日本怀着无限的钦慕[2]。所以，我也看过许多日本的浮世绘和书籍，我被那个国家吸引住了。中

1　《第七日的安息》：克洛岱尔1895年至1896年在中国创作的一出戏剧。

2　1862年的伦敦世博会以及1867年、1878年、1889年和1900年的四次巴黎世博会为欧洲打开了日本艺术的窗口，引起了一阵日本艺术的热潮。保罗·克洛岱尔的姐姐卡米耶·克洛岱尔也是日本艺术的爱好者之一，其作品的颜色、造型、主题等方面可以看到日本艺术的影响。

国，当时对我来说，是第二选择。从我未能被派往日本的那一刻起（没有我的岗位），我就兴冲冲地要去中国了。当我被任命前往中国时，我非常高兴，我在法国待了三个月，把一些陈年旧事与我的祖国彻底了断，之后，我就动身前往中国，身后没有留下任何遗憾。不过，这是一场伟大的历险，你提到的那些诗句，展现了我面对眼前徐徐展开的未来时心中感到的犹疑，因为当我踏入这个未知世界时，我知道自己将在此久居，但我也同样有我的宗教使命需要我去留心，而《流亡之诗》恰恰是这种宗教使命的回声。

不仅《流亡之诗》。《认识东方》的细心读者似乎也可以从中辨认出一场精神之旅，以及，事实上隐藏于诗歌中的一篇私密日记，极其腼腆，由于较为含蓄而显得愈发动人。

因此我认为，为了试着勾勒这场从1895年一直延续到1900年的漫长精神之旅，也许最好的方式就是首先设定一个起点。而《流亡之诗》中的某些句子也许恰好给出了这个起点。

在《流亡之诗》之前，《认识东方》里的一首诗非常重要[1]：那是我途经巴黎的一个片段，我在那里发现，没有我，大家都过得很好，总之，我的缺席没有造成什么了不起的空白。就在那一刻，我告别家人、过去、祖国。我发现自己自由自在，无

1　即第一次访谈和第十二次访谈中提到的《海上遐思》。

拘无束，走向一个未知的未来，它既令人激动又充满危险。

是的，这个片段在我们之前的访谈中已经谈到了……

它就是真正的起点。

我谈到的旅途其实是一场完全内在的旅途。恕我冒昧，因为这涉及一场精神大戏，它似乎在这段时间内一直萦绕在您心头，应该怎么用寥寥数语定义它呢？看起来，在皈依之后，您的改变还没有彻底完成，在您心中正在进行着一场与上帝的狂野搏斗，那种兰波曾经谈到的灵性搏斗……

它远没有之前那么痛苦和暴烈。哲学方面的原因已经消失，我不再争斗，我停止了争斗。应该做的不是搏斗，而是抵抗。在我自己身上还有许多重要的部分没有完全受到福音的教化。

那也许是最深刻也最难被福音教化的部分……

你把自己带入一个二三十岁的年轻人身上。很显然，如果没有抵抗，曾经强加到我头上的那个严苛的精神世界是移不开其他东西的。这就是我想要说的。抵抗，不是有意识的，而是不由自主，肉体与灵魂的抵抗在每个人身上，在其生命中的某个特定时刻，或多或少都是存在的。

我在远东地区度过的五年也是我一直在继续的宗教基

础教育的延续。在这五年中，我从头到尾读完了圣托马斯的两本《大全》，还做了眉批，无论从灵性还是艺术的角度看，它们对我都非常有用，因为它们造就了我的思想，无论从理性还是艺术的角度，都让我得到了一件非凡的工具。如果我没有记错的话，之前我已经提到过了。

在《认识东方》中，我们也注意到这种对教义的认知与吸收方面的进展……

你之前说得非常好，你的猜测也非常准确，无论如何，我们都无法做出终极的生存抉择，去压抑人类身上尤其是艺术家身上一些极其重要的部分，那些关于想象力、感性和情感需求的部分。在二十岁到三十岁之间，你可以想象那会是什么样……为了我一直在进行的理性与灵性方面的培养，我必须或多或少有意识地压抑这些东西。有些东西是不由自主的，正是在那个时候我不得不做出选择，做出一个相当艰难的决定，因为这意味着彻底放弃艺术，完全献身修道院生活，这就是我当时的想法。所以，我那段时间所有作品背后都隐藏着这种没完没了的想法：未来等待我的到底是什么，我该做什么，我回到法国后，是否应该尝试修道院生活？总之，等到1900年返法时，这就是我试图解决的问题。

对……

所以，正如你所说，这场精神大戏中确实隐藏着这些内容，至少对于《认识东方》的第一部分来说是如此。《认识东方》包含两个部分[1]。第二部分另当别论。

是的，第一部分到 1900 年止。不过我觉得，观众们应该会对旅途中某几个更加精确的参照点非常感兴趣，我认为最好的做法就是让您回顾一些当时的作品，唤醒您的记忆。

这里有一首 1895 年的诗，似乎恰好标志着一次停顿，一个您试图思考人生走向、试图厘清形势的时刻。您写道：

这是炽热的时刻与无聊的夜晚！

这是脚步，是停顿与悬置。

被恐怖侵袭，我再次听到

奇妙嗓音的无情召唤。

有待跨越的空间根本不是大海。

没有一条道路是我必须追寻的路径；

无物回头迎接我，或动身把我释放。

翌日不是昨天那样的日子！

这份惊恐，这突然落到您身上的阴影空间，这干枯的

---

1 诗集《认识东方》共包含两个部分，以时间划分，第一部分为"1895—1900年"，第二部分为"1900—1905年"。

瞬间，或者更准确地说，这干枯的时期，此时神恩的存在似乎变得愈发遥远，仿佛神恩已经抛弃了您，我们追随它，在这奄奄一息的空间中，随后的一首诗指明了它：

阴影击中了我。我尘世的日子在减少。
过去已经过去，未来不复存在！
永别了，孩子！永别了，年轻人，他是我的曾经！
贫苦的手落在我身上，这是不加掩饰的时刻！

我曾经活过。人类的噪声如今对我来说无比陌生。
一切都结束了，我茕茕孑立，我在等待，保持警惕。
只剩你朱红色的光芒陪伴着我，
灯盏！我坐着就像一个被审判的人。

我的厌倦与关切都由来已久！
漫长的流亡！直抵此地的路途何其遥远。
终点是我的，我选择了它，我看到了它，
封闭在我的软弱与疲倦之中。

现在，我说完了；孤独、被俘，
就像一群牛羊在牧者手中卖出，
我只是在倾听，做好准备等待，
最后时刻与决定性瞬间的到来。

你在这首旧作中发现了失望之回声，发现了我与过去的决裂。我孤身一人，我不再拥有祖国，不再拥有家庭，我被彻底遗弃，未来变化不定。我身处一个完全不同的环境之中，比美国的区别还要来得更大，未来令我生畏，它在等待着我，与此同时，过去在我身后沉没消失。

所有这些诗都是同一时期写成的。我刚刚抵达上海，住在旅馆客房里，我还记得，我把它们写下来后，它们标志着，就像你说的那样，一个起点。你的论述相当准确。

不过在我看来，这个场景最深刻、最沉痛之处，并不是与众人分离，并不是被祖国、家人、朋友遗弃……

这些东西确实存在……

确实存在，但最深刻之处似乎存于别处。您离开了自己熟悉的世界，离开了您的祖国、您的家人、您的朋友，但您并没有真正找到上帝，上帝并没有在您面前实际现身……

我不知道有没有实际现身，这很难说，但在理智层面，他就在那里，恒久不变，因为他一直都是那样。我从未对信仰产生过丝毫怀疑，没有任何犹豫、后悔或者任何这方面的情绪。上帝的现身就像太阳一样无处不在。对此，我在任何时刻都从未产生过任何怀疑或者踟蹰。

完全没有……

我可能产生的怀疑，是我的适应过程，这不容易做到。这种需要我去辨认并厘清的要求，不仅是一种未知之物的要求，而且这种未知之物向我提出了许多问题，必须由我自己去找出答案。但是，对于感召我的那条道路，我没有任何怀疑。

没有怀疑感召您的那条道路，不过，却怀疑过某些更加具体的东西，一方面上帝在您心中并不感性，另一方面您对上帝感到畏惧。《认识东方》中的很大一部分内容都充满了这种对上帝的恐惧。

这不是非常确切。我从来没有怀疑过上帝。对我来说，所有的困难都在于搞清楚如何让自己去适应他。圣保罗曾经提出过这个问题："应该做什么？"我的情况和圣保罗是一回事，如果你允许我这么类比的话。当时我很年轻，摆在我面前的是整个人生，如何让自己适应这种我已经感受到的要求，同时还要匹配另一种内心志向，也就是艺术，是我急需言说之物，而我当时并没有看到那种历历在目、不容置疑的宗教召唤与艺术的连接点到底在哪里。这是一个适应的问题。至于让某种享受或感性的念头参与其中，我不会允许自己这么做。我成为基督徒，不是为了享受宗教感情，不是为了享受某种神秘的快乐。我一直非常厌恶这些东西。我成为基督徒不是为了这些。我成为基督徒是出于顺服和兴趣，是为了弄清自己受到的期待到底是什么，但我从未想过要去享受上帝，从中提取任何乐趣。我认为这相当卑鄙，不是吗……

对，这完全有可能，不过您对下面这首诗作何评价呢？

你击败了我，我的爱人！我的敌手，
你把我的武器一个接着一个从我手中夺走。
如今我再无任何防护，
现在我独自站在你面前，朋友！

不是年轻的欲望，不是狡猾的理性，
也不是奇美拉或耀眼的马匹，
它们对我都不忠诚可靠，一切都背叛了我！
我懦弱的心也没有充当我的借口。

我徒劳地逃离：我发现律令无处不在。
终究需要屈服。噢协约，必须承认主人，
呻吟的心，必须忍受主宰，
在我心里住着一个比我更像我自己的人。

我站在这里，怜悯我吧，苍天，星球！
我已预料到死者的召唤，我人在现场。
公正的判官，永恒的上帝，神圣的上帝，全能的上帝，
我在这里，活在你严厉的手中！

你在这首诗里看到的，正是我之前和你讲的，是我基督徒的志向尚未被点明时的焦虑感。必须承认，很少有什么志向像我的志向这般错综复杂，因为与此同时，我还兼顾一份外交官的事业，我拥有一个诗人的未来，同时还在筹划一个宗教方面的未来。所以我有一点焦虑，不太清楚等待自己的到底是什么，这完全可以原谅。当时，我有很多问题要问，这些问题确实相当艰难。

但这并不涉及原不原谅的问题。在这样一首诗中，触动我们的是这场激烈的内心对话，是这种短兵相接的肉搏战，金头在此直面太阳，直面上帝本身，他也许会屈服，但不会不战而降。

就我所知，这其中的主要情绪，是忠诚，有点像英语里"loyalty"[1]的意思。我必须搞清楚对我有什么要求，我已经表态了，那么，我想要知道自己到底应该做什么，这个问题其实包含着不少阻力和困难。一直到了很久以后，等到写完《正午的分界》之后，我才基本上对自己独特的使命有所意识和理解，这是一项相当复杂的使命，在当时要把它考虑得面面俱到相当困难。

1　法语中的"loyauté"一词包括"忠诚、正直、诚实"等意思，而英语中的"loyalty"则偏向于"忠诚、忠实"。

第十七次访谈

今天我们不会继续分析上次谈到的《流亡之诗》。让我们转到《认识东方》。您写给马拉美的一封信将为我们提供这部作品的最佳引导。这封信让您更接近您的同代人，那些在许多方面与您差异巨大的同代人。以下就是您这封信的内容：

亲爱的先生，

距离遥远，无足轻重，趁着年关之际，我向您庆贺即将开始的一年，它广阔而纯净。全新的一年……

这封信是哪一年写的？

1895 年。

全新的一年，就像一次全新的人生。这让我产生了理发的欲望，又或者，在把我公寓的门锁转上两圈，门关好之后，把钥匙滑进某件大衣的口袋里，那是路上邂逅的第一间咖啡馆挂钩上悬挂的未知遗蜕……

这就是托马斯·德·昆西[1]做过的事情。他有三四套公寓，都被他弃之不管了……（笑）

那是一个不存在住房危机的时代，起码对他而言……

没错！（笑）

"这并不能解释为何我允许自己跑来打扰您，但我一直对您怀有强烈的好感，我们都与大家相隔遥远，您是由于您的在场本身所造成的心理距离，而我则是由于单纯的空间距离，这种处境构成了我们之间的某种亲近。

"我读了您的两篇《变奏》[2]，第一篇是马赛《信号塔报》[3]里的，与媒体有关，第二篇是某一期《白色杂志》[4]里的，从不知道什么地方落到了我手上。我非常喜欢这两篇作品，无从了解整个系列让我感到十分遗憾。如果有朝一日它们结集出版了，您愿意好心地通知我吗？

"我无法理解为什么有些人指责您文笔晦涩，他们根本

1　托马斯·德·昆西（Thomas De Quincey，1785—1859）：英国作家。

2　全名为《同题变奏》，总共十一篇，是马拉美1895年至1896年间发表的作品。

3　《信号塔报》：马赛地区最古老的报纸，创办于1827年。

4　《白色杂志》：法国的一份文艺杂志，1889年至1903年间一共出刊237期，《同题变奏》全文分十一期发表于这本刊物。

不知道自己在说什么，根本不理解精确表达的需求及其美妙的乐趣。

"我在信里还没有和您谈到中国。我住在这里，十分惬意，不过我在旅途中看见的那些热带国度对我而言也具有一种无法忘怀的魅力。生命天堂的热度在那里过于强烈，那些逗留太久的人得了腹泻，就像屈服的个体溶解了……"

（腹泻并没有放过我，我依然深受其苦……）

"中国是一个古老的、令人眩晕的、盘根错节的国家。这里的生活尚未被现代的恶果侵袭：精神反思自我、追寻至善并且受到自身幻想的引导。它繁茂、天真、无序，充斥着各种基于天性与传统的深厚资源。我憎恶自己身上的现代文明，一直感到与其格格不入。相反，在这里，一切在我看来都显得自然而正常，身处乞丐与痉挛病人之中，身处脚夫的喧嚣与一台台轿子造成的混乱之中，当我穿过筑有堆叠的古老城墙（它是中国城市的围墙）的双重门，我就像是一个观众，要去观看自己创作的剧本上演。

"尽管我不喜欢描述，我还是写了，或者说我正在撰写一系列笔记，标题为：塔寺、园林、城之夜[1]。我希望它能在

---

1 《塔寺》《园林》《城之夜》均为《认识东方》第一部分中的篇目，创作于 1895 年年底至 1896 年年初。

某些杂志中发表，如果您愿意读一读的话，我会非常开心。

"下次寄包裹的时候，我将冒昧地给您寄一个印章（如果刻完的话），上面用汉字刻着您的名字……"

这就是您抵达中国不久之后写给马拉美的信。当时您仍然没有完全打破与法国文学界的纽带……

噢，不是这样，总之，马拉美曾经对我来说具有精神滋养的重要价值，但那时已经不复存在了，已经变得相当外在，变成了大家或多或少都拥有的某种文学方面的人脉，但重要性，与我最开始关注马拉美的时候相比，与我从他那里收获了一个对我而言无比重要的问题"它想表达什么"相比，已经无法相提并论了。此刻，马拉美变成了一个我挺喜欢的作家，我的上帝啊，变成了一个让我始终充满好感的人，但已经没有什么特别的重要性了。

但是您提到了"精确表达的需求及其美妙的乐趣"……

好吧，当时我开始以逻辑为乐，开始思考事物如何以完全理性、完全合情合理的方式被表达，因为理性与分辨力在艺术中扮演着重要的角色，在其他领域也同样如此。

您能否进一步阐明这一观点呢？

只有在我们能够清晰定义某种想法的时候，这种想法才能够充分表达清楚。定义起到的作用非常重要，而且定义正是发展的根源。当你理解清楚某件事物存在的理由时，你就会对它理解得更加充分，理解种种经院哲学所谓"偶发性的后果"，以及它在天地间占据的位置。这就是频繁阅读亚里士多德与圣托马斯之后，我学到的东西。在《认识东方》中，你可以看到知性与理性的参与几乎无处不在。这不是单纯的描述，而是一种认知，一种理解。当我谈论松树时，当我谈论榕树时，当我谈论中国城市时，总是从一种内在定义谈起的，种种结论已经包含其中，再加上从整体画面构图角度看，描述对象占据的位置。

是的，至少在初读时，我们都遵循着一种精神的提升。随同您、通过您，我们总会感到，在连接世界与自我的认知中完成了某种不间断的进步。这在全书中都非常明显，除了这些诗篇的内在美，毫无疑问还有一种教理方面的传授，它并不是额外添加的，与文本密不可分。例如，您这样写道：

"随着我一路前行，转头左顾右盼，我品尝着时辰的缓慢变化，因为，作为无休止的步行者，阴影长度的睿智判官，我没有失去丝毫白昼的庄严仪式。沉醉于观看，我理解了一切。"

至少在《认识东方》的第一部分中，一切都听命于"理解"这个动词，听命于这种始终如一的行动，您身在其中，始终全神贯注。关于"理解"，您给出过一连串定义。

在《认识东方》里您曾这样说道：

"享受，就是理解，理解，就是计算。"

在后文中，您还说道，您是"创造的审计官"。这种通过计数进行理解而产生的迷醉，这种理解方式多半属于圣托马斯，不过也同样是笛卡尔式的原则，对事物进行统计与区分，请问这种理解方式如今是否依然能够充分满足您的需求呢？

噢，这对我来说已经变成天生的想法了。我认为自己在这方面没有变过。我依然在理解世界。不过，除了圣托马斯式的理解原则，后来我还另有发现，甚至比圣托马斯的想法更加丰富，那就是类比的概念，对此圣文德[1]给出过相关公式，从发现的角度看，它的结论可能比亚里士多德的三段论更加丰富。

类比公式是：A 对于 B 等于 C 对于 D。A 和 B 的关系与 C 和 D 的关系是相似的，是一种类比。这可以推得很远，因为这里面不再有理性关系。它逃脱了理性，是一种直觉。

例如，让我们以克劳德·贝尔纳[2]发现肝糖原功能为例。他是怎么发现的呢？他穿过医学院的走廊，看到解剖物残渣

1　圣文德（San Bonaventura，1221—1274）：意大利神学家，用类比概念阐述过神学问题。

2　克劳德·贝尔纳（Claude Bernard，1813—1878）：法国生理学家，对生物科学做出过巨大贡献。

上落着几只苍蝇。苍蝇的概念在他脑海中唤醒了糖分的概念。他想到：这些解剖物残渣里含有糖分，一定含有糖分，于是你看到圣文德的类比公式立刻得到了运用：糖分与苍蝇有关，这些解剖物残渣也与这些趴在上面的苍蝇有关。你看到关联了吧。理智地说，这里面根本没有任何理性：苍蝇完全可以被其他东西吸引，并不非得是糖分，但是糖分的概念从一个诗意的角度发生了作用。一种亲缘关系建立了起来，它与理性毫无关联。这就是类比公式，我觉得它非常丰富，一切诗歌都建立在它的基础上。

假设兰波与克劳德·贝尔纳看到了同样的场景。他完全有可能写出一句诗，比如"苍蝇被老肝的糖分吸引"或者诸如此类的句子，你看到了吧。因此，是类比原则带来了某种重要发现，比如发现糖原功能，又比如发现与一位兰波式诗人进行比较的基础……

好吧，您刚才说到的内容提前揭示了您的诗歌发展过程，不过我想之后还需要回过头来仔细谈一谈，因为我们无法用寥寥数语说清楚这个著名的类比定律。

现在让我们回到我们的主题《认识东方》，请允许我与您发生一点争执，当您说"理解就是计算"的时候，我想知道，这到底是您天性中圣托马斯的一面，还是托马斯·波洛克的一面，后者看起来在这里占据了上风，因为您把理解描述成一种知性以及为其服务的各类感官的纯粹运算。总之，真正的理解应该是分离与流亡感停息之处的凝视与狂喜……

我的思维从来都不是被动的，而是相当主动的。面对一个场景，我从来不会带着迷失感，相反，我感到要去支配它，试着把各种要素归并。你刚刚提到了笛卡尔，为了归并这些要素，就要计算它们，要罗列，进行统计，不把任何东西遗漏在外，或者说，不要漏掉任何关键性的内容。一旦进行了这种运算、这种分析，一旦这些要素被一一点明，它们就更有机会在它们之间达成一致。"理解就是计算"这句话就是从这里来的。也许这么说更加准确："在理解之前，必须从计算开始。"推算、分析、统计，我不知道笛卡尔是怎么说的，总之好好完成某种操作，就会引向理解。在理解之前，在通过理解进行归并之前，必须从分析各种要素开始。

对，但问题在于我们究竟能够抵达怎样的理解，精神究竟可以从中获得怎样的满足，因为在《认识东方》的另一篇文字中，对于"享受，就是理解，理解，就是计算"这句话，您亲自带来了平衡砝码，不是矛盾，而是补充。您写道：

"无论快乐的平原，还是群山的和谐，抑或朱红色庄稼上一抹可爱的绿意，都无法满足一双渴求光明的眼睛。在远处，在高山用一堵野性之墙围住的方形水洼中，空气与积水都燃烧着神秘的火焰。我看到了一片如此美丽的金色，以至于整个自然界似乎都变成了一团死寂，以光为代价，甚至包括它在沉夜散放的明辉。令人向往的灵药，通过哪一条神秘的道路，我将在哪里才能加入你吞噬的波涛？"

我看不出这里面有什么矛盾之处。每一幅画作都包含一个明度更加强烈的光点。正是这个光点形成了构图的中枢。你会在一些古代绘画大师笔下看到这一点。你会看到色彩明暗浓淡的整个结构组成都建立在这个独特的光点之上。尤其是在伦勃朗的画作中，在所有使用明暗对比的古代大师笔下，你都看得到。你画的每一幅画，都像古代大师那样，是围绕着一个光点构造起来的，这个光点其实是一种特定的强度，把它的吸引力传向剩余的所有元素……

不仅传播了它的吸引力，而且似乎把这种吸引力传播到湮灭其余一切的地步，并且朝向至高的认知之路打开了一扇天窗。"通过哪一条神秘的道路，我将在哪里才能加入你吞噬的波涛？"也就是直接投身到光源中去，当您写下这句话时，您究竟想表达什么？

静观包含不同层次，它恰恰是在那种不特别令人向往的元素与其他元素之间不断往复的过程中得到加强的。我们不会一鼓作气走向光明。我们通过黑暗之路迈向那里。我们不会一劳永逸地离开黑暗，这是由此及彼的不断往复，正是依靠黑暗或者光影效果，才能走向最明亮的中心。这里面有一种往复，有一种在两个彼此强化的元素之间不断进行比较的过程。

可能是我误读了，不过在我看来，在这段文字中，似乎存在一种放弃的情绪，放弃那种借助于列举的认知模式，放弃那种单纯依靠知性征服世界的方法，其中似乎还存在这样一种感觉，也许存在一条直路可以直抵核心，而这条直路，属于严格意义上的神秘之路，它是一条真正的道路，让其余所有道路全部失效……

我一直秉持圣托马斯的观点，静观不要求做出任何放弃。人的任何能力从来都不嫌多。知性始终在那里，即便看起来似乎感官是第一位的。但是，如果感官背后没有知性，感官从来无法完全开动起来，同样，如果知性遗忘了记忆、意志、感性等要素，它也玩不转。总而言之，人是不可撕裂的，这正是《认识东方》的功课，永远不要放弃任何能力，特别是意志力。我不是印度苦行僧，我还没有准备好像盐娃娃一样融化，像印度的狂信徒们说的那样，融入欢乐的海洋，快乐的海洋。这完全不是我的感受。由我的个性带来的感受，我是永远不会失去的，对吧……

第十八次访谈

在我们上一次访谈中，我们试图阐明一条《认识东方》中的箴言："享受，就是理解，理解，就是计算。"

那么，您在《认识东方》中的另一首诗结尾还写过："我理解世界的和声。我何时才能发觉其中的旋律？"如何理解这句话呢？

这里我们需要回到"计算"这个词。计算的方式有许多。音乐也需要计算，和声是旋律的一部分。要理解两个音符组成的完整和弦，必须记住整个乐句，记住整段音乐，它们既是现有的结果，也是对后续乐句的预示。我们在音乐带来的喜悦中清楚地看到这极其短暂而脆弱的时刻，这一刻我们仿佛身处山巅，一边是正在升高的乐句，另一边是刚刚加入、展开的乐句。于是可以说你在计算。某种节奏在这一刻抵达，通向山巅，或准备朝着新的方向跃进。

我有点天真地想到，我们在这里发现的依然是思想与灵魂之间的根本对立……

我的上帝啊，你说的每一句话都包含着真理，至于我对你说的话，与其说是为了反驳，不如说是为了补充。

我之所以如此频繁地冒昧反驳，只是为了能够尽可能清晰地揭示您曾经走过的道路……

我们基本上是一致的。我只是在补充你对我讲过的话，我主要是试着查漏补缺。

关于知性，《认识东方》里有一首诗，题目叫作"大江"，不知道你读过没有。为了解释什么是江，我说"以更沉的重量流向更广阔的圆圈更深邃的中心"。在我看来，对于江河的广阔奇景，这句话中包含了全部的解释。

《认识东方》同样创造了一种独特的诗意。因为，通过耐心、理智、知性的清点，您最终创造出一种强烈的诗意，它宏大而有分寸，在其中，形式在一种真正的庄严性中被语言捕获，我是说在它们的关系中，在它们巨大的维度中。我们始终可以感受到这一点。面对一切形式，您拉开距离，从而在它们天然的庄严性中重建它们，您没有把它们按论述的比例缩减，您似乎把语言的能力扩展到形式本身的维度。

在《认识东方》中，还有一些地方特别打动我：首先是描写秋季与冬季的重要篇幅，太阳作为上帝的可见形象，得到了某种恒久的认定。我和您说过，某种对上帝的畏惧让我印象深刻，您似乎一点点驯服了至高无上的致命夏天，在《认识东方》中，您真正表现得像一个欢欣鼓舞之士，而不是忧郁的意志沦丧者，尽管在某些片段中存在某些动摇或退让，但正是因为极为罕见而愈发动人。您这样说道：

"我洞悉的这一切都属于我，于是流水将变成黑色，我将拥有整个夜晚，连同全数可见与不可见的星星。"

坚定地安坐于您的确定性之中，牢牢抓住您的信仰，没有丝毫怀疑令它颤抖，使它动摇，这种思维方式在《认识东方》中尤其震撼人心。我帮您回顾一下这篇题为《炽热》的文字，它也许更能代表这种英雄主义的张力：

"白昼比地狱更加难受。至于我，我该说什么？啊，假如我因懦弱而惧怕这些火焰，假如我的眼睛转向别处，假如我的肌肤流出汗水，假如我弯曲腿部的三重关节，我将谴责这种惰性物质，而阳刚精神将从英雄主义的激情中跃升。我感觉到了。我的灵魂在犹豫，但光有至高者无法满足这甜蜜又可怕的嫉妒。但愿其他人逃入地底，小心翼翼地堵住他们住所的缝隙，不过，一颗崇高心灵，被爱的严酷尖顶抵住，拥抱火与折磨。太阳，加倍你的火力吧！仅仅燃烧远远不够，烧个干净吧！我的痛苦只会是受苦受得不够。但愿所有不纯洁都无法逃避烈火，一切盲目之物都受光之酷刑！"

这首诗在我后续的作品中存在很多回声。例如，在《圣特莱莎》与《圣十字若望》中，在《爱情的烈焰》里，你都可以找到相似之处。

不过，在我看来，《认识东方》的第一部分似乎并没有完成对太阳的征服与胜利。在您感到被纳入夏日的荣耀之前，我们感觉到您已经得出了一个非常重要也非常痛苦的发现：那就是步行者与游泳者（您经常用这些形象代表您自己）必须知道自己永远无法抵达，没有港口，只有在一条我们不知其终点的道路上短暂的停留，因此，这座由精神耐心建造的认知大厦，永远无法被我们盖上屋顶。您这样写道：

"如今我不再滋养这种想法，固执的游泳者，在芦苇丛中靠岸，腹部深陷对岸的淤泥。在棕榈树的致意下，在被鹦鹉叫声打破的寂静中，瀑布在玉兰肉质的叶片后方飞落，在砾石上噼啪作响，向我发出邀请，枇杷与石榴的沉重果实压弯了硕大的枝条，我将把目光脱离天使的学识，不再考虑究竟是哪座花园供我茶歇与消遣。"

您在这首诗的结尾处提到要让您的目光脱离"天使的学识"，您是不是把它理解为放弃这种以知性认识为目的的持久努力呢？

噢，我没有放弃任何东西。这是我前进的一个阶段，完全合情合理。这些都是游泳者与征服者的记忆。当我们来到一个国家，逐渐接触或者适应的是一种不一样的前进模式。这并不证明最初做得不好。必须从接触做起，然后再去占据我们的立身之处。

这并不在于揭露这种纯粹知性的努力是好是坏，而在于弄清楚，究竟在何种程度上，您花了力气，最终并没有把它超越。

我不相信我们可以超越知性。知性是一种极其重要的能力，没有理由放弃它。它提供了太多帮助，以至于我们失去了对它的信任。只不过，有时候它会退居二线，只是默默支持你，但它永远不会缺席，也永远不能缺席，至少我的看法是这样。我不相信我们应该为了另一种能力而放弃上帝赐予我们的任何能力。肢解自我必然一无所获。我相信我们的能力绝不嫌多。有时候，知性退居二线，意志力顶到前排，或者记忆、想象等，但我们始终是一个不可撕裂的整体。

有一天[1]，您跟我说到一件相当稀奇的事情。您告诉我：您成为基督徒是因为有益……

我想知道我说这句话的上下文是什么。我不明白它是

---

[1] 采访者让·阿莫鲁什与保罗·克洛岱尔保持着良好的私交，因此他们平时也经常交流，在访谈中谈到的许多内容来自他们的日常对话。

怎么被塞进我们的谈话中的……

是这样插进来的：您对我解释说，您反对狂热信仰，总而言之，您成为基督徒并不是出于某种感性冲动。您还记得吗？

成为基督徒与长期保持下去并不完全是一回事。我们通过一扇门走进去，维持在某个水平。在我身上，这并不是狂热崇拜或者感性的简单冲动，而是全身心的投入。因此，"有益"[1]这个词只能用一些恒久的东西来解释。比如当你结婚的时候，或者当你投入一生的事业中的时候，你在人生中收获了某种益处。我对于"有益"这个词的理解正是基于这个意义。这就是为什么我在圣母院得到启示之后，需要四年时间才能让自己彻底投身进去。这就意味着我花时间进行了反思，并且看到这并非一时的感性，而是涉及我全部生命的某种益处。也就是说，这不是某种肤浅之物，而是涉及一种长期追踪的思考，基于无数广泛的钻研，值得我把自己的全部生命都投入这种长久的收益。"有益"这个词必须从这个方面进行理解。

很高兴您给我们带来了这样的注解，很抱歉强迫您这样做，但我感觉，以相对简单粗暴的方式把这种表述交给观

1　在法语中"intérêt"一词除了"有益、益处"之外还有"利益、好处"等意思。

众相当危险。也许会有人认为这是您的一次赌博，认为您在某一天和上帝对赌，您判断成为基督徒能够确保您的来世。

不，在某些方面恰恰相反，毕竟，真实，对一个人来说，始终是一条最好的路，我的上帝啊，我觉得"有益"这个说法相当合理。在这方面，"有益"这个词解释得相当好。这并不是什么奇谈怪论，也不是某种顶撞或者抬杠，这是经过深思熟虑、仔细思考的，整个人生的益处都被投入其中。从这个意义上说，它解释得很到位。另外，我相信这里面存在不少神学成分，神学中包含一种思考，今生和来世的幸福是其中的主要话题。例如，博须埃面对寂静主义[1]者曾为此进行过辩护。寂静主义者认为，在缺乏任何个人投入与益处的情况下也可以成为基督徒。博须埃强烈反对这种想法，他认为，在促使我们成为基督徒的动机中，将来的幸福扮演着重要的角色，一个完全合情合理的角色。

一些新教徒的思想方式与寂静主义者类似，指出了基督教思想方法中所谓谋求私利的一面，他们从对其不利的角度把它与其他思想或哲学中实际或所谓的无私进行了一番比较……

1　寂静主义：一种灵修神学流派，在十七世纪的法国颇为流行，主张放弃人的主观意志，彻底把自己交给上帝。

不，我相信，真正的基督教思想，真正货真价实的思想，会要求我们必须去寻找我们的幸福以及我们最大的好处，这种思想真实存在，相当合理。

既然您提到了"幸福"二字，我想回过头来谈谈您撰写《认识东方》时的精神状态。

从 1895 年到 1900 年，在这五年中，我感觉您并不是非常快乐，您并没有带给我们一种在信仰中找到幸福的感觉，我觉得这相当独特。

"幸福"是一个非常难以定义的词语。幸福是由牺牲构成的。存在许多个人的乐趣，也存在许多即刻的享受，在生命中，它们都必须为了某个遥远的目标做出牺牲。当然，也很有满足感。当时我一直单身度日，单纯投身于哲学或艺术方面的钻研，这里面当然缺少了很多年轻人习以为常的娱乐元素。但事实上，看着一条你视为真实的道路，看着某种每天都在你面前拓宽深化的真理，这其中也有一种满足。所以，这些东西都值得为它们做出一些牺牲……

对，不过这似乎是一种非常严肃的满足感……

我的上帝啊，这完全有可能。但无论如何，这种满足感对我来说是必要的。我投身于一条无须退缩的道路，不必左顾右盼。正是在这一刻，我思考了自己的宗教使命，我考虑以一种更加明确的方式彻底投身上帝，当时，一切或多或少都从属于这个遥远的目标。

　　如果您愿意的话，我们之后再回来谈这个宗教使命的问题，如果您允许，我将其称作"圣职的诱惑"，因为在我看来您确实经受过这种诱惑。

　　您待在中国的时候，我感觉您也和人类彻底隔开了。您似乎没有任何朋友，无论是在中国还是在欧洲，尽管您当时正处于拥有伟大友谊与知心密语的年纪……

　　这相当真实，尽管我与上海总领馆的同事或者我在各地遇到的朋友维持着相当愉快的关系，但是，那种真正深刻、亲密的友谊，我确实未曾拥有。

第十九次访谈

我想请您和我们谈谈，您当时的生活是如何安排的，因为一个浏览过《认识东方》的旅人会产生这样的印象，您当时只为了这本书而活，只活在这本书里，很难想象您还是一个外交官，参与过非常具体的谈判工作，比如关于铁路与关税的谈判等。

我在中国的生活最开始相当零碎。我在上海总领事馆待了一年。之后去了福州，在一个非常偏僻的小港口一个人值班。接着我回到上海，然后又去汉口干了几个月，那段时间相当艰难。之后，又是上海，然后在日本盘桓了一阵，最后再次抵达福州，这些行程基本上填满了我五年的时光。

当我待在上海的时候，我过着一种官僚的生活，大致类似于巴黎的日子，换句话说，在我从未缺席的晨祷之后，我花一个小时或者一个半小时做自己想做的事情，然后就去处理那些领事职责。

等我到了福州和汉口，我反而有了更大的自由。我趁机在周边地区游山玩水。由于每一周或者半个月才来一艘邮轮，就给我留下了巨大的自由度，我拥有很多时间阅读、思考和散步。你在《认识东方》中看到的绝大部分对自然世界的感受，都来自这段时间。

但这些职责……

即便在上海，我也经常出去远足，坐在人们说的"乌篷船"里。在上海周围有许多小河，可以乘坐小船在小河上旅行，这些专门布置过的小船就叫作"乌篷船"。我们在这些漂浮的房屋里待上三四天，会看到很多东西。

不过，行使您的外交与行政职责，对您而言究竟是一种负担，还是让您获得了某种特殊的满足，又或者仅仅是完成国务之后单纯的满足呢？

我是一个好公务员，我对自己的职责当然很上心。

您从中获得了哪些好处呢？

（笑）对于一份我们感觉干得不差的工作，从中获得的好处就是对一个国家的实际存在产生兴趣，把它书写下来。一个国家在经济或者政治方面的存在方式，值得我们去关注并从中获得乐趣，尤其是在一个像中国那样全新的世界里，我有太多东西需要学习和钻研。

毕竟这不仅是一种职业，也是一种志向，当您在早上或者晚间被迫放弃构思您的作品时，您不感觉痛苦吗？

不，不。我的生活被两种不同的兴趣切分了，但非要说我因为无法从早到晚从事文学创作而感到不幸或者做出了牺牲，认为自己是一个受害者，这种想法我从来没有产生过。我倒是知道，比如马拉美，他觉得自己很不幸，因为他是一名英语老师，但我从来没有这种感觉。我的工作让我很感兴趣，继续干下去让我十分满意。

于是您就可以像这样毫无痛苦地切分您的生活了吗？

当然是这样。

这是一种出色的统筹安排，因为我记得，不久之后，在您与里维埃尔[1]的通信中，您非常关心他的境况，并劝说他从事一项副业，而非全身心地投入文学，把文学变成一份职业。

这主要是立场问题。如果我们觉得自己不幸，认为自己做出了牺牲，那么我们就真的变成了这样，对吧？不过，当

1　雅克·里维埃尔（Jacques Rivière，1886—1925）：法国作家。从 1919 年开始担任当时法国文坛最重要的文学期刊《新法兰西评论》的主编直至去世。

我感觉到，我体面地谋生，从政府那里得到薪水，尽我所能地满足政府的要求，当我本着良心义务接受这种原则的时候，就绝对不会后悔尽到自己的责任。毕竟，这是我履行的职责，我不知道为什么不尽力做好。我始终是一个公务员的儿子。此外，我还是一个基督徒，我知道国务绝对是人生中的首要大事。我在忏悔时，我的听告神父告诉我的第一件事，就是要我把国务放在一切之上。这是一个荣誉问题，也是一个良心问题。"良心"在古法语中是一个很有力的词汇，不是吗？我们从事一项工作时，必须带着良心去做。如果我是一个木匠或者面包师，我会努力成为一个好木匠，一个好面包师。作为一个小领事，我也努力成为一个尽可能好的小领事。

您是一位负责的好领事，把职业所需的一切良心都投入这份工作，这并不令人惊讶，但您干得毫无痛苦，所以我觉得对您来说不存在副业的惨痛。

不，当然不痛苦。你可以把这一点确凿无疑地说出来。

刚才您提到马拉美的时候，曾经谈到这种副业的惨痛，其实有很多作家、艺术家都经历过，那些无法通过艺术谋生的人都曾被迫尝试用其他方式讨生活。

好吧，不得不说，我从来没有遭遇过这种处境。我从来没有吃过这种苦头，没有比如像泰奥菲尔·戈蒂耶[1]一样，他做过戏剧评论家，每时每刻都在抱怨从事这个他认为配不上自己的工作。如果我当戏剧评论家，我会努力成为一名尽可能好的戏剧评论家，我不会认为自己因此变成了一个贱民。我做过公务员，我努力成为一名优秀的公务员。我要是当了军人或者警察，也同样会这么做。（笑）这里头充满了幻觉和想象。如果你觉得自己不幸，你就真的过得很不幸了，对吧？我不认为自己过得不幸，相反，当我尽力完成我的工作时，我得到了某种满足。

好吧，既然我们一直在谈中国，现在我想请您告诉我们，您在中国到底学到了什么，关于您自己，关于普遍意义上的人，关于这个国家，关于您的文学技艺。总之，您能否总结一下，您在与这个国家、这个民族，与它的哲学、寺庙以及自然世界长期亲密接触的过程中，究竟汲取了哪些教诲。

我必须说，在中国，与我刚刚离开的美国相比，最让我心动的一点就是，这是一个心境愉悦的民族，一个乐观的民族。正如人们所说，这是最不幸的民族之一，或者起码是

1　泰奥菲尔·戈蒂耶：十九世纪上半叶法国著名浪漫派诗人，长期给巴黎的各家报刊撰写文学评论文章。

现存最悲惨的民族之一[1]。中国的悲惨超出了我们在欧洲所知的一切，但与此同时，你只会看到人们在笑，他们看起来很快乐。即便是一个乞丐，一个麻风病人，即便是那些在最悲惨的条件下求生的人，只需要一支烟斗，一小杯米酒，一个来找他们聊天的朋友，一起玩一盘骰子或者纸牌，就会让他们非常开心。他们活在当下，从无忧虑。我发现这对我来说是一个极其有益的教导。正是这一点让我对中国人充满好感。这是一个乐观的民族，一个始终保持愉悦心情的民族。这也是一个天真的民族，不自寻烦恼，也没有矫揉造作的忧心，顺其自然，对于生活中的美好时刻具有一种发自本能的认识，无论这一刻何其短暂，带着一种顺从——"顺从"这个词不准确，应该是带着一种活跃的劲头，哪怕可能遇到的是一些糟糕的事情，而在中国糟糕的事情比比皆是！如果我们必须去经历一番中国乞丐甚至中国工匠的生活，我们是不会感到满意的。

此外，中国人还有团结一致的天赋，他们具有一种近乎动物的群居禀赋，和他们的同伴、朋友、家人结伴生活。这一点也让我非常喜欢。

最后，中国拥有古老的艺术传统，人们被极其美丽、

1　克洛岱尔作为外交人员在中国工作时正值晚清，是中华民族内忧外患、积贫积弱的时期。中日甲午战争刚刚结束，1895 年签订《马关条约》，1900 年八国联军入侵北京。

极其有趣的东西包围着，这些东西并不见得始终一尘不染，但它具有动物性和天真的一面，与一切抽象之物和一切人为之物都截然不同，会让艺术家与诗人非常中意。

那么，您作为一位诗人，一位艺术家，您有没有从中国、从中国艺术家那里吸取一些教益呢？

当然。在中国的诸多风俗中，有一件事情让我非常喜欢，那就是礼貌。在中国占据主导地位的，是一种人们彼此之间相处的艺术。在人生遇到的所有情况中，都存在一种礼貌的方式，一种庄重的方式，一种待人接物的恰当方式，当然也有不合适的方式。在人生遇到的所有情况中，都有一种礼仪规范来处理它们，这些规范存在于农民、工人以及最平凡的人身上，也同样存在于中产阶级与杰出人物身上。当然，你会看到中国人往地上吐痰和打嗝等，但关于这一切，他们遵守的规范与我们并不一致[1]，他们实践着一套非常具体的规范，已经成为一种习惯，呈现出一种生活优雅如意的特点，对此我非常欣赏。

至于中国哲学，我非常欣赏道家。我不能说儒家思想特别吸引我，但道家对我的影响很大。道家颂扬"空

1　例如在法国文化中，饭桌上打嗝非常失礼，当面擤鼻涕则很正常，与中国礼仪大不相同。

无"，建议人始终处于一种完全不受拘束的状态。例如，道家告诉我们，智者无为而为，不治而治。总之，这是一种始终不受拘束的态度，一种面对各种形势，总是尝试处于简单、不受拘束状态的态度。要解释清楚说来话长，因为道家非常复杂。不过我经常翻阅一本关于"道"的书，而且我非常佩服，那就是《庄子》，庄子是一位道家哲学家，继承了老子的思想，生活于五世纪或者六世纪[1]。正是庄子写出了那句格言，我在法国很喜欢引用它，一心想把它放进所有教育机构里去："可以学会的东西，可以传授的东西，都是不值得学的。"[2]（笑）这是道家惯用的格言之一。

这句格言不仅仅是一句俏皮话。

啊！啊！是的，这不仅仅是一句俏皮话。看起来像是一个玩笑，也的确如此，但这里面存在某种真实的东西。它对中国人的精神状态给出了非常深刻的概括。在中国人身上有很多道家思想。

1　此处克洛岱尔的说法有误，庄子生活于公元前 369 年至公元前 286 年的战国时代，与亚里士多德接近。

2　此处克洛岱尔只是随口转述，应该是他根据《庄子》中的一些论述重新演绎而来。例如《庄子·天道》中提出："世之所贵道者，书也，书不过语，语有贵也。语之所贵者，意也，意有所随。意之所随者，不可言传也，而世因贵言传书。"又例如《庄子·秋水》："可以言论者，物之粗也；可以意致者，物之精也。"

是的，总而言之，我冒昧地加以总结，道家思想中最让您欣赏的地方，就是从生活处境与内心超脱方面收获自由。

是这样。事物柔软而不受拘束的状态。

您在中国不仅见识过道家与儒家，还接触过佛教，对此您的立场是什么？

我会说，中国的佛教并不令我特别感兴趣。而我必须说，我在锡兰看到的那种佛教则令我大为反感。那些巨大的卧佛，躺在黑暗的祭坛上，身处昏暗的寺庙中，让我感到厌恶。我对中国的佛教也不是太喜欢。日本的佛教形式更让我感兴趣一些。在日本佛教中，有一种苦涩深沉的忧郁，真的很有意思。相比于中国佛教，我更喜欢日本佛教里的阿弥陀佛。

是的，对于佛教的这种厌恶与斥责，您在《认识东方》的一首诗中表达了出来，笔力道劲……

那主要针对的是印度佛教。

您这样写道："其方法是，让形式的概念、空间的概念、概念本身的概念相继从智者的头脑中消散，使他最终抵达虚无，随后进入涅槃。人们对这个'涅槃'一词感到惊讶。对我来说，我发现在这其中，虚无的概念掺杂了享乐的概念。存在于其中的，是最后的撒旦般的神秘，是用全盘拒绝当掩护的造物的沉寂，是根植于其本质差异的灵魂乱伦般的安宁。"

我现在大体上依然是这样的想法。只不过，日本佛教更具艺术性，添加了一种平和的忧郁带来的微妙色彩，相当有吸引力。

在中国佛教中，我不应该忘记福州附近的鼓山寺，我去过几次，它位于一片密林中间，这在中国相当罕见，在中国森林很稀少，至少在最古老的农耕地区很少。那里有一座大钟，被瀑布的水流推动着，差不多每分钟都按时鸣响。这口钟的音色非常美妙。当我登上鼓山寺时，依然能听见钟声在松林间回响。

您在《认识东方》里描述过一口钟的传奇故事[1]，里面提到的就是这口钟吗？

不，不。我在《第七日的安息》里提到过它，那口说"不"的钟，你知道的……

好吧……

你还记得吧？

---

1 《认识东方》里的一篇作品，题为《钟》，写于南京，描述了一位铸钟匠为了铸钟而发生的种种传奇故事，故事内容与福州鼓山无关。

在您的作品中，钟，以及所有打击乐器，一般来说都扮演着重要的角色。

是的。在《第七日的安息》中，我谈到一口钟，一直在说：不，不，不，不……

既然您提到了《第七日的安息》这出戏，我想请您稍微展开谈一谈。这是一出非常有难度的戏剧，在我看来，几乎不可能把它搬上舞台。我不知道您有朝一日会不会尝试一番，有没有这方面的想法，但这部戏对我来说依然充满晦暗与神秘。这是一部涉及神学的戏剧，相当惊人，也许您可以阐明它的缘起与意义。

和你谈论这个话题让我觉得十分尴尬，因为我已经很久没有重温这部剧了。自从写完之后，我不知道、不确定自己有没有重读过。在我的记忆中，这出戏其实是一次钻研，一方面是一种探索方式，探索这个我已经开始了解或领悟的中国；另一方面则是一种探测方式，探测和理解脑海中出现的一些神学问题，因为我在撰写这部戏的时候，也在继续研读之前和你提到过的圣托马斯。

是的，尤其是关于恶的问题，它是这部戏的核心话题。

我对中国的考察以及我的神学研究经常混在一起，在你谈到的这出戏里面它们好歹融为一体了。

第二十次访谈

上一次我们谈到了《第七日的安息》，一出涉及神学的戏剧，剧中探讨了恶的问题。在我看来，把我们的考察再推进一步并非无益。

故事发生在中国，皇帝隐居于一个偏远之地，他的整个宫廷，或者至少宫廷政要都追随着他。这个国家和百姓正在与一场可怕的惨祸斗争：生者的世界受到死者入侵。活人什么都做不了：无论吃饭睡觉，都会感到某种与死者令人惊恐的接触，于是必须搞清楚究竟如何摆脱死者的入侵，摆脱他们白天黑夜的多重现身。

好吧，你提到的这些内容给我提供了一把钥匙，一把理解这出戏的钥匙。对于异教的国家，如果你不去接触一番，是无法理解的。对于多神教来说，有两件事为其所固有，尤其是对于触及了人类早期经验的古老中国多神教而言，这两件事造就了它：首先，是与死者的接触，其次，是对鬼魂的恐惧。死者在中国扮演着非常重要的角色。对死者的崇拜，活人与死者的关系，在中国人的生活中占据着非常重要的位置，至少当时是这样。其次，就是对鬼魂的恐惧。我在中国的时候，在山间的隐居之所，到了晚上，那些用人总是不愿意出门：他们怕"鬼"。在中国，鬼与死者的在场是非常普遍的事情。活人、死人和鬼，三者在现实生活中不断接触。《第七日的安息》第一幕的氛围便来源于此。

于是，皇帝为了把死者赶回他们的领地，为了禁止他们进入生者的世界，同意亲自入地狱进行一番尝试。皇帝不得不使用黑魔法，多亏了巫师的妙法，他成功召唤出了火焰形态的上古帝王黄帝，后者全副武装，身着皇袍，而宫廷里的政要们却看不见他。两位皇帝之间的对话开始了。然后，黄帝在把他能够教给后辈的东西都教完之后，回归地狱，皇帝则孤身一人，他得到了一个答案：活人吃了死人的财富，犯了严重的大罪。皇帝不知道必须举行什么仪式才能清洗这种罪过……

这是第二幕。

这是第二幕。正是在这一刻，他走入地狱，先后遇到了他的母亲、魔鬼路西法以及帝国的天使。正是在那里他获悉了最后的秘密：一周必须工作六天，第七天必须守主日……您还记得吗？

是的，现在我记起来了。你和我提到的这些内容让我想起了自己对中国戏曲的赞赏。我第一次接触中国戏曲是在1889年的世界博览会上。当时有一些来自安南[1]的演员，克劳德·德彪西[2]也非常欣赏他们。我从德彪西的回忆录里还有他本人口中了解到了这一点，我和他打过一点交道。我们挺合得来。所以，等我到了中国，我经常去梨园看戏，在你提到的这一幕中，显然掺杂着许多关于中国戏曲的记忆。

至于这些与地狱有关的概念，地狱的概念是基督教神学中最困难的概念之一。我之前已经开始研究它了，我不能说自己完全吃透了，但它确实让我费了很多心思。我最开始的一些想法在第二幕中有过阐述，都是一些非常粗糙和初步的想法。之后，我又产生了其他的念头，但不管怎么说，单纯从戏剧方面看，这一切都是必要的。这是一出过渡性的戏剧，帮助我表达、完善某些自己一直在追寻的想法，无论是关于中国还是关于神学奥秘。

关于这些神学奥秘，尤其是关于恶的问题，您不能说得更明确一点吗？

1　安南：就是现在的越南。

2　克劳德·德彪西（Claude Debussy，1862—1918）：法国著名作曲家。

喔！这会把我推得很远，尤其是今天，我感觉不适合谈论这个问题，因为它触及了一些非常复杂、非常深奥的东西。

好吧，让我们转到另一个话题，一个也许更加私密、更加冒昧的话题。

在 1900 年前后，当您开始撰写《认识东方》的第二部分时，您似乎正在陷入一种深刻的危机。您带着巨大的怀疑与焦虑扪心自问，如果您无法为了出家修行而放弃世俗生活，那么您的路到底是哪一条。另外，1900 年 9 月，您在利居热[1]修道院隐修过相当长的一段时间。

是的。我在中国的这整整五年都在进行深刻的反思。我扪心自问，到底应该投身哪一边。我带着心中最大的诚意，想要出家当僧侣，我当时真的这么想过。先是在索莱姆[2]，然后在利居热，当时我已经下定决心完全放弃艺术和文学。这是一种痛苦的牺牲。我当时的诚意达到了什么程度呢？很难说清楚，但我觉得自己已经极尽所能。那是义和团时期[3]，北京被围困了。中国非常动荡。我当时作为俗

1　利居热：位于法国中部地区，当地有修道院。

2　索莱姆：位于法国西部地区，当地有修道院。

3　义和团运动爆发于 1900 年春季。6 月，慈禧太后同意义和团进驻北京，团民在城内焚烧教堂。

家修士被利居热修道院接收，首脑们也许是为了进一步考验我，判断我应该回中国去。这对我来说是一种巨大的伤痛，因为我做出的这种牺牲在生命中是不会再有第二次的。我还记得，那一刻，我去了利居热的见习修士礼拜堂，我待在那里，无比困惑，不知道接下来该怎么做。然后我得到了一个非常清晰、非常明确、非常简单的答案：不。没有其他评述，只有一个词，一个纯粹简单的否定，极尽可能地清楚。没有任何其他指示，只有一个"不"字，仅此而已。我不能出家，这条路已经为我堵死。

我能否请您明确一下，这个答案是以什么形式传达给您的？

我会告诉你，这是祷告的奥秘。我无法向你解释。由我亲自解释会很尴尬。

在利居热的见习修士礼拜堂里，您以某种决定性的方式明确了之后需要遵循的道路。必须留在这个世界上，坚持不懈地参与这场您已经投身其中的战斗……

不，不，不！没有那么积极，只有一个"不"字，没有其他东西。

您在祈祷中提了什么问题？

我应该去当僧侣，应该进入利居热修道院吗？"不。"就是这样。

除此再无其他答案，您已经得到了足够的启示。

其实，我当然也试着讨论一番。我还没有被完全说服。毕竟，我以为自己做出了极大的牺牲，牺牲了我的整个人生，放弃了艺术，放弃了文学，放弃了生存的全部利益。我以为做出了重大牺牲。然后，突然之间，我站在这堵横插进来的墙壁面前，它对我说："不。"

这种牺牲是靠什么完成的，为什么这么痛苦呢？

为什么这么痛苦？简而言之，如你所见，我拥有一个相当可观的艺术生涯、文学生涯。这一切都潜伏在我身上。其中存在一个完整的世界，包括思想、人物、文字、话语，还有《流亡之诗》里提到的那个"在我体内不断运动的民众"。我已经决定要放弃这一切了，只为服从一个外部的意志。因此，这是一场相当痛苦的牺牲，无论人类的天性多么奸诈，它还是试图提出异议并寻找脱身之计。而我之前的愿望是让自己服从，并且完全放弃这一切。

对不起，我想我提问的方式很糟糕，我不得不承认，问问题真不容易，因为您刚刚以如此简单的方式谈论了一件令人心碎的内心惨剧，令我非常感动，以至于我失去了原本想要提问的线索。我重新思考一下。我想说的是：您为何认为，为了当僧侣，为了彻底献出自己服务于上帝，就必须在您身上牺牲诗歌以及创作的世界呢？

因为福音书里说过："那些向后看的人，那些手扶着犁却想着别的东西的人，那些登上屋顶又重新下楼找衣服的人有祸了。"[1] 根据我的理解，上帝的赠予是全方位的，没有任何迟疑或拒绝的空间。因此，必须彻底，要么全部，要么不做。在决定全心投入的时候，我不想对过去拥有之物保留任何眷恋。这就是基督徒生活的基本准则，没有什么特殊之处。从把自己交给上帝的那一刻起，就必须把自己完全交托出去。做不到这一点，就不值得这么做了。

但事实上，所谓牺牲，难道不是牺牲过去吗？过去已经过去了，而您这是牺牲未来。

的确是这样。

因此，您在牺牲未来，您认为必须提前消灭这种未来，阻止未来实现，这不受福音书的谴责。

1　克洛岱尔在这里综合了福音书里的几个句子，包括《路加福音》第九章第六十二节。"耶稣说：手扶着犁向后看的人，不配进神国。"《路加福音》第十七章第三十一节："当那日，人在房上，器具在屋里，不要下来拿。"

此外，所谓宗教感召，要么不值一提，要么就是用上帝的意志取代你自己的意志。好吧，我的意志当时已经沉底。我不知道你有没有读过我的一首诗，叫《圣·特蕾莎》，这首诗对此做出过解释。宗教感召，就是把你的船沉底，彻底烧毁。随之而来的一切都是未知的，都是上帝的意志，它必须写在一张完全空白的纸上。如果你带着一些旧人的东西，如果没有做出完全的牺牲，那么你就不适合宗教生活。

请您原谅，在我看来，您说的这些与听众们有可能从访谈中提炼出的内容似乎有一点矛盾，尤其是您说过，人是不可撕裂的，他不可能甚至不希望牺牲他身上的任何能力。可以给这些能力指明方向，去引导它们，用它们为上帝服务，但绝不可能摧毁它们。

是的，这并不是摧毁它们的问题，而是去统领所有这些复杂的能力，舍弃它们，把它们交给上帝。这就是难点所在。没有人会愉快地放弃对其各种能力和个性的掌控。很显然，你是一个独立个体，你是上帝的形象，但你已经不再拥有指挥权了。你把指挥权交给了上帝，如果你是僧侣的话，就交给人间的宗教首脑。

这个问题在我看来非常重要，请允许我换种问法。以下这个提问是普遍意义上的，您认为诗歌方面的志向与圣职的感召互相矛盾吗，神父不能当诗人吗？

我认为……不能……确切地说，这么做并没有被禁止。例如，一位乡村神父，他的一生拥有许多空闲时间，他时不时写几首小诗消遣，就好像做点木工或者园艺消磨时间一样。这并不重要。经常有一些神父询问我这方面的建议。我对他们说："如果写诗让你们觉得有趣，那就去写吧，这并不特别值得重视。"你会去养兔子或者母鸡，这和写诗几乎是一回事。这和我之前说的完全不相干。核心问题在于，要让诗歌成为生活的主要目的。然而，如果你是僧侣、修士或者神父，那么生活的主要目的就不可能是诗歌或者文学。这根本不可能，在措辞中存在矛盾。

在某种程度上，从事圣职便会牺牲诗歌，它不再是一种志向，但作为一种行为可以保留下来。

是的，但我不适合这种对半开的事情……

您在外交领域把这种对半开的事情做得很好。

是的，但这不一样嘛！（笑）外交不像婚姻一样要求一个人将自己赠予另一个人。完全不一样。我充分利用那些自己认为合适的空闲时间，却并没有失信于我的上司。这是我和他契约里的一部分。但是，当我向上帝保证把自己完全归于他身侧时，我的任何想法或者情绪失信于他，都犯了欺骗的勾当，都是不诚实的。

因此，您认为，生活于尘世之中的基督徒与从尘世退隐并出家修行的基督徒，二者之间存在本质性的区别，他们各自与上帝的契约是不一样的吗？

"本质性的"这个词用得不对，因为深层的义务维持不变。但神父与上帝签订了特殊的契约，就像一位女性对她丈夫的承诺一样。这里面有一个深刻的、基本的荣誉问题。神父把一切都献给了上帝。如果他有所保留，如果他给自己留下了一些东西，那么就是不诚实的，总之是不光荣的。

您认为基督教诗人没有把一切都交给上帝吗？

噢，没有！这涉及很多东西。你触及了一个非常微妙的话题，对于基督教诗人而言，这显然是一个会让人感到内疚的话题：即便他理解了上帝的要求，即便他的基督徒使命对其他人有用，他依然会产生低人一等的感觉。可以肯定的是，诗人永远低于圣徒。像圣方济各这样的圣徒，他有可能成为一个同样杰出的、为了上帝之荣光倾力演奏的诗人，但在二者之间是没有可比性的。

第二十一次访谈

在我们上次访谈中，您提到了"圣职的诱惑"（我觉得应该这么称呼），谈到了1900年您住在利居热修道院，想要弄清楚您为了出家修行是否应该放弃尘世与诗歌，于是我们涉及了一个普遍性的问题，即圣职与诗人是否兼容的问题。

如果你写了几首与你存在的本质并不直接关联的十四行诗或者一些令人愉快的小诗，那这不是诗人独有的。服侍上帝需要全方位的注意力，需要完全与深刻的约束，这与一个真正的诗人对其作品付出的深刻关注是不兼容的。我觉得，做一个神父，就必须做得彻底，从头到脚，献出一切。做不到这一点，如果有所保留，如果你对半开，那就不敞亮……

好吧，提及这个问题的人并不是我，而是您，因为是您把我引向了这个问题，因为它是您关注的中心。

在我看来，这种圣职的诱惑表现了一种冲突，事实上，您就是这场冲突的中枢与关键，另外，您作品中的一切都导向这种冲突，在《城市》第二个版本结尾处，当诗人科弗尔再次出现在他与拉拉的儿子，必将成为新城市王子的伊沃面前时，科弗尔不再是诗人，他成了主教。他穿着主教袍，握着主教权杖。此时此刻，按照您的说法，科弗尔放弃了诗歌……

是的。

因此，对您来说，做出这种选择是适当的：要么选择诗歌与尘世，选择那些陷阱、困难、惨祸，尤其是那出似乎您亲身参与的惨祸；要么选择放弃尘世，无保留地侍奉上帝，进而彻底献祭那些未来的造物，献祭那些我们正在孕育的、让我们感到压力与激奋的作品。

就是这样。当时，在利居热的那座小教堂里，我感觉自己永远不属于最高等级，肯定会被降到次一级，对吧……（笑）

对，不过这些人……

也就是说，这些人发挥了他们有可能得到的各种天生才干，但善良的上帝永远不会把他们与真正的圣徒相提并论，后者已经付出了一切。

也许吧，但是您难道不认为我们都有可能成为真正的圣徒吗？

是的，当然。只不过类型不同。我们并不属于最高等级，对吧？

作为诗人，您一直在呼吁人们融入、参与到最高等级里去。您在《认识东方》中这样写道：

"这便是这个世界充满活力的呼吸节奏，具有这方面意识与话语的人被授以神父之职，以便将其打造成奉献与祭品，利用他本人的孝心，用一种充满爱意的夫妻般的偏好，去把他自身的虚无与最本质的神恩结为一体。"

因此，正是您本人建立了这种联系，不仅在诗人与提供祭品的神父之间，而且在每一个具有这方面意识的人之间，他们必须明白自己已经接受了这个世界，他作为人类的作用就是把握这个世界并且将其永远献给上帝。在我看来，通过这种构思方式，通过这种人类的命运尤其是诗人的使命，我们谈论许久的那种二律背反被废除了。

是的，它以某种方式被废除了。尽管如此，不主动做出选择，把自己完全交到上帝手里，总比按照自己的喜好、自己的自然倾向去行动更有价值，更加崇高。这是服从于精神还是服从于肉体的区别。然而在诗人的使命中，就像你描述的那样，有很多的血与肉，这毫无疑问。

但很多血与肉并不是由我们亲自创造的。有很多血与肉是被赐予我们的，为了得到圣化并将在最后一天复活[1]……

总之，我们尽可能地自我安慰。这就是我做的事情。

所以您认为这是一种安慰吗？

是的，但我仍然觉得没有做到最好，本该做得到……这并非完全不可能。如果我真的是圣徒或者英雄，谁知道我是否会无视这种对上帝的捍卫，谁知道我是否无法真正成为圣徒？但这条路对我来说早就被堵住了。

是的，但我不得不说，我们也许已经被剥夺了您准备交给我们的一切，因为直到这里为止，直到《认识东方》为止，可以这么说，您撰写了一部青春之作，非常美好，非常丰富，就我个人而言，我不仅对此怀有强烈的钦佩之情（我希望已经向您表明了这一点），而且还怀着一种热烈的好感。但它确实是青春之作，而您将在 1900 年前后真正在光天化日之下展现自己，换句话说，您成了您写法的主宰，风格的主宰，语言、技艺的主宰。我们感觉到，直到此刻为止，直到第一首颂歌《缪斯》[2] 的第二部分为止，直到《正午的分

---

1 在基督教礼拜仪式中，面包和红酒分别代表基督的血与肉，构成了圣餐的主体。
2 《缪斯》：克洛岱尔《五大颂歌》中的第一首。

界》为止，在您的作品中存在一种对于即将成为现实之事的遥远感知，在您的作品中，此前存在大写的女性，大写的爱，曾经被您笔下的人物出色地歌唱过，但他们中的每一个人都在言辞中投射了某种焦渴，以及某种从爱情这个灼热源泉中饮水的恐惧。

在1900年前后，或者在1900年到1905年之间，这里涉的不是大写的女性，而是某一位女性，不是大写的爱，而是一次爱情[1]。这确切吗？

是的，你已经非常准确地定义了当时的情况。只不过，与这一时期相关的剧作，也就是《正午的分界》，以及在我犹豫许久之后，这出戏最终在马里尼剧院[2]上演时做过的一些评论，对于读者能够从中汲取的内容，很遗憾我无法补充多少信息。关于这个话题，我当时确实把我要说的都说了，对吧？

我不想过于冒昧，让我感兴趣的并不是这个隐私话题

---

1 1901年，在从法国前往中国的海船上，保罗·克洛岱尔遇到了有夫之妇罗萨丽·维奇（Roslie Vetch，1871—1951），二人发生了私情，罗萨丽在福州领事馆住了四年半，成为克洛岱尔半公开的情人，罗萨丽的丈夫则顺利地从克洛岱尔那里办妥了前往越南经商的手续。1905年，罗萨丽离开克洛岱尔回到欧洲，随即与他人私奔。克洛岱尔一路追回欧洲，却得知她已经跟了别人。《缪斯》的第二部分以及《正午的分界》都影射了这段感情。

2 《正午的分界》创作于1905年。1948年12月16日，该剧由让-路易·巴罗导演在巴黎马里尼剧院首演。

本身。我的意思是，我对话题本身并不感兴趣。让我感兴趣的是这样一种感觉，从那一刻起，您的作品基于一些全新的基础出发了，或者说，如果不是全新的基础，至少有一些内在的东西被这种考验改变了，我很想知道，1900年之后，当您开始创作时，您自己对这种变化作何感想。

这就是为什么我这出戏的名字叫作"正午的分界"[1]。我确实有一种感觉，自己已经来到了一个转折点，或者如果你更喜欢的话，来到了一个完全不同的面向。这段时间，从我的产量角度看，成果寥寥。几乎只有《认识东方》的第二部分，《缪斯》的第二部分，以及《正午的分界》，标志着这段经历的最终结果。不过，倒是有一部，从知性的角度看，支配着我的全部写作，那就是《认知》[2]，是我在那段时间撰写的一系列关于"共生"与"认知"的论文[3]。当时，我放弃了严格意义上的诗歌表达，产生了一种知性的繁荣。我作品中的全部哲学思想，全部纯哲理与知性方面的内容，都凝聚在这两篇论文之中，即《认知时间》与《论世界与自我的共生》。这本书非常重要，在我余下的文学创作中，我不断从中提取知性与艺术方面的灵感，加拿

1　在经历了与罗萨丽的感情之后，克洛岱尔觉得自己的人生在此分成了两部分。

2　《认知》：克洛岱尔出版于1907年的《诗艺》中的篇目。

3　《诗艺》的第一部分叫作《认知时间》，第二部分叫作《论世界与自我的共生》。

大耶稣会的昂热神父[1]最近写了一篇评论文章，我饶有兴趣地读完了，因为对于我目前所有基于《圣经》的创作以及所有以《圣经》为依据的宗教理论，这篇文章都奠定了基础。

我原本打算专门花一次访谈来谈论这本《诗艺》，很显然，起码在理论层面，它是您全部作品的基石。

今天，我主要想谈一谈《缪斯》，其实是稍微谈一谈《正午的边界》。之所以谈《缪斯》，是因为正是在这第一首颂歌中，您把自己定为一位全新的诗人，带来了全新的语言，全新的诗意。在我看来，保罗·克洛岱尔到了三十来岁的时候，在写出了一部重要性得到公认的作品之后，通过某种深思熟虑的决定或者对自我及其艺术的深刻觉悟，承认并且宣称自己是一种新语言的创造者或预告者，这是一件极其重要的事情。

在科弗尔身上，我已经提到了这一点。你在《缪斯》里发现的一切，只不过是在进一步发挥《城市》中诗人科弗尔的言论罢了。二者之间存在很多联系。

存在很多联系，但无论如何，我并不觉得科弗尔具有一种清晰明确的意识，无论如何，科弗尔依然把自己当成诸多

1　皮埃尔·昂热（Pierre Angers，1912—2005）：加拿大耶稣会神父，1949年出版《保罗·克洛岱尔〈诗艺〉评述》。

前辈的继承人。而《缪斯》的作者尽管曾向维吉尔致敬，向但丁致敬，尤其是向品达致敬，但与此同时也在和他们一一告别。您在向波吕谟尼亚[1]致意时，使用的就是这种新语言：

"已经久等了，现在，你可以演奏新曲了。现在，我能够听到你的声音，噢我的唯一！"

这一刻在我看来格外悲怆，我希望，如果有可能的话，您能够进行一些阐述。

正如我对你说的，这一切都统合在一起，在这个场景中，所有时刻都是同时的。无论之前还是之后，都意味着一场危机，一次转变，我没有能力把其中每个阶段的细节都告诉你，这几乎不可能做到。你说得很好，在《缪斯》中，存在某种区隔。我们看得很清楚，当厄剌托[2]出场时，存在某种断裂[3]。在这首颂歌中，这一刻得到了完美的定义。

是的，在1904年之前写的东西与1904年之后写的东西之间，这种断裂非常明显。

不，整个第一部分都写于1900年，召唤厄剌托是1901

---

1 波吕谟尼亚：古希腊神话中的九位缪斯女神之一，负责掌管严肃的颂歌，在《缪斯》中登场。

2 厄剌托：古希腊神话中的九位缪斯女神之一，负责掌管抒情诗，在《缪斯》后半部分登场。

3 在《缪斯》中，第二部分以厄剌托的出场为标志，是克洛岱尔在海船上与罗萨丽发生恋情后写下的。

年写的。

1901 年吗？颂歌本身的日期是 1905 年……

是的，1904 年我把整首诗誊清了，但它是 1901 年写完的。

原来是 1901 年。所以《缪斯》中两个主要乐章之间的时间距离只有几个月。

那几个月非常忙碌……（笑）整个第一部分写于 1900 年，主体部分是我在索莱姆写的，恰恰是我在寻找个人使命的时候。当时，我经常和一个非常聪明的英国年轻人聊天，是一位名叫阿尔加·索罗德[1]的皈依者，我相信后来他经常被人提到。第一部分给我的印象就像是在卢浮宫里看到的那种宏伟浅浮雕。总之，主体内容是基于我走访索莱姆与利居热的印象写下的。别人也许不相信，但对我来说，就是那种氛围。然后，厄剌托是在船上写的……和《正午的分界》写于同一时间。

如果我们相信这一点，我们就会深信不疑，而且我们完全可以设想，恕我冒昧，整首颂歌在音乐方面由管风琴曲主导。这非常明显。正如您创造的这种结合，它如此特别，

---

1 阿尔加·索罗德（Algar Thorold，1866—1936）：英国作家。

对您来说如此个人化，处于异教留给您的所有遗产与基督教之间，这一点我们看得非常清楚，例如在《诗艺》最后一篇随笔中。这篇《教会的发展》在许多方面都非常独特，您在文中指出，教会并不是从零开始的，教会始于圣殿，而圣殿也不是凭空创造出来的，由此您把基督教会与最原始的宗教崇拜活动联系了起来。

是的，这篇《教会的发展》写于 1900 年，正是我在寻找个人前路之时，正如我之前跟你说过的那样。

第二十二次访谈

现在我想回过来谈谈《缪斯》中表达的诗歌观念，这在我看来非常重要，我想知道，它在多大程度上依旧代表您如今的想法。您在《缪斯》中这样写道：

你的歌，噢诗人的缪斯，

这不是蜂群的低鸣，潺潺的泉水，丁香树间的天堂鸟！

正如神圣的上帝发明了万物，你的欢乐便是拥有他的名讳，

就像他在寂静中说过"要有它"！你就这样，按照他的呼唤，充满爱意地复述，

就像小孩在拼读"就是它"。

噢上帝的女仆，充满神恩！

你从本质上赞同他，你在心中凝视万物，你尝试着如何将万物一一道出！

当他创建宇宙时，当他用美掌控规则时，当他发起盛

大的庆典时，

　　我们身上的某种东西与他在一起，目睹一切，在他的
功业中欢欣鼓舞，

　　他平时的警惕，他安息日的祷告！

　　因此当你说话时，噢诗人，用一种令人愉快的枚举
高喊万物的名称，

　　就像一位父亲，你在他的本原中神秘地呼唤他，按照
以往

　　你参与他的创造，你协助他的存在！

　　这段话很独特，因为它实实在在地指明了我的两种诗
歌观念间的连接点，就像你说的。你会在其中发现有些段
落是纯装饰性的，难免会令人不快地回想起邓南遮以及当
时的某些作家；接着，显露出一些新意，多半可以归功于
我对《圣经》和圣托马斯的研究，换句话说，就是那种直
抵实质、直抵事实的决心，也就是说，不仅不能让我的诗
歌局限于一个装饰性的角色，而且要让它成为一个充实、
真切的角色，试着通过事物之间的哲学关系去看清万物的
本质。这两种倾向恰好在你挑选的这个段落中以非常巧妙
的方式混合在一起，因为我们看到，这两种混合的倾向几
乎难解难分。

　　但是这种诗意究竟在多大程度上表达了……

你看，它和各种哲学思考结合在一起……

它和各种哲学思考深刻地结合在一起……

当然，丁香树之类的依然保留着一点青春的轻浮。

丁香树再也不属于您的诗意，它是您背离的诗意，这种诗意没有意识到自身作为创造者的神圣角色，那种源发性的角色。

我做到了，我在对一切加以总结的同时声称自己抵达了实质。

是这样。当您抵达实质时，您认为诗歌的这种力量在多大程度上也同时是一种驱魔与净化之力呢？

（笑）一个复杂的问题。关于"净化"这个词，在我经历的那场可怕危机中，可以肯定的是，知性的沉思、纯知性的钻研给予了我强有力的帮助，《论共生》便是证明。它们对我的解脱贡献良多。如果我只被感官世界支配，被严格意义上的美学世界支配，那将极其糟糕。对亚里士多德与圣托马斯的知性研究非常有益，极其有助于我保持头脑清醒。

至于我的艺术理论，我必须承认自己从来没有深思过。我摸索着前进。时隔许久重新阅读一些东西时，就像你刚才为我做的那样，我就明白了这些东西是怎么混合在一起的，但在当时，行动都是出于灵感，我无法对思想给出确切的说明。我当时就是这么自我表达的。在这种表达方式背后，有整整一场大戏，要么是知性的，要么是感官的，要么是想象的，现在我很难把这些弄清楚。我能向你指出的，都是结果。根据你刚才读给我听的内容，这些结果都相当有意义。

我说净化，首先是在普遍意义上，是在亚里士多德的观念[1]中这个词需要被赋予的意义上，不过也同样是在一个更加个人化的意义上，因为在颂歌的结尾部分，突然出现了一个狂野、凶猛、难以捉摸的缪斯，完全不可能用歌唱甚至舞蹈的节拍去维持约束。她出现并打乱了一切，在她耀眼而可怕的过场之后，她不复存在，甚至连一张脸、一个女性的外形都没有留下，只剩下一个问题和一个答案：

这个完全没有被纯洁的饮水与稀薄空气醉倒的女子！

如同红酒与一堆玫瑰带来的醉意！如同赤足下飞溅的葡萄与沾满花蜜的巨大花朵带来的醉意！

被鼓声催疯的迈那得斯[2]！发出短笛尖利的啸声，巴克坎忒斯在雷鸣的酒神怀中挺直！

1　亚里士多德在《诗学》中专门探讨过"净化"（Catharsis），他认为，悲剧的作用是"激起怜悯和恐惧，从而导致这些情绪的净化"。

2　迈那得斯：古希腊神话中酒神狄俄尼索斯的女性追随者，在古罗马神话被称作"巴克坎忒斯"。"迈那得斯"（Μαινάδες）一词在古希腊语中意为"发狂"。

完全灼热！完全无力！完全萎靡！你向我伸手，你张开双唇，

你张开双唇，你用充满欲望的眼神盯着我。"朋友！

"太久了，等太久了！要了我！我们在这里做什么？

"你还要按部就班关注多少时光，在我睿智的姐妹之中，

"就像一个东家待在他的女工团体中间？我那些睿智而勤劳的姐妹！而我，火热又疯狂，急躁又赤裸！

"你还在这里做什么？亲我，快来！

"打碎、挣断一切联系！要了我，你的女神和你在一起！

"你感觉不到我的手放在你手上吗？"

（我确实感到她的手放在我手上。）

"你完全不理解我的烦腻，我渴望的就是你！这颗需要在我们之间吞咽的禁果，这股需要用我们这两颗灵魂点燃的烈火！拖得太久了！"

对此诗人回答道：

哦我航船上的女友（因为在这一年，

当我开始观看树叶腐烂，全世界的火灾燃起，

为了摆脱季节交替，凉夜为我显现一次黎明，秋季用一束愈发恒定的光变成春天，

我跟着它，就像一支军队撤退时烧毁身后的一切。

始终向前，直抵闪亮大海的心脏！）

噢我的女友！因为世界早已不在那里

为我们分配我们在其多重运动组合中的位置，

但脱离了大地，我们孤独地彼此相依，

这个游移不定的黑色碎片上的居民，被淹没，

迷失在纯粹的空间中，那里的地面都是光线。

每天晚上，在后方，在我们把海岸抛弃之处，朝西的

方向，

我们将重新看见同样的战火

由这个满载的当下供养，真实世界的特洛伊烈火熊熊！

而我，恰如地下矿脉中点亮的灯芯，这隐秘的火焰把

我侵蚀，

难道最终不会在风中燃烧？将会遏制人类的大火？

而你自己，女友，你海风中浓密的金发，

你不知道把它们在头上扎紧；它们在崩塌！沉重的指环

在你肩头滚动，谜之美人的重要之物

升起，在月光中无处不在！

群星难道不像一颗颗闪亮的针头吗？世上的一切建筑

造就了脆弱的辉煌

恰如女人庄严的秀发，随时会在梳子下面垮塌！

　　好吧，你自己也感受到了这第二部分与第一部分之间
的语气差异。存在很大的不同。例如，从中我们已经发现了

与很久之后的《圣·特蕾莎》相同的语调，对吧？里面有某种更加阳刚、更加男性化、更加嘶哑的东西。

还有某种更加温柔的东西，野性的温柔，在您的作品中，已经有一些语气预示了它的出现，在《城市》和《金头》里都可以发现。不过措辞已经不一样了。他们每个人都经历了大火。

好吧（笑），我没法说得更好了。

《正午的分界》在您的作品中占据着一个突出的位置，不过，在进入《正午的分界》的要害之前——当我说"要害"一词时，我指的并不是您个人的悲惨遭遇，那只是提供了一个契机，因为正如我们所知，一部伟大作品总会超越那些具体的境遇，后者只是触发作品的时机而已。漪瑟，无论这个女人是否有尘世的原型[1]，依然是她自己，换句话说，您剧中的人物是与现实完全不同的，她就是漪瑟，就像她这样定义自己："梅萨，我是漪瑟，这就是我。"您把漪瑟这个名字赋予她，以此召唤她现身于世，这名字永远是她的专属，让我们感兴趣的是漪瑟这个人物本身。

我想请您告诉我们，从1900年到1905年，您可能维

1　在漪瑟身上可以看到克洛岱尔当时的情人罗萨丽·维奇的影子。

持的一些人脉关系，您朋友中的某个人，或者您，怎么说呢，和您一样从事文学工作的人，无论杰出与否。比如，您与加布里埃尔·弗里佐[1]就是在这段时间相识的，他被您的早期剧作滋养，并受到了决定性的影响。

我认识弗里佐的时候，这出戏已经收尾了。我直到1905年才和弗朗西斯·雅姆[2]以及弗里佐相识，当时我回到了法国，这出戏已经写完了。在那段时间，我结成的伟大友谊，是与我的朋友贝特洛夫妇[3]。贝特洛夫妇当时正在远东地区旅行。我在印度支那见过他们，他们来福州和我待了几天甚至几个星期，让我十分欣喜。这便是一段伟大友谊的起点，我很难解释其中的原因，因为我和菲利普，我们所有的观点都大相径庭，以至于我很难理解他对我感兴趣的到底是什么。但总而言之，事实就是这样。我们之间结成了一种友谊，比兄弟之情更加深厚。我没办法说清楚菲利普究竟多么善良，我们多么亲如手足，在我生命中最困难的时刻他究竟给过我多么巨大的帮助。我曾经试着在

1　加布里埃尔·弗里佐（Gabriel Frizeau，1870—1938）：法国艺术收藏家，克洛岱尔的朋友，现有《保罗·克洛岱尔与弗朗西斯·雅姆及加布里埃尔·弗里佐通信集》存世。

2　弗朗西斯·雅姆（Francis Jammes，1868—1938）：法国诗人，克洛岱尔的朋友。

3　菲利普·贝特洛（Philippe Berthelot，1866—1934）：法国外交官，克洛岱尔的好友，曾在远东地区任职。菲利普·贝特洛1899年与埃莱娜·兰德（Hélène Linder，1867—1955）相爱，二人1914年成婚，克洛岱尔是证婚人之一。

他墓前致悼词时把这些说出来，但那远远不足以回应他让我体会到的所有感激之情。正是在《正午的分界》撰写过程中，我认识了贝特洛夫妇。

不久之前，我重读了您在菲利普·贝特洛墓前发表的那篇演讲。阅读时我非常激动，因为我认为那些无法近距离接触菲利普·贝特洛的人根本不会察觉他身上的优秀品质以及深切的同情心。他常常被当成某种神秘人物……

这是菲利普的本质，他是我认识的最真诚、最热忱的人之一。就像我和你说的，对于我来说，他是无与伦比的朋友。体现这种友谊的不仅是他说的话语，还有他带给我的持续帮助。上帝知道我根本配不上他，还经常给他带来很多麻烦。但说到底，他总是孜孜不倦地向我表示他的善意。

在您的外交生涯中，您是否需要这种帮助[1]呢？

啊！啊！我觉得当然需要！

总之，您经历了一系列艰难的考验，因为 1905 年正是全国推行政教分离的时候，而您作为一位外交官，一名毫不妥协的、高傲的天主教徒，肯定感到有点不舒服。

1　菲利普·贝特洛长期担任法国外交部秘书总长（仅次于外交部部长的二号人物）的工作，在任职过程中给过克洛岱尔很多工作方面的帮助。

我必须说，在当时的境遇中，在我当时经历的种种艰难时刻，确实多亏了菲利普的帮助。不过也必须为外交部说句公道话。我曾是外交部的雇员。我必须说，我总是遇到最慷慨、最善解人意、最宽容大度的上级，无一例外。我必须说，我根本没有掩饰过自己身上极度天主教的一面，而我从来没有为此受过苦。没有人责怪过我，我也从未察觉这在我的职业生涯中对我造成过妨碍。

在阅读您的部分信件时，在某些方面，我感觉您可能体会到了各种担忧……

对，但更多是在我的脑海中，在我的忧思中，而不是在事实层面。你看，其实我职业生涯的延续方式非常特殊，因为像我这样普通的小领事能够得到各种高位，比如我在生涯末期担任的大使职位[1]，是很不正常的。显然，我欠了菲利普很多，但我也必须说，我在菲利普周围没有遇到过任何特别的反对意见。总之，我在外交部里没有公开的敌人，相反，在我看来，我遇到的每一个人都展现了最大的善意。

---

[1] 克洛岱尔曾先后出任法国驻东京（1922）、华盛顿（1928）和布鲁塞尔（1933）大使。

第二十三次访谈

上次访谈中，您谈到您与菲利普·贝特洛的友谊和您对他的感激。您与弗朗西斯·雅姆也是同一时期结识的吧？

我在中国的时候和他通过两三封信。在弗朗西斯·雅姆的通信集中可以发现这方面的痕迹。然后，等我回到法国，在那场我之前和你提到的精神危机发生之时，弗朗西斯·雅姆也在经历一场类似的危机[1]，他邀请我去见他，在，在……

在奥尔泰兹[2]？

在奥尔泰兹。我在那里待了半个月，就待在他身边。当时他皈依了天主教，我们成了朋友，这段友谊一直延续到

1　1905 年，弗朗西斯·雅姆决定皈依天主教，此前经历了一系列思想斗争。克洛岱尔参加了雅姆的皈依仪式。

2　奥尔泰兹：法国西南部城市，位于比利牛斯山脚下。雅姆和他的母亲长期生活于此。

他去世。我和弗里佐的情况也类似，他是弗朗西斯·雅姆的好朋友。

我希望听您谈谈作为诗人的弗朗西斯·雅姆，因为我在你们的通信中注意到一个被归在您名下的观点：您认为雅姆的《披着树叶的教堂》远优于魏尔伦《智慧》。我把这个判断专门标了出来，我想请问如今您作何感想。

很难提供一套衡量高下的等级，这两位诗人实在差异巨大：魏尔伦属于上一代人[1]，他经历的过往与雅姆毫不相干。相反，雅姆一直生活在他的地盘里，绝大部分的生活经历都在外省……对于你提到的内容，人们弄错了。他们经常动笔书写这些东西，但根本没多大意义。现在，为了开诚布公，我必须说，在我看来《智慧》并不是魏尔伦最好的诗集，不是我最喜欢的一本。我更喜欢《爱情》，甚至《幸福》[2]。在《爱情》中，我发现魏尔伦完全掌握了他的语言工具。在《爱情》中，有一首名叫《伯恩茅斯》的诗，是他流亡英国时创作的，我觉得它是法语中最优美的产物之一。当然，如果我当时就读过这首《伯恩茅斯》，那么我就不会说自己对雅姆的喜爱胜过魏尔伦了，魏尔伦真的无

1　魏尔伦出生于 1844 年，比出生于 1868 年的雅姆和克洛岱尔年长一辈。

2　《智慧》《爱情》《幸福》分别是魏尔伦发表于 1880 年、1888 年和 1891 年的诗集。

与伦比。我对魏尔伦的钦佩之情一直在增长。也许我当时对魏尔伦的态度不像现在这么公正。后来，尤其是我在比利时旅居了一段时间之后，我才开始欣赏魏尔伦诗歌的非凡品质与原创性。

在纯文学层面，您也欣赏《爱之控诉》[1]那样的诗吗？

是的，我喜欢这首诗，但正如我说的，对我来说，真正的魏尔伦，他抵达巅峰的时代，就像我写《正午的分界》时所能达到的那种高度，是由《爱情》这本诗集所见证的。

关于雅姆，您真的喜欢他的诗歌吗，在我看来，他的诗歌与您相去甚远，不仅与您的诗歌本身，而且与您对诗歌的看法都差异巨大……

是的，我喜欢他的诗，因为它真实。这是一个心里怎么想嘴上就怎么说的人。从技巧的角度看，《晨昏三钟经》[2]的写作技巧让我很感兴趣，因为我把它比作一个撞钟人，钟上拴的绳子永远不知道钟会响多少下，但是在钟和敲钟人之间，可以感觉到某种吸引力和默契。在读弗朗西

1　《爱之控诉》：出自魏尔伦 1884 年的诗集《过去与不久前》，诗中贯穿着撒旦的视角以及与上帝抗争的音调。

2　1898 年，弗朗西斯·雅姆推出了他的第一部诗集，《从清晨的三钟经到傍晚的三钟经》，原文标题较长，克洛岱尔在对话中进行了简化。

斯·雅姆的这些诗作时，你会觉得诗句的格律就是它该有的样子，不来自任何外部的构思。从这个角度看，这和帕尔纳斯派大相径庭。帕尔纳斯派始终由节拍器引导：塌拉塌塌塌，塌拉塌塌塌……而在弗朗西斯·雅姆笔下，我们第一次感受到诗句的推动力，诗句本身就构成了它的音步和节奏。后来，在《基督教农事诗》[1]里，弗朗西斯·雅姆成熟了，他采用了一种更加整齐的格律，而这种格律恰恰回应了他当时愈发平整的精神状态。他抵达了这片丰收的高原，在那里，小麦都长到了相同的高度，他运用的双行诗体与他当时的诗律观念非常相称。

您刚才谈到敲钟人敲的钟。您不觉得这口钟总在发出同样的声音吗？

好吧，你想要什么？我农村老家的钟楼也总发出同样的声音，但我百听不厌。玫瑰永远一个样，风信子也永远是一个样，但我们百看不厌。雅姆可以始终保持同一语调，这种语调是真诚的、真实的、有趣的，而且，在写出《基督教农事诗》的雅姆和写出《三钟经》的雅姆之间还是有区别的。我非常欣赏雅姆的最后一部诗集，叫《源泉》，内容非常有趣。他在这部诗集中回到了中世纪武功歌的分节形式。

1　《基督教农事诗》：弗朗西斯·雅姆 1911 年至 1912 年出版的诗集。

是的。

另外，在一篇关于雅姆的长文中，我对他进行了详细的论述，发表在《实现》[1]里。我基本上把自己当时对于弗朗西斯·雅姆的全部想法都说出来了。

我读过这篇文章，我很想知道，您这样的人，是一个对于哪怕最短小的作品所包含的宇宙意义都无比严肃、严格、专注的批评家，因为我们刚刚谈到了钟，您想起了您农村老家的那口钟，这没错，但是，当我们从您的作品中把钟这个意象找出来时，它唤起了那么多和音，那么多回声，以至于我们产生了一种感觉，它本身就是对人间的某种总结，如果人间是一口钟，一个巨大的钟舌撞出了声响，那么二者发出的和音其实是相同的，都同样丰富、匀称。而在我看来，雅姆的钟始终只是一个小铃铛，确实非常感人，但……

这已经很多了，不是吗。我农村老家的那口钟，始终是那个样子，它不是梵蒂冈的大钟，但它自有它的价值，我们听到它敲响时总是很开心。（笑）

1904 年前后，您还结识了夏尔-路易·菲利普[2]……

1　《实现》：克洛岱尔 1949 年出版的文集。

2　夏尔-路易·菲利普（Charles-Louis Philippe，1874—1909）：法国诗人，《新法兰西评论》的创始人之一。1909 年因病突然去世。

是的。

您留下了哪些关于菲利普的记忆呢?

我写过一首关于他的小诗。

我们对此非常熟悉。

这十行诗几乎总结了我对菲利普的一切看法。我们聊过三四次,在纪德的通信集里,我相信应该有一封信谈到过这个话题,纪德声称菲利普对我留下了深刻的印象,而且在我们谈话后他冒出了许多前所未有的想法。然后,突然,我得知他去世了。这也许让我感到遗憾——因为我与纪德的通信表露出我的使徒角色[1],对吧(笑)——让我遗憾没有在和菲利普相处的过程中更加有说服力,更加恳切。但归根结底,情况就是这样。他是个可怜人,非常动人,非常悲怆,他不缺乏天赋,一点不缺。他的最后一部作品《夏尔·布兰查》相当有意思,因为小说写作技巧相当独特。这是一部小说,是小说开篇的开篇:他开始写一部小说,展现了四五种可行的开篇之法,实际内容还不止于此。这相当奇特。

---

1 克洛岱尔在与纪德的通信中经常劝说纪德皈依天主教。克洛岱尔对夏尔-路易·菲利普也进行过类似的劝导。

大约在同一期间，您也结识了安德烈·苏亚雷斯[1]，您曾经和他维持过很长时间的友谊，他去年刚刚去世。

是的。我和他的相处方式也差不多，我们有过漫长的通信，和我跟纪德通信的时间跨度相似，但也没有转向更好的结果[2]。所有这些讨论，所有这些通信，就像中世纪所谓的"人像靶"[3]一样，骑士用他的长矛推动某种旋转门，正面的旋转门会把路让开，而旋转门的另一边会从后面转过来击打他。这个过程可以无限持续下去。骑士可以不断推动人像靶，而人像靶则通过从背后敲打骑士来进行防卫。同样的论点总会无休止地陷入循环论证，所以当这场游戏持续了三四年，始终在用同样的方法回复同样的答案，我们终究会感到厌倦，对吧。不值得继续下去。（笑）

你们也有……

另外，事到如今，有人过来问我当年纪德和苏亚雷斯曾经问过我的那些问题时，我根本不会用同样的方式回答

---

1 安德烈·苏亚雷斯（André Suarès，1868—1948）：法国诗人，《新法兰西评论》的创始人之一。

2 苏亚雷斯和纪德都和克洛岱尔讨论过皈依天主教的问题，克洛岱尔循循善诱，但最终并没有引起二人的实际行动。

3 人像靶：中世纪骑士训练马上攻守时使用的道具，一般为人形，一手持盾，另一手持棍棒，可以转动。骑士在马上需要持矛击中正面的盾牌，同时躲过背后棍棒的挥击。

了。现在完全不同了。

您如何回答呢？

我会这样回答：最好去向善良的上帝而非圣徒请教。我会给他们提供一些方法。我会让他们去读三四本我认为非常有力的著作，或者让他们亲自去一趟教堂，内心保持沉默，认真倾听。我相信这套体系比所有的护教论证更加有效。毕竟，善良的上帝也有话要说。当他们向上帝请教、向上帝提问时，他会比我回答得好得多。(笑)

但你们之间的交往也延续了相当长的时间……

我当时天真地认为，合理的论据可以具有某种重要性和意义，但事实并非如此。

在护教理论领域吗？

喔，是的！ (笑)

那您想过……

不能走极端。它有价值，但没有决定性的价值。总之，我的意思是：这些论据在某些时候可以留在人的脑海中为他服务。在这方面，我也有不少案例。但单纯指望眼前的结果是错误的。

我想围绕《正午的分界》的出版过程[1]向您提几个问题。首先，我想请问，为什么您把这部剧作的出版推迟了这么久呢？

因为它触及了一些非常私密的个人问题，而其中的参与者当时都还活着，它依然是某种极度私人之物，某种尚未完全平息的痛苦。此外，我还咨询过一位教士，他劝我不要出版。我当时十分赞同他的观点，而且我必须说，对此我毫无悔意。因此，这样的原因维持了很长时间。我几乎已经忘了这部戏，肯定是让-路易·巴罗的坚持，才让我决定重新对它加以审视。另外，你已经看到了，我对舞台演出底本进行了不少修改，几个月之前问世的最终版本更是多有改动。

为什么您不干脆让文本始终处于手稿状态呢，您曾经把它出版过一百五十份，非常知名……

好吧，作家是一个奇特的种族。一本书，只有在它问世的那一天才真正开始存在。就像一个孩子不能待在母亲肚子里一样，他必须出去，对吧。作家的使命，是到光天化日之下露面，所以他露面了，但露面得尽可能少。这些矛盾并

1　1906 年，《正午的分界》由西方文库印制了 150 册，并未正式发行，仅供克洛岱尔的朋友私下阅读。直到 1948 年，这部剧作在经过克洛岱尔修订后由法兰西信使出版社正式对公众出版。同年，该剧在巴黎马里尼剧院上演，让-路易·巴罗导演并亲自出演男主角梅萨。

不是那么容易解释。

我不认为这是什么矛盾。至少在一开始，您总是非常细心地处理您书籍的印刷呈现。您喜欢印刷体本身，喜欢它的美感和含义，而且您总能看到印刷字体与文本之间的内在关联……

《正午的分界》的情况其实有点类似于我的早期剧作《金头》和《城市》，它们在出版时没有印上作者的名字，相当于既出版了又没有出版，既公开了又保持神秘：于是两种需求可能既互相矛盾，又同时发生。

您是否也觉得打字稿与手稿存在某种距离，当字体确定下来，文本的存在本身就需要印刷呢？

啊，是的，当然。我必须告诉你，我讨厌打字稿[1]。当我重读自己那些打字书稿时，我的感觉和阅读印刷出来的书籍是不一样的。我的眼睛忍受不了打字稿。

所以这就是原因，一种深刻的原因，让您决定还是要出版您的书，至少要把它印刷出来。

这肯定有一些作用……印刷术为思想提供了决定性的形

1　特指用老式打字机打出来的文稿。

式。有这方面的原因。也许这是某种偏见，但终究不容置疑。

现在我想请问，您在撰写这部剧作的过程中，有没有体会到某种解脱感，某种驱魔与净化效果呢？

噢！毫无疑问。这是一种绝对的需要。这部剧的写作和出版给我带来了巨大的好处。对我来说这是一个生死攸关的问题。我必须把它写出来。

这一点是这部剧独有的，还是说您觉得这种写作功效，尤其是诗歌写作的功效，对于您几乎所有的诗歌文本都成立呢？

在某种意义上都成立，但远不如《正午的分界》那么鲜明，《正午的分界》是一次真正的解脱，而其他作品则是一种不那么紧急、不那么迫切的需求。一切作品都存在这种外露的需求，作品利用作家以便从他身上脱颖而出。作家只是作品与观众的中间人而已。

在您看来，观众的认可是否和让作品本身得到彰显一样必要呢？

观众是模糊的，对吧？我们怎么称呼观众？是此刻的观众吗？还是将来会产生的观众呢？是圣保罗口中的天使吗？总之，他可以是我们想要的一切。观众的概念非常模糊，只是某种外界罢了，是对回声的呼唤，如果你愿意的话，这将是确切的说法。

如果你在真空中说话，或者身处某种你感觉不到反馈的东西里讲话，那么话就不存在了。这有点像我在《诗艺》里表述的理论，意识仅仅是对抗的结果。例如，如果你把手举在空中，你感觉不到你的手掌。相反，如果你把手按在一个坚硬的物体上，例如桌面上，你就会意识到你的手以及你自身的存在。你明白了吧？

是的。

同样，在爱情里也是一样。在爱情中，你白白产生了很多模糊的感觉，但如果你把一个女人抱在怀里，你就会明确意识到她和你自己。这是随之而来的结果之一，是爱情的原因之一，是其心理状态的从属部分之一。出版恰恰也给出了这种东西，它给人的印象是你对于自身作品的某种意识、某种弹性、某种阻力。

第二十四次访谈

在我们上次访谈的结尾处，您提到作家只是作品与观众的中间人，而观众则是对回声的呼唤。我承认，我宁愿这是您，保罗·克洛岱尔本人，与观众之间的问题，因为在从《金头》到《正午的分界》的整个漫长时间段内，您当然有朋友、同伴和寥寥几位知己，但总体而言您非常孤独，您甚至在某次访谈中告诉过我，在创作过程中，您避免和任何人交流相关内容，这是一个秘密，您小心翼翼地隐瞒着，在您看来，您不得不守住这个秘密，否则作品本身就会流产。我记得您当时使用了蛋黄酱的意象，在搅拌它的时候不应该看着它，对吧？因此，您与观众之间的关系引起了我们的兴趣。

谈到"观众"，这个说法有点夸张了，因为在你提到的那个时间段内，我可以说，根本没有任何观众，除了几个朋友，而他们都尽量避免谈到我，除了杜哈梅尔[1]和莫克

---

1 乔治·杜哈梅尔（Georges Duhamel，1884—1966）：法国作家。

莱尔[1]，他们二人常常慷慨地予以我支持，而大多数朋友都保持沉默，我对于外界也始终一言不发，直到《圣母领报》演出时，也就是 1912 年。直到那时，人们才开始关注我，哪怕在我看来是以一种非常不充分的方式。（笑）

但是，1912 年的时候，《新法兰西评论》[2] 已经创刊三年了。自 1909 年以来，它一直在刊登您的作品，《新法兰西评论》团体对您的作品赞赏有加。

这种赞赏表现为沉默。你可以浏览《新法兰西评论》的合集，你不会看到多少和我有关的文章。《新法兰西评论》几乎始终对我闭口不谈，即便在里维埃尔的时代[3]，而他还是我的朋友呢，对吧？你会看到无数关于这个人或者那个人的文章，但你会发现，这本杂志几乎没有给我留下任何位置。

这在我看来似乎相当奇怪……

事实就是这样。

因为这与纪德《通信集》的整个第一部分是矛盾的，

---

1 卡米耶·莫克莱尔（Camille Mauclair，1872—1945）：法国作家。

2 《新法兰西评论》：二十世纪法国最重要的文学期刊，1908 年 11 月由夏尔-路易·菲利普、安德烈·纪德、让·舒伦贝格等人创刊，1909 年 1 月出版了第一期。

3 雅克·里维埃尔在 1919 年至 1925 年间出任《新法兰西评论》的主编。

他非常欣赏您的作品。

是的，但你看看当时的报纸杂志，你找不到我的名字。几乎只有苏岱[1]稍稍关注过我，还是以一种非常不友好的方式。

是的，的确。

还有那位先生，他叫什么来着，皮埃尔·拉塞尔[2]，我在《缎子鞋》里提到过这个人……

《文学小团体》的作者，对。

唐·利奥波德-奥古斯特[3]，就是皮埃尔·拉塞尔。(笑)

观众与批评家的沉默有没有让您感到难受呢？

要是为此感到难受就落入圈套了。这并不是说你刚才讲的内容不对，并不是说正在写书的作者除了他的作品什么都不想就有好处。不过作品一旦问世，一旦出版，那么去了解各种外界的反应就另当别论了。我曾经写过一篇文章，现

1　保罗·苏岱（Paul Souday，1869—1929）：法国文学批评家，1913 年撰写过关于克洛岱尔的评论文章，认为克洛岱尔是一个有缺陷的作家。

2　皮埃尔·拉塞尔（Pierre Lasserre，1867—1930）：法国文学批评家，1920 年出版专著《文学小团体：克洛岱尔、雅姆、佩吉》，对克洛岱尔多有批评。

3　《缎子鞋》中的人物之一，在第三幕出场，一个学究气很重的守旧派人物。

在已经记不大清了，我在其中说过，任何时候包裹着棉絮说话都会让人很难受。这就是我的印象。我出版了一本又一本书，没有任何反响。比如，看看《缎子鞋》，它是一本值得重视的书，但那种沉默跟随了我很久，你可以看到这本书引起的反响多么稀少。再看看《仁慈的冠冕》[1]，这本书也很重要，没有一份摘要、没有一本书、没有一份报纸、没有一本杂志谈到过它。包括《新法兰西评论》。你可以在《新法兰西评论》的合集中找，没有一个词提到《冠冕》。

对于这种过于漫长的沉默，您能否给出一些解释呢？

各种原因都有吧。我认为，大家普遍的印象是，相比于当下关注的大多数话题，这些内容都过于新颖、过于陌生，以至于大家都不知道怎么谈，害怕说出一些蠢话。我认为他们的行为多有胆怯。那是一块从天而降的陨石，人们不知道从何处下手。我相信，人们对我是善意的，意图是好的，但是面对这头不知道从哪里落到他们身上的白象[2]，他们不知道如何处理。我那些阐释《圣经》的书如今依然会遭受类似的待遇。人们注意到里面有价值，但都被吓坏了。批评文章里充斥着太多错误，以至于他们心想：这到底是什么，

1　1915 年克洛岱尔出版诗集《上帝之年的仁慈冠冕》。

2　在法语中，"白象"的意思是"代价高昂却没有实际用处的东西"。

这颗从天而降的陨石到底是什么，应该从何处下手？于是他们都被吓坏了。因此，需要一些勇敢之人，去除人类的敬畏之心，才敢参与进来。

您没有想过另一件事吗，种类相同，但也许更简单一些：任何真正有新意的作品都超前于它的时代，因此必须创造属于它的观众。

有可能。当然有这方面的因素。可以肯定的是，在这些作品问世时曾经让观众们感到抗拒的东西，如今已经被他们满心欢喜地一口吞下了。

是的，或者说，观众现如今已经被您的语言和思想深深感染了吧？

正如我所见，就我的《圣经》阐释来说，这项工作正在慢慢完成。我看到《圣经》逐渐开始受到重视，而我对《圣经》的阐释引起的震惊与非议也比一开始少了很多。我认为这项工作正在缓步推进。观众需要一些时间去适应它，就像适应其他事物一样。

回到《正午的分界》，我想请问，您是否认为，这部剧作在您的全部作品中都是独一无二、不同寻常的，又或者相反，您将其视为一个必要的阶段，既是一个旧时期的结束，又是一个新时代的开始呢？

毫无疑问，《正午的分界》，或者更确切地说，它所表达和象征的那种精神状态，对我而言几乎完完全全地持续了二十年时间。在《正午的分界》和你桌上那本《冠冕》尤其是终结这场漫长危机的《缎子鞋》之间，存在一种亲缘关系，一种延续关系。以《正午的分界》为代表的最初悸动在这二十年间从未彻底停息。这段时间覆盖了我绝大部分的作品，其中每时每刻都能感觉到这种精神状态的影响。

您难道不觉得，在您写于《正午的分界》之前的作品中，存在对于这出戏的某种预兆吗？

你说过……

金头以及莱恩都认识了两种类型的女性——尽管顺序不一样——并从她身上得到了关键的教导。在《金头》的第一部分，我们看到金头亲手埋葬了第一位神秘的女性，之后遇到了公主并在死亡中与她结合。

这是一个奇特但不容置疑的现象。你说得很有道理。这和魏尔伦的经历类似，例如，在他早年的《土星之诗》[1]中

---

1 《土星之诗》：魏尔伦的第一部诗集，出版于 1866 年，"土星"一词在法语中暗含"忧郁、伤感"之意。

曾经写道:"我的灵魂,向着恐怖的海难启航。"似乎他已经事先知晓了将来会在他身上发生的一切。波德莱尔的这句诗也同样如此:"所有被爱的灵魂,都是盛着我们闭眼饮下的胆汁的器皿。"这是他在路易大帝中学修辞班里写下的。

是的,我记得您之前为我们提起过这些美妙的诗句。但就您而言,这并不仅仅是一场以惨败告终的意外遭遇,还涉及完全不一样的内容,这就是我坚持提问的原因。这似乎涉及某种关键经验,既是爱的经验,也是罪的经验,您笔下的主人公——我说的是梅萨——由此走出了青春期,莱恩与金头也由此走出了青春期:他在亲自参与了那场并不隆重的葬礼之后才掌握了他自己以及属于他的命运。

在《正午的分界》开头,我们看到梅萨依然完好无损。这是您笔下的人物阿玛里克对他的定义。同样,在《第七日的安息》中,我记住了这个非常奇特的句子,您写道:"恶就如同提水的奴隶。"

我希望您试着解释一下这个既富有表现力又非常晦涩的形象,这种善与恶神秘地联系在一起的方式,神恩之水如何在禁忌之爱、被诅咒之爱的骚动中涌现,但我不敢用"被诅咒"这个词,因为我相信这么说是错误的。应该是一种禁忌之爱,或者不可能之爱……

啊,为了这个话题,我必须给你讲点神学,说起来会有点长。这一切都可以通过《缎子鞋》的题词[1]来解释，那段题词借用自圣·奥古斯丁，他说，对于上帝的选民而言，一切都服务于善，"哪怕是罪恶"，这是对圣保罗的补充。善良的上帝是一个节俭的生灵，他善于利用一切。正如无数事例所证明的那样，恶本身也服务于善，对吧？所以，这是一种几乎平平无奇的神学真理，不是吗？

它表达得平平无奇，但依然十分晦涩神秘。

是的，我就是这个意思，但这确实是神意的证据，对它来说万物皆可用。

这是一件了不起的事情，证明了仁慈的上帝具备经理人的天赋，他懂得通过一种充满悖论的艺术去利用一切，他运用最难以置信之物以便达到出乎意料的结果。

当您那次著名的邂逅[2]发生时，您是否感到某种与您自己、与您的命运相关的必然性呢？

啊！我有过这种感觉，而且感觉受到了强迫，非这样做不可。(笑)你去读一读《正午的分界》，事情是在什么情

---

1 克洛岱尔为《缎子鞋》选择了两段题词，其中有一段是圣·奥古斯丁的拉丁文"etiam peccata"，意为"哪怕是罪孽"。

2 代指1901年至1905年间克洛岱尔与有夫之妇罗萨丽·维奇的感情纠葛。

况下发生的，从人性的角度来看，它们几乎不可能还有其他运转方式。一切似乎都为此聚集到了一起。我感觉自己被捆住了，我陷入了一个无法逃脱的陷阱。《正午的分界》里说的比我能够向你解释的还要多。

是的，当然。不过我认为，您做出的解释对我们来说依然非常有启发性，因为作品超越了您的意外遭遇，后者只是为创作提供了契机，在作品和这个契机之间存在着不小的距离。如果我就这个契机向您提问，这是为了使您更加接近您的观众，因为这也许是一种浪漫的批评观点，人们可以探讨，可以抨击，这种观点认为，只有当作品与承载它们的树木没有完全断开时，作品才能具备其全部意义，我们觉得有必要去丰富它们、激活它们，把它们精确地连接在这棵树也就是您本人身上。

你说的这些对于《正午的分界》来说尤其确切。至于其他作品，情况则没有这么明显。有些作品从不知何处落入艺术家脑海中，用他自身的心理状态加以解释会非常尴尬。例如，在我后来的剧作中也有许多意外遭遇，它们都要归功于想象力，仅仅通过非常模糊的情感连接与作者进行关联，很难做出详细的解释。

是的。在您看来，在这里执着于精神分析是徒劳的吗？

是的。不过，无论如何，确实存在某种联系。一件作品，只有当它出自作者思想的最深处，不仅仅是出自脑子，还要来自他的肠子，它才是真正的艺术品。

这就是您在《冠冕》中的一首短诗里表达的内容，请允许我在这里把它朗诵一遍，因为它无疑是对《正午的分界》最准确、最优美的导引。这首诗叫《黑暗》：

我在这里，另一个人在别处，沉默是可怕的：
我们充满不幸而撒旦正在他的筛子里过滤我们。

我在受苦，另一个人也在受苦；在她与我之间
没有通路，另一个人没有话也没有手。

只有无法交流的夜色是共通的，
夜晚我们无法工作，可怕的爱情难以实现。

我侧耳倾听，我孤身一人，恐怖侵入我。
我听到与她嗓音相似的声响和一声尖叫。

我听到微弱的风声，我的头发在头顶竖起。
把她从死亡之危与野兽之口中救出！

又一次感到齿间死亡的滋味，
绞痛、呕吐欲与辗转反侧。

我一个人待在压榨场。我在谵妄中挤压葡萄，

这天晚上，我从一堵墙走到另一堵墙，突然放声大笑。

创造眼睛的人，没有眼睛他就看不到我吗？

创造耳朵的人，没有耳朵他就听不见我吗？

我知道罪恶丛生之地，您的仁慈更加充裕。

必须祈祷，因为这是属于世界之主的时刻。

从中你可以认出《正午的分界》与《缎子鞋》的很多主题。如果你读过《缎子鞋》，你可以从中辨认出罗德里格的很多话来。

这里面确实有很多罗德里格的话，不过梅萨的话更多，几乎一字不差。这让我们直接贴近剧中的人物。

第二十五次访谈

在《正午的分界》里存在某种四重奏，就像四个扑克玩家一样，这是阿玛里克在全剧开头发现的。您在谈到《交换》的时候曾经用过"四重奏"这个表述。最后，还有一个不可见但保持在场的人物[1]，游戏的主持者，就像在任何悲剧中一样。而且只有梅萨从一开始就深刻地体验到这个人物的在场，甚至为此所苦[2]。不过，和《交换》中的两位女性不同，在这里，我们只有一个女性形象，漪瑟，我不知道这个名字是否具有某种象征意味。

说实话，姓名这个东西到底是怎么加到我们头上的呢？这很难弄清楚。最初的来源很不明确。在这里，剧中的每个

---

1 指作者本人。

2 在《正午的分界》中，克洛岱尔把许多个人经验带入梅萨身上，通过梅萨，他进行了一番深刻的自我审视。

人物都代表了一种处境。"Ysé"，在希腊语里，是"平等"的意思，"isos/isé"[1] 意为"平等的"。"Mésa"[2]，当然是"中间"的意思。"Amalric"，从语音的角度，可以分成两部分[3]。这原本是马真塔大道[4]上一个雨伞商人的名字，我以前跟你说过。"A-mal-ric"：这个名字由三人共享[5]。最后，"Ciz"[6]意味着断裂。所以，这些人物的名字和他们的身份之间存在一定的联系。

关于他们中的每一个人，您说过：现在是正午，而这个正午的时刻，在他们每个人的命运中，都具有非常深刻的意义。他们四个人孤零零地待在一艘轮船的甲板上，身处印度洋的正中央[7]，这个空间被抹去了一切都够留住记忆的东西，从而缩减为一个纯粹的空间。

1　"Isos"是古希腊语"ἴσος"的拉丁文转写，意为"相等，同等，平等"。暗示在剧中漪瑟对于她的丈夫德·希、对她曾经的恋人阿玛里克以及一段时间内的情人梅萨的感情是同等的。

2　"Mesa"是拉丁语，意为"中间"。暗示梅萨对于漪瑟来说其实是从德·希到阿玛里克之间的过渡。

3　"Amalric"从语音角度可以看成两个单词"amal"和"ric"，在古日耳曼语中分别意味"勤勉"和"有力"，暗示了阿玛里克在剧中的性格。

4　马真塔大道：巴黎的一条马路，克洛岱尔曾经在附近生活。

5　"Amalric"中的第一个元音"a"与第三个元音"i"与"Mésa"和"Ysé"（古希腊语中"i"和"y"相同）重合，暗示了三人之间藕断丝连的关系。

6　德·希是《正午的分界》中漪瑟的丈夫。"Ciz"在法语中的读音与"scie"（锯子）相同。暗示他与漪瑟的关系没有未来。

7　指《正午的分界》第一幕，地点设置在"一艘大型货轮的甲板上，在阿拉伯地区与锡兰之间的印度洋海面上"。

因此，这是一个古典的环境。

是这样。

在古典悲剧中，环境其实并不重要。

是的。在这种环境中，每个人物都被剥夺了各自的过往，尽管某些对话有时候可以带来少量的参考。因此，他们每个人都被迫在正午时刻彻底现身，此刻他们的命运被绑定在了一起，一个问题将被提出，他们必须做出回答。是这样吗？

是这样。

那么，现在我很想知道，这些人物与作者的关系到底如何。他们的存在状态是完全客观的、象征性的，还是和《交换》中的人物一样，是您的几个部分，属于您的不同面向呢？

他们与《交换》中的四重奏大不相同。《交换》的四重奏代表了同一个人物的四种面向，就像我在吴哥窟里看到的雕像一样：一座神像拥有四张面孔，朝向东南西北四个基点。《正午的分界》中的人物都是客观存在的真实人物，都是我深入接触过的伙伴。在《正午的分界》的最新版本[1]中，

1　指 1948 年的修订版。

梅萨和阿玛里克之间发生过一场冲突，梅萨说了一件事情，让-路易·巴罗觉得非常正确："在我们发生冲突的这几秒钟时间里，我学到的比和他交往一辈子都多。"对于一些和我们关系特别紧密的人物而言，情况也与此相似。不能说他们和你不相干，因为互相之间有过冲突，可谓短兵相接，但他们依然和你有区别。我相信漪瑟具有强烈的个性，在剧院中我们一目了然地看到了这一点，阿玛里克、希、梅萨也无不如此。不过我们看得很清楚，每个人物的存在都是自主的、独立的，与作者完全不一样，这一点我们在《交换》里感觉不到，相反，在《交换》中，我们清楚地看到，同一个人物身上分担了很多个角色。

所以《正午的分界》比《交换》更加深刻吗？

这取决于我们对戏剧的看法，事实上，这四个人物都是非常真实的，是存在于作者之外的。甚至梅萨也外在于作者，作者和他拉开了距离，从外部予以评判。在最新版本中，你可以看到，作者对他的原型相当严厉，他对于自身的处境没有产生任何幻想。

所以梅萨之死当真具有驱魔效果，能够与这个人物彻底拉开距离吗？

是的，总而言之，是的，有这方面内容。

在您的作品中很少有人物如此直抒胸臆。在梅萨向漪瑟表白的著名场景中，漪瑟恳求梅萨忍受时光，梅萨对漪瑟说道：

我已经受够了！我在人群中活得无比孤独！

我完全没有找到自己和他们的社交关系。

我没有任何东西要交给他们，也一无所得。

我对任何人都毫无用处。

所以我想把自己拥有之物都交给他。

然而，我想给出一切，

就必须收回一切。我动身了，我必须回到同样的地方。

一切都是徒劳。一无所获。我心中曾有

一种巨大的希望带来的力量！它已一去不返。我被发现缺席。我丢失了感官和话语。

我就这样被赤裸地打发回来，带着旧日的生活，无比干瘪，没有任何别的命令

除了重新开始旧日的生活，重新开始旧日的生活，哦上帝！与生活脱离的生活，

我的上帝，除了您再无其他期望，而您根本不想接纳我，带着一颗受伤的心，带着一种扭曲的力！

而我现在还在和你喋喋不休！这一切你到底明不明白？这跟你有关系吗，让你感兴趣吗？

在这里面你可以找到《流亡之诗》和《缎子鞋》的

主题。你可以看出，所有这些作品都属于同一种氛围的一部分。

它们都属于同一种氛围的一部分，一种深度悲剧性的氛围。不过在这里，这种氛围被突如其来的爱情点燃了、照亮了，这种爱情将烧尽一切，并将同时推动您的人物，尤其是梅萨与漪瑟，在灾难中，那场灾难将引发一场烈焰，以至于灵魂在其中融化并以某种方式重生。这场人间之爱倾向于极致的炽热，这就是您赋予它的意义吗？

噢！我不得不赋予它这种意义。作为考验，只有当它确实是一场考验时，只有当它对某些事情有用时，它才有意义。因此，剧中的这场考验，如果它事实上毫无用处，那么将非同寻常。这并不意味着我或者梅萨心甘情愿地屈服了，并不意味着考验只涉及剧中的某一刻，在创作中我必须进行缩减。这场考验持续的时间远远超过几分钟、几小时、几天或者几年。它持续了整整二十年。

您对《正午的分界》最近在马里尼剧院的演出满意吗？

我几乎是被人用力扔进了《正午的分界》的这场历险。在听取了许多令我高度信任的教士以及各方友人的建议之后，我才加入了这场冒险，换句话说，我几乎是被强迫的。他们都说这样做好处很多。于是我重新拿起了这部戏，从外部审视。在时隔多年之后，我更清晰地理解了曾经发生的一切。此外，我还需要从技术角度，从我作为剧场工程师的角度，去考虑剧作本身。因此，我必须对它进行深度修改，因为当年的那出戏是由我内心情感的无意识爆发构成的。在对整部剧理解更加深入之后，我应该把它搬上舞台。我相信它优于最初的版本。

关于全剧第三幕，我犹豫了很久。我和巴罗进行过大量的探讨。我相继给他提供了三四个不同的版本，巴罗迟疑了很久，最终我选用了最后一个版本，但巴罗不认可。在马里尼剧院上演的版本其实是由那三四个版本拼凑起来的，并非出于我的本意。我情愿巴罗使用我选择的最后一个版本，它在我看来更加确切，更加符合梅萨的心理状态，我现在也持这样的看法，因为绝对不能认为我把梅萨当成了一个浪漫的英雄，一个有趣的人物，绝对不能认为我想让他在整个故事里成为一只羔羊或者一个小圣徒。这根本不是我的想法。在梅萨身上，我看到了一个极其自私的小资产者，极度关心他自己，在他身上，关键在于呈现一种我称为"他人"的感觉。如果你了解最后一个版本，你就会看到我赋予"他人"的重要性。直到《正午的分界》成书之时，梅萨本质上一直是一个令人反感的人，非常自私、非常自我、非常苛刻、非常干瘪：不管他愿不愿意，都必须改造他，赋予他"他人"的感觉，赋予他某种与他自己不一样的东西，教会他什么是人性。

是的，他大概相当令人不快……

我也试着更加公平地对待漪瑟，呈现她该说的话。一个女人对一个男人不忠，然后请求他的原谅，男人慷慨大度，宽宏大量地原谅了女人，没有什么比戏剧或者情节剧中的这类角色更让我来气了。我不喜欢这种故事。我觉得这相当愚蠢，而且很不合乎人情。在最后一版中，当漪瑟回归时，她说的第一句话是，她不寻求原谅，她对梅萨说了什么？她说："我原谅你。"对吧（笑），是她原谅梅萨，这其中有一定的道理，因为说到底，在离开他的时候，她帮了他的大忙。她意识到了这一点，她对他说道："你看，离开你是我做的一件好事，你应该感谢我。"

是的，对于漪瑟的性格而言，这些对白方面的改变卓有成效，在整部作品中，漪瑟的性格都充满了威严。

在这方面，她风度翩翩！

是的……

埃德维格·费耶尔[1] 也是如此。

1　埃德维格·费耶尔（Edwige Feuillère，1907—1998）：法国戏剧与电影演员。在巴罗导演的《正午的分界》中扮演漪瑟一角。

是的，当然，现在我想回到您刚才提到的一个话题：在某种意义上，巴罗参与了《正午的分界》演出底本的创作。而您竟然听之任之了！我觉得这非常令人惊讶！

好吧，一直拖到了最后一刻，排练都已经开始了。排练已经蓄势待发，但在我脑海中还没有完全想清楚，我才刚刚开动。于是，夹在剧院、剧场的需要以及我本人的诸多要求之间，巴罗很自然地打发我散步去了。总之，他更希望把事情推进下去。你也许知道，也许不知道，但凡一个演员了解了一个角色、掌握了一个角色，想让他进行改变是多么困难。几乎不可能做到。这里面有矫正方面的问题。至于我，我在演出前两三天过来了，同时带来了另一份文稿，它完全打乱了巴罗的想法，比如迫使他牺牲了他非常重视的《梅萨之歌》的绝大部分。所以他其实更喜欢导演的工作。不能要求一个人毫无准备地改变观点，尤其是，就像你发现的那样，我并不善于自我表达，我没有说服别人的天赋。所以，在我试图把自己的观点强加给他的时候，我可能表现得十分笨拙。他更喜欢他本人的观点。这很自然。

我不确定那到底是不是他的观点，也许同样也属于您的观点，因为在之前的一次访谈中，您亲口跟我说过，在戏剧中，角色重于人物，角色必须先于人物。

不过事实上，角色依然模糊不清，不是吗？就像拍照的时候，某一刻画面依然模糊，没有对上焦，你必须找到确切的焦点才能确定画面的位置。然而，在《正午的分界》的最后几次排练中，就像《缎子鞋》一样，我非常清晰地感觉到焦点没有对上。在《缎子鞋》排演[1]了几天之后，我把一切都推倒重来了，我写出了你知道的那个结尾，无疑比之前的要好得多。我也试图对《正午的分界》做同样的处理，但我拥有的时间少了很多，而且很可能缺少信念的力量，所以，你在书里看到的那个无比清晰、无比明确的结局不见了，取而代之的是在两三个不完全一致的版本之间达成的某种妥协，我认为观众感觉得到。起码我自己强烈地感受到了这一点。

我也强烈感受到了这一点，如果剧本……

我感到其中存在某种拼凑出来的东西，没有对上焦。

非常明显，我也没有看出这么做的必要性在哪里，您刚刚为我解了惑。

在如今的最后一个版本中，做出了很多牺牲，有很多

1　1943 年 11 月，《缎子鞋》由让－路易·巴罗导演，首次搬上法兰西大剧院的舞台，演出使用的脚本进行了删减，把演出时间控制到了五小时之内。

东西我原本很想保留，但与我最终的想法不兼容。在艺术方面，你必须充满勇气，必须毫不犹豫地做出牺牲，甚至是痛苦的牺牲。而我不能要求巴罗做出同样的牺牲。文本里的某些东西他非常看重，比如"梅萨之歌"的开头部分，"夜之教士"，等等。

是的，这些都是非常美妙的画面……

但我再也忍受不了这些了，我对于梅萨的看法与这些东西无法统合起来。所以我把它们彻底删掉了。我完全理解这样做会让巴罗感到很痛苦。

是的，您认为……

要完全转变观点是很困难的。作者这么做的时候，对他而言可能更容易一些，但对于一个进行过一番钻研的人来说，他的想法被彻底推翻，却得不到作者可以给予自己的那种辩解，所以，我完全理解他的犹豫和抗拒。

我相信，我们的听众看到您在这种情况下表现得非常谦逊肯定会很高兴。

（笑）啊！这是一个总体来说不会让我受到太多指责的缺点。你看，我很高兴你能还我一份公道。（笑）

第二十六次访谈

我们之前漏掉了一本书，在创作这本书的同一时间，您正在思考《正午的分界》，并且经历了那场最终产生《正午的分界》的危机。这本著作，就是您的《诗艺》。

这本《诗艺》在您的作品中占据了一个特殊的位置，我甚至可以说，占据了一个主导的位置。您曾经为昂热神父的《〈诗艺〉评述》写过一封兼作序言的信，您在其中指出过这一点。以下就是您在 1948 年 7 月 12 日的那封信里写过的原话："这并非某种抽象的杜撰：这种诗艺，我已经亲身体验了五十年，我向它祈祷，这部作品延伸到了感官与思想的一切领域之中，我运用一切形式从所有方面为它效劳。"没有什么比这段话更能点明这部作品的重要性了。不过我感觉，总结《诗艺》里的那几篇文论并不容易。

好吧，我认为这本书中的基本理念其实相当简单，用几句话加以总结并不是不可能做到。

我一直被这样一个事实震惊，严格意义上的认知，也就是对外部影响的感知，无论是通过感觉器官还是智力器官，都不是某种特定能力的结果，而是整个生命存在综合运作的结果。有一种学究式的倾向试图把人的各种能力完全分开。感官、记忆、意志、知性，似乎这些能力分别占据了一个小房间，彼此之间只存在一些"物质世界的"联系，完全可以分开单独运作。我觉得这种想法完全错了，我发现人类的任何一种能力都不是孤立隔绝的，只有在涉及所有其他能力的情况下才能有效运作。哪怕在数学中，记忆、意志、感官和情绪也都在起作用，各有分工。同样，在艺术方面的认知中，在感性方面的认知中，正如科学所证明的那样，其中涉及了记忆乃至整个人的生命存在。必须承认这个原则：人是完整的，不可分割的，就像英国人说的那样，我们无法"把鸡蛋饼复原"，也就是说，一旦把鸡蛋饼做好了，就没法恢复原状了。例如，我发现我们不能像印度教教徒认为的，把人分解成一系列皮膜，就像剥洋葱。洋葱有十七层皮膜，于是似乎人也有许多重叠在一起的皮膜，可以一一剥离。我不认可这一点。人是完整的，他的每一种能力，就像造物主把它创造出来那样，对他来说都是不可或缺的。

承认了这一点，这个人就身处某种必须与之建立联系的外部环境之中。我所说的这些个体与外部的联系，不是单独某一种能力的工作，而是整个人的工作。就像生理学家在变形虫身上注意到的那样，他通过某种接触，与各种事物建立联系，他感到与它们发生了接触并且从中得到了某种好处，用习惯用语来说，这就是认知。通过某种对于自身存在的投射，他与各种不同的对象发生了接触并且从中获益。

鉴于这一原则，我得出了几种结论：

首先，在我看来，感觉不是从外围抵达中心的。人们普遍认为，人体存在某种电报系统，你触碰身体的某一部分就会形成某种神经流，从身体的这个部分发送到中央岗位，继而产生对它的认知。按照普遍说法，感觉是输入的。相反，我认为，人一直处于持续的振动状态，可以类比小提琴，通过挥弓，弦开始运动，而音符即认知，产生于这股从中心到周边的持续声波的变化。当小提琴发出音符时，琴弦在振动，这种振动被小提琴家的手指改变，手指压住声波，决定这种认知的性质……你跟得上我的思路吗？

是的，是的，是的，当然！

这不是很难懂，对吧，你弄明白了吗？

是的，这非常清楚。

我相信生理学的最新发现证实了这一观点，它已经得到了许多德国生理学家的认可，关于这个问题他们专门给我写过信。

因此，感觉来自内部：它产生自一种从"A"把位到"B"把位的持续振动，外部接触的干预和阻拦决定了它的性质。这种接触不一定是小提琴家的手指，而可以是你想要的任何东西，比如这张沙发，等等。我们内在的神经流由此得到了定性。

在我看来，这是一个极其简单的认知理论，比圣托马斯的理论要简单得多，我对他的理论怀有深深的敬意，但是在我看来有点太复杂了，我一直没办法完全理解。

那么，这种内在的传输，这种神经流的传输到底是什么样子呢？它像什么呢？它最像什么呢？像一次诞生。人一直在不停地诞生，一直在不断地填充他被赋予的形式。他具有某种形式，我们用一个圆圈来描述：他不断填充这个圆形区域，他用一种从中心到外围一刻不停的振动去填充这个区域，外在对象一旦阻拦了这种循环的神经流，感觉就出现了。

这就是我说每一次认知都是一次"诞生"的意思，通过一种文字游戏[1]，认知成了一种诞生，从词源学方面也可以确认这一点："认知"就是"共生"[2]。我们不断在世上共生，

---

[1] 在法语中，"认知"（connaissance）的拼写中包含了"诞生"（naissance），二者在拉丁语词源中存在关联。

[2] "认知"（connaissance）与"共生"（co-naissance）是克洛岱尔在《诗艺》中提出的一组概念。

换句话说，我们的认知，就是我们持续振动状态中的生命存在周而复始充分发展的成果，而作为这种特殊共生的对象，各种外部接触便附着其上。

于是，我把这个想法从感官领域引到了知性领域，进一步发挥，最后，则是死后分离出来的灵魂，它的振动能够产生哪些结果，灵魂不依赖于它的那些器官，但始终依赖于这种震动，有多有少，有抑有扬，有短有长，有心脏的收缩和舒张。在自然世界中，尤其是在生灵身上，你始终能发现这种一张一弛的节奏。

从这里出发，就引申出了我关于《诗艺》的全部想法，这是属于自然世界的艺术，去制作它创造的一切。

我希望自己没有讲得太晦涩吧？

我相信，听众们首先注意到的，就是这本《诗艺》的独特性，至少到目前为止，它似乎很少提到诗歌！它看起来更像是一篇形而上学方面的陈述，我想问您的是，为什么您把成体系的论文所具备的特点赋予了这本《诗艺》呢？对您来说，这些思想并不是多么新鲜！事实上，在您更早之前的作品中就可以发现这些想法。

而您偏偏感觉有必要进行这样一次体化的陈述，这一点有些特别！

首先必须指出，这些论文是在我完全消化了圣托马斯的两本巨著[1]之后出现的，那是我的听告神父之前推荐我看的，它们都构成了某种发散思维。在我看来，一本书，一本重要的书总在散发着我所说的这种光环、这种气氛，终有一刻，作家、思想家感到有必要去澄清和总结他的想法。《诗艺》在很大程度上受到了圣托马斯的启发，要么是我赞同他的思想，要么相反，他的思考为我打开了新的视野，使我走上了另一条道路，不是对立的道路，而是旁逸斜出的道路。

圣托马斯令人钦佩之处在于，他并没有一次性彻底给出他对于现实世界的想法，而是在各个方面都开辟了宏阔的视角。从这方面看，没有什么比阅读圣托马斯更令人兴奋、更有营养了。他从各方面都为你打开了视野，而这只是我在这本书里发挥的视角之一，也是我与这位伟大的思想家五年来长期接触的结果。

我想知道的是，这本著作深层的存在理由，除了纯粹知性的需求，是否还应该在其他需求中加以探寻呢？我感觉这本著作对您而言对应于一种近乎器官性的需求。它并不罕见，大约在同一时期，您的同代人瓦莱里正在书写他的《达·芬奇方法导论》和《泰斯特先生》[2]，而纪德在撰写某些

---

[1]　即托马斯·阿奎那的神学代表作《神学大全》与《驳异大全》。

[2]　瓦莱里的《达·芬奇方法导论》最初撰写于1894年，《泰斯特先生》（全名为《与泰斯特先生共度的夜晚》）发表于1896年。

文章时，也同样感觉有必要对整个世界的体系予以澄清。

你还可以加上埃德加·坡的《我得之矣》[1]。

《我得之矣》，您在写给纪德的信件中对这本书表达过最强烈的赞叹之情！

是的，的确如此。

因此，您觉得需要在精神的注视下完全掌控您自己并拥有世界，同时精确定义，相对于真实世界，相对于上帝以及您自己，您作为一个人以及一个诗人到底在天地间拥有怎样的位置，您觉得需要去体验时间，属于您自己的时间，由您"标记并定位"的时间，就像领航员们常说的那样。在我看来，这种需要其实非常独特，因为大多数人并不那么关心定位问题，并不那么想弄清楚自己到底要去哪里：他们只是被动地做事，从不主动出击，仅此而已。

说到底，这一切都是马拉美给予我的伟大教导的结果，几乎是我从他的教诲中得到的唯一收获，因为马拉美的主业是教员，一位老师。这个伟大的教导由这个句子组成："它

1　《我得之矣：散文诗，物质与精神宇宙散论》是埃德加·爱伦·坡 1848 年完成的一部散文诗，描述了作者的宇宙观。1859 年由波德莱尔译成法文，在法国影响深远。

想表达什么？"也就是说，作家不仅能够以某种多少还算惬意的方式去观察和描写他看到的场景，他还要试着去理解它，而为了尝试理解它，任何人类的能力对他而言都不嫌多。为了理解正在发生的事，我们不仅需要我们的诸多感官，还需要自身的一切能力，正如我之前和你说过的那样。

对我来说，这一系列思考，是我回归自我的结果，是那与世隔绝的四年时光带给我的，我在远东地区的一部分旅居生活便伴随着这些思考。当时，我不可能全身心地投入某一项特别具有艺术性的工作之中，于是，知性的工作，这种既涉及有形世界又关于形而上学的工作（因为我不区分这两者）摆到了我的面前。当时我写了这两篇论文，你发现在我之前的作品中存在它们的先兆，这么说很有道理，在我之后的作品中，也产生了非常广泛、非常深远的结果，就像一块石头被扔进池塘，它激起的波纹会不断扩散直至尽头。

是的，您谈到了理解世界以及理解自我的需求，我想知道，在世界上得到理解的需求，是否比理解世界与自我的需求更加强烈呢？

噢！我不认为自己在这方面经常反躬自问。我对外部发生的事情非常感兴趣，以至于很少反躬自问。我从来没有受到过内省的诱惑，我从来都不觉得自我特别有趣。我始终感觉，我需要处理的各种外部问题要比我观察自己更有意思。我相信，内省和反躬自察是反自然的，是相当有害的，最终不会带来有益的结果：越是反躬自问，就越自我扭曲。

在当下的科学中，出现了一种海森堡[1]方程，认为"如果观察者过度参与到他的观察中，他就扭曲了观察"。那么，如果你把观察转向自己，也就扭曲了你的观察对象，差不多是一回事。对于普鲁斯特来说，对于所有注重内省的人来说，对于所有那些对内省怀有特殊兴趣的人来说，都会发生这种扭曲。很快他们就会对着自己装模作样，他们不但无法发现自我，反而会上当，他们扭曲了凝视的对象。

因此，在我看来，没有什么比苏格拉底的那句"认识你自己"更错误的了。这很荒谬，我们认识不了自己，因为自我的本质是虚无。认知的真正手段不如说是"忘掉你自己"[2]，忘掉自己，从而让自己专注于提供给你的景象之中，至少在我看来，这些景象要比自我有趣得多。

1　维尔纳·海森堡（Werner Heisenberg，1901—1976）：德国物理学家，量子力学的创始人之一，提出了著名的"海森堡不确定原理"，认为不可能同时精确确定一个基本粒子的位置和动量，由此他提出了"观察者效应"，即在量子力学中，"观测"这种行为会对被观测对象造成一定的影响。

2　克洛岱尔的这种想法与《庄子·大宗师》中"堕肢体，黜聪明，离形去知，同于大通，此谓坐忘"的理念颇为接近。

第二十七次访谈

在我们上一次谈话结尾，关于《诗艺》，我谈到了被理解的愿望，当时我表述得很不到位，导致您澄清了您对于内省的立场，甚至提到了普鲁斯特，不过点到即止了。

我所说的"被理解"用现代流行的行话来说，就是"融入"世界，鉴于您提到的那种孤独状态，也考虑到那段时间一直纠缠着您的被排斥、被拒绝之感（我是说您在利居热隐修期间的事），我想知道，您为什么不觉得自己需要融入天地万物的整体、在其中被准确理解，因为如果没有在天地万物的整体中被理解，就几乎不可能去理解天地万物！

我一直认为，人类生来不是为了得到天地万物的理解，而是为了去战胜它。这有点像圣约翰的话："上帝的话语，这就是战胜世界之物。"[1] 我发觉人类生来不是为了被困在麻

---

1 《圣经·新约·约翰一书》第五章第四节的原文是："因为凡从神生的，就胜过世界。使我们胜了世界的，就是我们的信心。"

烦里，而是为了战胜它：这是一场斗争，在这场斗争中，似乎完全有可能天然占据上风的，不是被理解，而是去主动克服。

是的，不过我还是想坚持一下我之前使用的表述，不是出于和您唱反调的徒劳欲望，而是为了让您更准确地传达您的思想。因为，人类对于事物有可能产生的认知，用您自己的话来说，是一种创造性的认知。当您用某种方式修改《创世记》时，您说道："当上帝按照自身的形象造人时，用的是他作为造物主的形象。"[1]在认知行为中，其实在某种意义上也具备再现与再创造的性质，这是您对于认知的诸多定义之一，所以我认为，为了进行再现，相当有必要转向自身。

我想表达的意思是，对我而言，认知并非臣服于外物，而是对外物的胜利。认知支配了外物，由此得以理解外物形成的方式，对它进行再现与再创造，这终归包含着某种胜利，总之有某种东西克服了外物。

没有什么比泛神论的概念离我更远的了，这种观念就仿佛被淹没在一个让人心满意足地溶解的世界里。在我的

1　《圣经·旧约·创世记》第一章第二十七节的原文是："神就按照自己的形象造人，乃是按照他的形象造男造女。"

好朋友罗曼·罗兰[1]人生大部分时间中，他都秉持这种观念，但它对我而言始终格格不入。我一直对泛神论以及印度教的各种观念深感厌恶。我对自己的人格具有一种非常强烈的感觉，这种感觉就是，我生来不是为了被某种整体吞噬，而是为了去支配它，从中提取它有可能具备的意义。

是的，但您也是这个整体的一部分，在支配它的同时，您知道也应该知道，作为人，作为诗人，您拥有这个部分，用来和构成这个世界的所有其他部分一起协作。

总之，这是我使用的一种材料。

这是您使用的一种材料，不过您如何定义诗人在这个被创造出来的天地中的角色与职能呢？

啊，关于这个问题，其实很简单，就是从天地中得出意义，这同样是一个马拉美的观点，我用自己的方式加以使用和发挥。世界是一种材料，重点在于从中得出意义，而我作为基督徒，为什么要从中得出意义呢？是为了一份献给上帝的祭品。世界是一种庞大的材料，等待着诗人从中得出意义，将其转化为感恩的祈祷。这就是我对于世界的构想。

1 　罗曼·罗兰（Romain Rolland，1866—1944）：法国著名作家，1915年诺贝尔文学奖得主。克洛岱尔的高中同学，但二人在步入晚年之后才真正结为好友。

这正是《城市》中科弗尔的想法。

对，就是这样。因此，应该认为它由来已久，大卫王也是这样想的，都是一回事。

是的，但我想知道，这种想法为什么没有在您皈依之前就出现呢？

肯定存在一些萌芽。就像我之前跟你说过的那样，人的存在是完整的，从诞生便开始成长。核心原则始终是"受生不受造"[1]：一切生灵都在发展某种本性，就像橡子长成橡树一样，我们总能从中找出一些痕迹，至少在一个真诚的作家身上，他成长起来与外部作用无关，与希伯来先知所说的"雕刻工作"无关。在"十诫"中，第二条戒律是"不可雕刻"[2]，而这正是许多作家或诗人在做的事情，他们从外部，通过锉刀与榔头来塑造自己。而我的成长方式则类似于橡子。

您之所以用这种方式成长起来，是因为您认为这不但属于您的准则，而且这种自然的成长法则适用于整个宇宙吗？

---

1 原文为拉丁文 "genitum non factum"，出自基督教《信经》。是天主教的基本神学观念之一，认为耶稣是天主所生，而非天主所造。涉及圣父、圣子、圣灵的三位一体。

2 原文是："不可为自己雕刻偶像，也不可作什么形象仿佛上天、下地，和地下、水中的百物。"（《圣经·旧约·出埃及记》第二十章第四节）。

是的。请注意，我完全不否认，在另一类作家身上，可以找到非凡的才华与强烈的乐趣。他们把一切都归功于塑造。这种塑造可以很迷人、很巧妙，而且始终结合着某种自然因素。例如，我认为像贺拉斯或者瓦莱里那样的诗人，都是非常杰出而且值得尊敬的。从外部施加的这种劳动可以产生迷人惬意的结果。只不过，这不是我本人的道路，这就是我能说的。

不过，确切地说，因为您拥有的不仅仅是崇拜者，也有很多诋毁者，他们经常指责您，指责您的表达方式，甚至指责这种"克洛岱尔式"的语言，认为这是一种造作的、凭空发明的语言，现在，也许是时候具体谈一谈，您认为，基于事物的自然秩序，您的诗句是如何造就的。

我们之前的谈话中不是已经讨论过了吗？

我们不谈您对诗句的构思，但我仍然希望您能谈一谈，话语作为一种自然力量，您有哪些构想，您对词语有哪些构想，因为您曾经提到词语的颜色与味道，不过我们一直没有探讨词语的张力与负荷。当您谈到，来自我们体内的振动在某种磁场中扩展开来，一次外在的接触对磁场进行了干预时，您解释了认知的概念，我觉得，应该把它和上面那些关于词语的内容结合起来。

这确实是一个有趣的而且很少得到探索的领域，对于剧作家来说尤其明显。当一个戏剧诗人看到他的作品在剧场中得到改编时，他知道，根据演员的表演方式，文字可以如何彻底改变力度与意义。在这方面我经验丰富，词语的形式本身，它的音色，线性的落实（因为词语其实是一系列线条组成的整体），也可以称为书面的落实，拼写形式，这一切都是对词语承载的某种力量、某种能量进行封装的结果和浓缩。马拉美写过一整本书[1]，专门研究各种英语单词，他试图根据辅音代表的"负荷"去精确定义英语单词，因为，他理直气壮地赋予辅音比元音更高的重要性，元音是纯音乐元素，而辅音则是一种能量元素。马拉美的这部语言学著作极具重要性（这方面的探讨寥寥无几令我深感惊讶），尤其是对于一个剧作家和诗人而言，当我们谈到叠韵，谈到多个辅音并置的效果，涉及的恰恰是我和你提到的这种能量元素，它主要通过辅音来表现。

关于这个话题，我和杜兰[2]谈过好几次，或者一两次，因为我和他来往不够频繁，杜兰也同意我的观点。他开过一门课，专门教他的学生们怎么念台词，他把辅音作为演员吐

1　指马拉美 1877 年出版的著作《英语单词》。

2　夏尔·杜兰（Charles Dullin，1885—1949）：法国戏剧演员兼导演，参演过克洛岱尔的戏剧作品。

字的基础。我对表演者的建议也一直如此，巴罗也谈过这一点，我完全赞同他的说法。

词语是情感内在能量的浓缩，文字贮存情感，它就像某种电池，保存着它所表达的那种情感所具备的强度，并且轮流释放能量。从这个角度看，就像你刚刚说的那样，词语是一种创造性的元素，它是一种可携带的情感，把作者的创造性能量向外传达。

那么您会如何区分呢？

比如说，辱骂。辱骂释放出一种相当可观的能量，令人感觉受到了冲击，辱骂几乎就像一记耳光！

当你骂某人是"猪"的时候，围绕着这个"猪"字立即辐射出大量的声波，就像你把手拍在某个人脸上一样。在骂人的词语里，甚至在爱抚的词语里（比如"我的爱人"之类的），都会释放出各自的声波，而诗人的技艺正是对这些词语进行梳理，用某种方式强化他力图取得的效果，因为它得到了其他前来施以援手的词汇支持，从而构成了某种新词，有时甚至会占用一整段甚至一整页才能产生完整的效果。

我说明白了吗？

我想是的。（笑）

请原谅我讲得吞吞吐吐，我们身处一个相对陌生的领域，所以我在表达想法的时候有所犹豫，这并不奇怪。

今天我们没有时间谈及您的某些生平细节，您几乎同时撰写了这两篇论文 [1]《五大颂歌》和《正午的分界》。您当时人在中国，正是在那个时期，您与文学界的一些重要人物产生了联系或者友谊，不容易一笔带过。苏亚雷斯就属于这种情况，还有……

谁？

安德烈·苏亚雷斯，您和他通过信，内容相当重要。还有纪德，必须用一种更加全面的方式去谈论他：必须充满勇气去直面，因为公众显然对此十分期待。还有马塞尔·施沃布，总之，您当时建立联系的大多数作家，以及各种性质相当特殊的关系。我想谈论的并不完全是你们之间文学方面的联系，而是那种友好的、使徒般的奉献精神，指引着您去尝试帮助他们，因为您认为他们都应该走上皈依之路。此外，这与您在《诗艺》中陈述的想法具有直接关联，因为您之前谈到了内省，谈到了"认识你自己"，谈到了人的本质是空。我们是空，是无，这种无被我们之外的其他事物填充，它痛苦地发出呼唤，或多或少。

1　指《诗艺》中的《认知时间》与《论世界与自我的共生》。

是的。所以我们现在开始谈论这个话题吗?

我很愿意这么做。

因为我们将涉及一个非常宽泛的话题,所以……

好吧,那么,这样的话,我想最好还是留到下次再谈。

也许这样也好,因为这个话题超出了我们今天这次谈话涵盖的范围,尤其是你提到的那些信件中的交流,基本上都晚于《诗艺》,并不是同期完成的,不过它们都遵循了《诗艺》的思路。

它们在时间上非常接近。

非常接近,的确如此,不过当时我的生活发生了极其重要的变化。

是的,在此期间,1905 年 3 月 15 日[1],保罗·克洛岱尔结婚了。

这导致了巨大的变化。

我相信它是非常重要的变化。(笑) 这不该由我来谈。

1　此处提问者的记忆有误,克洛岱尔的结婚日期是 1906 年 3 月 15 日。

第二十八次访谈

上次谈话中，您提到结婚之后的那几年，婚礼于 1905 年 3 月 15 日在里昂举办……

是 1906 年！

1906 年在里昂。您不再是过去的自己了，您的思想、您看待世界甚至自身艺术的方式都发生了深刻的变化。我想请问，您能否点明这些变化的本质是什么？

确实，1906 年标志着我生命中的一次根本性的变化，堪比方向性转变。我结婚了，这意味着我开始承担一系列新的责任，我第一次看到一片平坦的土地出现在我面前，具备一种相当宽广的前景，让我得以把自己的艺术视为一种开垦经营而非勘察探索，正是这一点导致了区别。

直到 1906 年，我一直在推进对自身的培育，我完成了自己的学习生涯，而 1906 年则标志着我动手开垦经营自己此前或多或少无意识累积起来的各种资源。

可以这么说，直到那一刻，我才开始对自己的所作所为发自内心地感到满意。在那之前，我所做的一切只是一系列研究，方方面面的研究，多少还算成功，而在那一刻，开始产生某种成果，让我有理由感到满意。后来我再也没有感到同样严肃的理由，像自己对待之前的作品那样，去修改、重新加工我的成果。

简而言之，您在1906年之前完成的作品，姑且不称为尝试或者起步，在您看来起码是研究和勘探，《正午的分界》也包括在内吗？

包括《正午的分界》的第一个版本[1]。

包括《正午的分界》的第一个版本。

如果你愿意的话，它标志着两个阶段之间的交叠。

交叠。不过，关于《正午的分界》涉及的那次危机，您是否认为，从1906年开始，那场危机已经彻底结束，不再对您产生影响了呢？

远非如此，只不过它产生了新的性质。我还需要二十

1　即1905年《正午的分界》刚刚完成时的版本，与1948年演出时使用的版本不同。

年时间才能完全解脱出来。

您之前经常跟我提到人的连续发展，提到我们身上没有任何东西被抛弃，一切都化为其他形式、出于其他目的被回收和使用，这似乎和您现在说到的内容有点矛盾。

不，在我看来没有矛盾。我之前经历的那场惨剧不可能突然结束，它留下了持久的起伏，可以这么说，《缎子鞋》标志着在我青年时代起过强烈作用的各种和弦得到了最终的解决。

好吧，现在我想请您进入一个也许有点困难的私密话题，它涉及您与诸多同代杰出文人之间的关系，尤其是您与纪德友谊的来龙去脉。

我之前跟您说过，大家都在期待您谈谈这方面的事情。去年，您与安德烈·纪德的《通信集》[1]出版了，引起了巨大的轰动，一大批您作品的仰慕者与纪德的仰慕者都大受感动，所以我觉得在我们的访谈中不可能对此一言不发。

你提到的那些年，其实是我和一批文人建立各种意义重大的持续交往的场地和舞台。这些交往都是隔着遥远的距离建立起来的，因为，从天津到巴黎，信件要走六个星期，回信也需要同样长的时间。因此，我们写下的每一封信，都

---

1 即《保罗·克洛岱尔与安德烈·纪德通信集，1899—1926》，1949 年由伽利马出版社出版。

在收信人与寄信人的脑海中延续良久。人与人之间的关系并不因为联系愈发频繁而变得更加亲密，相反，从一封回信到另一封回信之间流逝的漫长时光，让我们得以长时间思考自己到底要说什么、想说什么。

你提到了纪德，但当时和我维持通信联系的并不止纪德一个人，还有雅姆，我之前在法国和他一起待过几天，有雅克·里维埃尔，我和他的通信极其重要，在我看来比我和纪德的通信更重要，还包括苏亚雷斯，当然也有纪德。

既然你特地强调了纪德，之前出版的那本厚厚的书信集，在我看来，其中有不少内容微不足道，至于我的读者们会从中得出什么想法，我不认为自己能够做出有意义的增补。不要忘了，我一辈子和纪德只见过寥寥数面，我和他之间的交往不仅指向文学与宗教方面的话题，而且涉及一些业务往来，他把这些事情交给我处理，带着你熟悉的那种独属于他的殷切。他对于他的朋友们一直非常友善、非常热心，我很高兴能在这方面为他伸张正义。

至于我对纪德的看法，除了请你参考我的书信集，我几乎无能为力。

在那之后，许多年过去了，我很难把自己摆回当时的思想状态。书信集出版时，我重读了一遍，对于当时我们交换的信件和看法，我实在看不出能够进行多少增补。在重读这些信件时，我感觉自己的言行方式几乎不可能与曾经的做法存在任何差别，如果需要再做一遍的话，我几乎看不出自己还能用上任何别的字眼。

请允许我告诉您，我们现在面对的不是同一类受众，您现在面对的听众是不一样的，要比那些能够参考这部《通信集》并且进行细致研究的人组成的受众大得多，这就是我竭力坚持请您具体谈一谈的原因。

让我感到惊讶的是，从一开始，您和纪德就成了朋友，非常亲密的朋友，时间非常早，你们的来往从1899年左右就开始了。你们当时都属于马拉美的圈子，但并不是瓦莱里那种严格意义上的马拉美门徒。所以我想请问您，纪德身上最开始吸引您的到底是什么？

好吧，如果我没记错的话，在那本厚厚的书信集里，有一封信给出了关于这个话题所有可能的解释。纪德吸引我的，根本不是文学方面的问题，相比于纪德，我和其他作家的思想关联更加密切。他吸引我的地方，是我认为在纪德身上看到了一种真诚的宗教情绪。回想起那些年月，那真是一个非凡的怪事。你没有经历过那个年代，当时，宗教信仰、基督教信仰是不正常，甚至可以说是非常怪异的。无论是我经常拜访的马拉美，还是任何我在马拉美家里频繁来往的年轻人，包括当时占据前台的一切文学界要人，都没有丝毫宗教情绪，甚至对此充满敌意。对我来说，这是一种痛苦。由于我生活在海外，我已经受到了相当程度的孤立，我发现自己不仅仅是个外国人，而且在宗教方面完全被一种充满敌意的气氛包围。就像一个完全被孤立的隐士，没有人喜欢经历这种生活。我们寻求同情，寻求心灵的交流，寻求各种可以让我们摆脱孤立状态的合情合理的信仰，尤其是对于一个像我当时那样离群索居的隐士而言。我似乎在纪德身上看到了这些信仰、这些宗教观念，他在当时毫无顾忌地把这些内容表达了出来。

他的这种宗教面向十分吸引我。你可以回想一下那些年的纪德，《安德烈·瓦尔特手记》[1]，回想一下那个时期，他没有隐藏自己的宗教信仰，我甚至会说基督教信仰，它们在他身上残存了很久，最后的证据便是《你也是……》[2]，如果我没有记错的话，它的撰写时间是……

从 1916 年开始。

从 1916 年开始。

是的，它是在战争期间撰写的。

事实上，那几乎是我们通信的终止时间。

1　《安德烈·瓦尔特手记》：纪德的处女作，出版于 1891 年。

2　《你也是……》：纪德出版于 1922 年的一本笔记，书名"Numquid et tu …"选自拉丁文《〈圣经〉通俗译本》中的一句话："你也是出于加利利吗"（numquid et tu galilaeus，《圣经·新约·约翰福音》第七章第五十二节）。在这部笔记中，纪德书写了从 1916 年到 1919 他对于基督教和福音书阐释的思考。

差不多吧……

好吧，宗教的这个方面，除了纪德能够提供的那些非常愉快、非常有吸引力的交往（对此我表示敬意），他身上吸引我的地方，还在于一种非常自然的愿望，想要把这些交往变得更加亲密，令它们基于共同的信仰，这让我在这项毫无希望的事业中坚持了许久，而我们的通信便是明证。

说白了，您是不是希望纪德从新教改宗天主教，引导他接受天主教的真理呢？

的确如此。在某些时候……也就是说，我对此没有多少怀疑和犹豫，但在某些时候，又会这么认为。你读过他的某些信件，说自己像摇杆一样颤抖吗？

是的，他摇摆不定，他肯定摇摆了很长时间。

在我登船前往中国之前，我和纪德以及纪德夫人进行过一次长谈，这种信仰确实可能在某些实际症状中找到根源，何况我在这方面完全忽略了他的特殊习性[1]。

对于纪德的这些宗教信仰，您现在认为它们并非真诚的信仰吗？

1　此处的"特殊习性"可能是在暗示纪德的同性恋倾向。

他总是把真诚挂在嘴上，这些真诚引起了我大大的怀疑，以至于我也搞不清楚了！我相信他对于这个问题肯定存在某种焦虑。我最近在《圆桌杂志》上读到了几篇非常有意思的随笔，都是关于这个话题的。这些文章表明，无论他能够说些什么，他都是一个对自己不太确信的人。我不知道你是否有这种感觉，但我从中得出了一种印象，混合了很多反感，反感……就姑且说是反感吧。（笑）

对，但让我感兴趣的并不是您此刻的反感，而是你们这段交往的来龙去脉，请您相信，如果仅仅把它当成奇闻逸事，那并不让我感兴趣。请允许我说一句心里话：无论对您的作品还是纪德的作品，我都发自内心地拥护；而你们的友谊随着这段交往的结束而结束了，我相信这对你们的大批仰慕者来说都是一件非常痛苦的事情。这就是为什么我认为……

对不起打断一下！

您请说。

你想问我当时能做什么，对吧？我们的交往随着战争[1]而结束。四年中，我们在许多方面都被割裂了。我被派去了巴西，还结了婚。我们的生活真的已经完全岔开了。不过在

1　指第一次世界大战。1916 年克洛岱尔被派往巴西里约热内卢出任法国驻巴西全权公使。

当时，并没有发生粗暴的断裂。最好的证据便是，在通信集中可以找到我写给纪德的另外一系列信件，在我看来，其中的语气依然非常友好，对吧！

是的，一直延续到 1926 年。

不过，当他出版了《科里东》[1]而且采取了那种态度时，我不得不说一切都结束了。

不过，在《科里东》出版之后，你们还是通过一些信件，我冒昧地和您说一句，纪德变得更加纪德了，而您保罗·克洛岱尔也变得更加保罗·克洛岱尔了。我想说的是，你们二位都代表着人类思想与法兰西精神中的某种倾向。如果没有克洛岱尔与纪德之间持久的对话，那么法兰西精神的对话亦将无存。有趣之处也许在于了解你们最初的结交所依据的共识或者误会到底是什么。

在 1905 年前后，当时纪德也许已经在考虑成立《新法兰西评论》了，您也为这份刊物提供过稿件，你们被一种相当深刻的纽带团结在一起，反抗你们此前不断揭露的法国文学界的卑劣行径，反抗那些文学媒体的喉舌报刊。《新法兰

1　《科里东》：纪德出版于 1924 年的一部作品，公开为同性恋辩护，遭到了舆论的巨大非议。《科里东》的书名"Corydon"是古希腊田园诗人忒奥克里托斯《田园诗》中一个牧羊人的名字，因此该书也被译为《田园牧人》。

西评论》的成立，在很大程度上正是为了抵制文学界的这种堕落。

随后，通过阅读您的作品，通过《通信集》，我们发现对你们彼此而言，某些道德问题得到了极大的澄清。例如，我想到当《窄门》[1]在《新法兰西评论》上发表时，您写下的那封非常重要的长信。请允许我为您回忆其中的一个片段。在这封信中，给出了一个对纪德写作方式的文学评判，关于他的风格营造出的气氛。您写道：

"我们感到，四处都被那种夏末的庄重氛围包裹着，被您在最后几页中谈到的那种金色的狂喜包裹着[2]。这是一种美妙而成熟的言辞，一种充满焦虑的甜蜜，一种但丁式的温柔，但在它底下，藏着某种东西，我不敢说它是绝望的，但无比苦涩。"

然后您提出了这个问题："您的书属于基督教吗？"

在那之后，您补充道，纪德的这本书，一位新教徒写

1　《窄门》：纪德完成于1908年的一部作品，1909年2月至4月间在《新法兰西评论》前三期中连载。在《窄门》的主角阿丽莎与杰罗姆的爱情悲剧中，阿丽莎的宗教思维起到了重要的作用。因此克洛岱尔在读过之后，认为其中包含着纪德对新教的批评，感到这是他劝说纪德改宗天主教的好时机。

2　例如《窄门》的正文结尾部分（"阿丽莎的日记"之前）："落日西垂，被乌云遮住了片刻，之后又贴着地平线重新露面，几乎正对着我们，一束颤动的奢华侵入空旷的田野，用急骤的慷慨填满在我们脚下展开的狭窄山谷，然后，便消逝无踪。我目眩神迷，一言不发。我感觉自己依然被霞光包裹着，感觉浸透了这种烫金的迷醉，一切怨愤都烟消云散，心中除了爱再听不到其他杂音。"

的书，让您更清晰地理解了什么是新教，理解了新教为什么没有圣事。

纪德亲口告诉过我，他在信件和日记里也写到过，您这封读完《窄门》之后的信件为他完全打开了思路，使他认识到了新教与天主教之间的根本区别，新教，归根结底，与其说是一种宗教，不如说是一种道德立场，而天主教则是严格意义上的宗教，于是，在您与纪德之间展开了一场争论，这是信徒之间的永恒争论……我该怎么说呢：关于不求回报的德性，天主教徒（包括您在内）认为上帝之爱必然引起拥有上帝的欲望，仿佛献身于他。因此，认为把造物引向上帝的宗教冲动是无动机的，这种想法要么是傲慢的，要么是错误的。我说错了吗？

的确是这样。更应该这样说，在纯洁状态下，基督徒对上帝的爱并不包含所谓回报的观念。布莱蒙神父[1]曾经以一种极端的方式强调过这一方面，他谈到了十七世纪的狂热信仰者，他们小心翼翼地移除了回报的观念，认为这没有从根本上在他们与上帝的关系中起作用。基督徒的想法是遵行上帝的旨意，无论其中是否包含某种回报、某种喜乐、某种幸福。所有的狂热信仰者，所有伟大的狂热信仰者都说过，

---

[1] 亨利·布莱蒙（Henri Brémond，1865—1933）：法国作家，天主教神父，现代神学家。

如果他们在地狱中度过余生，也不会丝毫改变他们对上帝的爱，他们将继续尽其所能地为上帝做事。这里面存在某种夸张，在我看来有点令人震惊，幸福来自履行职责，我们无法完全消除这种想法，总之，我想说的是，关键想法并不在这里，关键想法在于，基督徒必须遵循上帝的旨意，他不再属于他自己。就像一个小封建主极度忠于他的领主，如果他不服从他的领主，如果他不按领主的要求行事，那么对他来说人生是不可想象的，无论是否会给他带来愉快或者不愉快的结果。

第二十九次访谈

在上一次谈话中，我们谈到了您和纪德的交往。您应该还记得您曾经对他的信任，信任他长期对您作品的欣赏，甚至您的《礼拜仪式诗篇》和《圣礼颂》，您都委托他修订过您的校样。您应该还记得，在许多年间，每每谈到您的作品，在他笔下经常出现"令人赞叹"这个词。

纪德的《日记》里记录了略显不同的感受！（笑）总之……

这也许是一件相当奇怪的事情，纪德书信中的语气和内容，与日记里偶尔发生的变调之间，存在相当大的距离。对此您怎么看？您认为这是虚伪吗？人们经常指责他虚伪，就像人们经常指责您傲慢。

如果想要表达这类感觉，"虚伪"是一个非常粗略的词。我认为，纪德具有一种倾向，想要献出自我，同时还有一种更加强烈的倾向，想要把自己收回去，一旦他献出了自我，他就发现自己走得太远了，于是试着把自己收回去，也许有点过犹不及了。他的性格里面存在一种往复不定的摇摆。所以，对于他在《日记》与《通信集》中出现的这些反差，我并没有太当真，因为我对纪德的性格早已心知肚明！主要是他的那些保留态度都很不严肃，针对的都是一些物质方面的话题或者穿着打扮之类，非常不严肃，以至于实在无法给人留下深刻的印象。（笑）

是的，您那件著名的礼服太短了，您的领带是苯胺色的！

您认为纪德确实真诚吗，您认为他为了毫无保留地描述自己做出了巨大的努力吗？

（沉默）

是吧……这迫使我要说一些不太讨人喜欢的话，不是吗？我认为，尤其是到了晚年，他的真诚有很大一部分来自，如果说得难听点，"暴露癖"式的挑衅。在他所采取的态度中，尤其是到了人生暮年，如果说没有一点玩世不恭、暴露癖或者挑衅的成分，是很难让人相信的。至于真诚……他显然是一个对自己的各种感觉缺乏把握的人，他被某些理想面向强烈吸引，又被某些恶习阻拦，这是人类的天性，并非纪德所独有，但他任由这些恶习养成了习惯，这是他犯的大错。"习惯是第二天性"，这种第二天性比他本人更加强大。另一方面，他是一个富裕、悠闲的人，他没有任何外在的责任强迫他克制自己，于是他沉迷于随波逐流，带着一种巨大的不幸，找不到存在的必要性。对于一个人而言，生存的必要性在他的生命中没有起到任何作用，这是一种巨大的不幸，对吧？当我们阅读纪德的日记时，我们会被这种永恒的流浪所震惊，他不断地从一个地点转移到另一个地点，他不会停在同一个位置，我们看到，这个人一直在寻找属于他的位置，但没有找到。他在各个地方找不到，在各种信仰中也找不到：他从一边流浪到另一边，有时被这一边吸引，有时被那一边吸引，同时，他善于自我表达、乐于自我表达，所以他觉得运用这种不稳定性作为文学方面发挥的主题十分惬意，不是吗？

由您来责备纪德是一个流浪者，在我看来非常怪异，因为在这方面，我相信您在这个星球上流浪的次数比他多得多，也远得多！

但二者之间存在很大的不同，因为我不是自愿去流浪的，我是被迫去那里谋生，就像一个士兵由于被派往柬埔寨或者其他地方而流浪一样。我被打发去了远离家人和亲友的地方，比如说独自一人去南美洲待了几年，并不是为了寻开心。

喔！我不确定您说的这些内容是否确切！

好吧，是你搞错了。

我相信它是确切的，但事实上，您难道不认为……

你认为我的每一次离开都是无比难耐的心痛！

我确实这么认为，但这种心痛是您追求的，是您需要的。这是一种您无法舍弃的食物。至于流浪的职业，您之所以选择它，恰恰因为它是一种"流浪"的职业。

原则上是这样，但事实上我身居的职位从来都不是自己主动要求的。我总是被派往一些自己未曾料到的岗位上，这些岗位从来都不是我之前申请的，不是吗？

您难道不认为，纪德曾经试图给予自己某种内在法则，而且终其一生都在尝试着服从于某种必要性吗？

他没成功，可怜的小伙子！

这很难说！我还想问，您刚才提到了纪德的恶习（确实应该这样称呼），您难道不认为，纪德到了晚年的时候，也许，在某种程度上，产生了某种殉道的欲望吗？他曾经被某些法律诉讼所震惊，我指的不仅仅是奥斯卡·王尔德[1]的

1　奥斯卡·王尔德（Oscar Wilde，1854—1900）：英国著名作家，由于男同性恋的身份被判处两年苦役，1895年至1897年入狱服刑，获释后王尔德前往法国定居。纪德青年时代曾与王尔德相识，在人生观方面收到了王尔德的重大影响，王尔德出狱后，纪德曾专门前去看望，感触极深。

可怕遭遇（这确实在他的青年时代给他留下了深刻的印象），还包括在法国日报中得到全方位报道的某些法律诉讼，我想问的是，纪德晚年的自白，一个满载荣耀与岁月的老人的自白，难道不是单纯的自白、纯粹的挑衅之外的某种东西吗？我想问的是，他难道没有从中看到某种责任吗，与《科里东》出版相关的一切问题，对他而言难道不是某种他认为必须履行的"道德与社会服务"吗？

那么从这个角度看，他肯定非常失望，因为这为他带来了牛津大学的荣誉博士学位还有诺贝尔文学奖[1]——在"殉道"方面，这是一种相当甜蜜的殉道！（笑）——还包括共和国总统和所有行政司法机构的致敬。

在《圆桌杂志》里有一篇雅克·洛朗[2]的文章，在这方面写得相当令人忍俊不禁，对吧！

在这方面，我想提醒您，《梵蒂冈地窖》[3]的那场盛大演出，可以认为带有某种反讽意味，因为《梵蒂冈地窖》的演

---

1 1947年6月，纪德获得了牛津大学的荣誉博士学位，同年11年获得诺贝尔文学奖。

2 雅克·洛朗（Jacques Laurent，1919—2000）：法国作家。

3 《梵蒂冈地窖》：纪德出版于1914年的一部小说，书中对天主教进行了讽刺。1933年，纪德与一群瑞士洛桑的学生一同把原作改编成了戏剧。之后，到了1950年，纪德又与让·梅耶合作，再次进行了改编，1950年12月13日，剧本由让·梅耶导演，搬上了法兰西大剧院的舞台。

出使用了大量的晚礼服、制服，上面挂满了俗气的装饰品，还有政府当局到场，这真是一件很滑稽的事情，我估计沉眠在纪德身上的普洛托斯[1]一定会发自内心地笑出声来。而与这场演出同时，或者几乎同时，您也获得了辉煌的成就，您的《火刑架上的贞德》[2]也在歌剧院上演了。

（笑）这种成就和《梵蒂冈地窖》的类型毕竟不同。

确实是不同类型的成就，不过，我要就以下这个问题对您提出质疑：在您与雅克·里维埃尔的通信中，您曾经谈到过一个相当严肃的话题，关于职业选择的问题，您是这样写的："我在记忆中始终保存着维利耶·德·利尔－亚当以及魏尔伦的悲剧形象，他们身上残存的才华就像被虫蛀的旧裘皮上最后的几根毛。试图靠灵魂为生并把它卖给别人，这么做并不光彩。在这方面，人们始终对演员和艺术家心存轻蔑，有部分的合法性。"

您现在依然这么认为吗？

好吧，我的上帝……（笑）你究竟想让我跟你说什么呢。对于一个作家来说，他不可能不靠他的思想和灵魂为

1　普洛托斯：《梵蒂冈地窖》中的主人公之一，是一个伪装成神父和哲人的骗子。

2　《火刑架上的贞德》：一出清唱剧，由瑞士作曲家阿尔蒂尔·奥涅格作曲，保罗·克洛岱尔填词。1950 年 12 月 18 日，《火刑架上的贞德》在巴黎歌剧院上演，与《梵蒂冈地窖》在法兰西大剧院的演出时间十分接近。

生。在我的那段话里存在一些相当真实的内容。我说过很多遍，我不把作家当圣徒。我从来都不把作家当成圣徒。有一件事一直让我十分震惊，那就是只有寥寥几位作家的生活值得尊敬，在学者中反而有不少圣徒。事实上，有一些事情，即便对于我来说，也需要培养。表达你的感受并且借此牟利，这里面存在某种不合适之处，我承认这一点，但这就是我可悲的职业……你还想怎么样呢！这就像街头卖艺一样！请注意，不可能换个做法，这是我的职业，我可悲的职业，所以我不得不看到其中的缺陷。事实上，还有这方面：表达你的感受；也许隐藏起来更好，但表达出来也许会产生某种效用，你要认清这一点！

有一天，您和我谈到纪德放弃基督教甚至基督之后的精神状态，您称之为"贫困化"。您难道不认为，这种贫困化（对此当然需要另行解释）、纪德的一生、他的命运都可以被视为某种典型案例吗？

在这方面，我可以借用一些非常特别的东西来回答你，我不知道你是否赞同我的意见，以及大多数听众是否会赞同我的意见，不过，在这方面，毕竟有夏尔·杜·波[1]写过的

1　夏尔·杜·波（Charles Du Bos, 1882—1939）：法国作家，原本是纪德的好友，但后来由于信仰方面的分歧导致关系决裂。1929年出版《与安德烈·纪德对话》，杜·波以天主教信仰为依据批判了纪德的同性恋倾向。

一本可怕的书，他在我看来是一个基督徒，非常有见地。纪德是一个"被占据"的人，对吧。

纪德是一个"被占据"的人，这话什么意思？

就是"被附身"的意思。

一个被魔鬼附身的人？

对，就是这个意思。纪德本人，在他对杜·波进行的可怕自白中完全承认了这一点，而杜·波也以一种相当可怕的方式将其记录了下来，写成了一本书，那实在是一份对纪德的起诉状。

对，就是那本著名的《与安德烈·纪德对话》。

我最近重读了这本书，它令人生畏，但我不得不认同。我认为魔鬼是存在的！我甚至会说，任何罪孽，任何伤痕，无论多么轻微，都会引起感染。或多或少的感染，可以是入魔，也可以是着魔。这是陀思妥耶夫斯基的想法[1]。在杜·波的书里，《你也是……》和纪德的自白在当时都很可怕。

纪德出于爱好，出于性格弱点，出于文学品位，总之出于他在世纪末的可怕年代沾染的一切怪癖，危险地打开

---

1 具体可以参考陀思妥耶夫斯基的小说《群魔》。

了一条通道，通向某种最终比他更强而且将其占据的存在。

我认为这件事几乎确凿无疑，我相信这些魔鬼附身现象要比人们谈论的次数更加频繁。在他身上有一个比他更强大的存在。如果你愿意的话，可以将其称为第二天性，但如果不和魔鬼勾结合作，绝对不会产生根植于否定与罪孽的立场。我是这么认为的。

这种与魔鬼的勾结，他本人承认过多次，因为那句经常被人重复的著名格言，"不和魔鬼合作，就没有艺术品"[1]，而纪德……

啊，是的！不过，在这里，他在玩文字游戏，因为他使用的是歌德意义上的魔鬼[2]，对吧！这里面有一种典型的"纪德式"文字游戏：歌德的魔鬼（当然，它对我来说同样是真正的魔鬼），纪德用起来就像苏格拉底的"认识"一样，是一种既不好也不坏的精灵，一种激发想象力的浮子，他并没有使用《圣经》里的意思，或者，起码他假装没这么用……

既然我们谈到了歌德，我就来谈谈纪德在日记中对您的责难之一，不仅仅针对您，而且针对大多数天主教徒，尤其是他

1　这句著名箴言出自纪德的《陀思妥耶夫斯基》。

2　指歌德《浮士德》中出现的魔鬼靡菲斯特，玩世不恭、诙谐机智，善恶方面的界限显得较为模糊，与《圣经》中传统的恶魔形象存在较大区别。

那些改宗天主教的朋友，比如您刚刚提到的夏尔·杜·波。他对您的指责，主要在于傲慢和自满。他指责您，作为一名天主教徒，但凡一些人主张了不属于您的真理，您就对他们彻底排斥。他一方面承认您的天分，并且对此表示敬意；另一方面又会指责您知性方面的盲目，将其称为"不智"，"故意的不智"。

"不属于我的真理"是什么意思？我始终认为只存在一种真理！如果某种真理不是真正的真理，那么它就不是真理！所以，我不能把它与真正的真理等量齐观，不是吗！

存在两种可能性：要么我信仰真理，要么我信仰非真理，当某件事物与真理发生区别时，那么它就不再是真理，要么是错误，要么是谎言。

我想是我表达得不准确……

不存在两种真理。

我不认为我们应该把自己置于反复运用三段论进行讨论的层面。我相信纪德的意思只不过是想表达，他重视一种知性的职责，我们必须始终以它为依据努力与对方产生共情，这让我们能够去认同对手的观点或者普遍意义上其他人的观点。简而言之，这涉及一种真正的共情以及一种精神的训练，它们能够引导我们，在一段时间内，从他人的角度，发自内心地赞同他人的观点。

纪德本人声称他善于此道。对此我不确定……

喔！不。

您怎么看？

我想，很容易回答这个问题。对于所有人的好意和对于我们尊敬之人的好意，二者需要区分。

我有过很多朋友，尤其是犹太人，个别新教徒，许多不信教的人，比如我的好朋友贝特洛，他的信仰与我严重对立，但并不妨碍我像兄弟一样爱他，就像人们确实会在一生中彼此热爱那样。这完全是另一码事。但对于不仅与真理迥然不同，而且与之背道而驰的事物，你如何指望我与其共情，甚至予以理解或产生兴趣呢？这根本不可能！（笑）

别人不能对我提出这种要求。

是的，但彻底排斥歌德、卢梭、勒南……

等一下！并不是完全排斥，因为从来都不可能存在彻底的错误，错误只是真理的腐化败坏而已。因此，在勒南、歌德等人的一切言论中，肯定存在某种真理的碎片，那些与我性情大不相同的人，当然可以与此共情。他们并不是与错误共情，而是与错误中必然存在的那部分真理共情，因为正如恶是善的腐化败坏一样，错误也始终是真理的腐化败坏。

所以，你可以用两种方式看待错误：要么看到其中属于真理的部分，然后表露出你的好意，或者相反，看到其中属于错误的部分，然后吓了一跳，对此予以反抗。至于我，我一辈子都非要和错误进行斗争。我发现自己独自一人，必须非常严厉、非常顽强地与无数试图强迫我接受的谎言作战，我不得不以最暴烈、最生硬的方式来应对这个问题。

这是我特殊的成长过程、我的气质以及我身处的环境产生的影响。这不会影响那些持不同立场的人，比如布莱蒙神父，又比如穆尼耶神父[1]，他反而与所有错误共情，从中只看到属于真理的部分。但我不一样。谎言和错误，那些被我当成谎言和错误的事物，在我身上引起了一种剧烈的憎恶感，我很乐意以那些宣扬此道的人为代价把这种情绪表达出来……（笑）这一点我承认。

是的，您曾经表达过很多次，因为，正是您把驴耳帽[2]戴在了歌德头上！

是这样，我不会把帽子拿下来的！（笑）

您没有把它拿下来。

1　阿尔蒂尔·穆尼耶（Arthur Mugnier，1853—1944）：法国天主教神父。

2　驴耳帽：当时法国中小学里用来惩罚差生的一种道具。

第三十次访谈

1910 年，您完成了《圣母领报》[1]，时至今日，它与《缎子鞋》一起成为您最知名的作品。而《圣母领报》也许是唯一可谓得到普及的作品。普及到什么地步？不是问题所在。

我想问您，从 1892 年的《少女维奥兰》开始，您究竟走过了怎样的精神之旅，在近二十年后完成了这部《圣母领报》？您笔下的人物又是如何在您心中成熟的呢？

要跟你指出这部剧作的各种组成元素其实相当困难，因为它们并不是一堆片段，各种完整的片段，一下子添加到一起。我在脑海中拟定这部剧作，倒不如类比于某种盐溶

1　1892 年，克洛岱尔创作了剧本《少女维奥兰》，1899 年，他对该剧本进行了改写，1911 年，克洛岱尔又在之前的基础上做出大幅修改，并将标题改为《圣母领报》，暗示剧中的主人公维奥兰与圣母玛利亚的相似之处。1912 年，该剧由吕涅-波导演，在巴黎作品剧院上演，成为克洛岱尔第一部得到公演的剧作。之后，克洛岱尔还对剧本进行过一系列微调，尤其是在 1948 年，该剧在巴黎艾贝尔托剧院上演之前，克洛岱尔又进行了改写。因此，学界一般分为《少女维奥兰》1892 年第一版，1899 年第二版；《圣母领报》1912 年第一版，1948 年第二版。

液，其中的各色成分在相当长的一段时间内保持悬浮，但在不同的时期发生了沉积。

1912年《圣母领报》的第一个版本还是某种不成型之物。奇特之处在于，未来已经在当下占据了一席之地，就像经院哲学家说的那样，它"有潜力"，有可能形成一部尚未实现的作品。这个最初的版本，已然包含了后续版本中将要实现的大多数事件和元素，不过表达方式被冲淡了很多，还没有成型。

让我回顾一下都有哪些元素？

首先，是我与故乡维勒讷夫长久的关联，我在那里出生，它给我的生命存在留下了深刻的印记。那些当地人跟我讲过的故事，我的家庭状况，可能产生的各种家庭矛盾，还有诸多政治观念，所有这些元素都是同时出现的，却彼此独立，只有通过后续的跟进才能找到属于它们的表达形式。

1912年的第一个版本没过多久就显出了缺陷。我试着在初稿上更进一步……我相信那应该是我待在中国的时候，应该是那个时间，因此……

是1898年。

是的，在1898年。

请原谅，您使用了"1912年的第一个版本"这个表述，还提了两次，您其实想说的是1892年的版本，您指的是

《少女维奥兰》吗？

你说得对。

前面应该是 1892 年。1898 年，我写出了第二个版本，故事发生在美国……我还在想是否还有一个中间版本，或者二者中间的一些草稿。第二个版本在那本题为《树木》的文集里发表了。

一直等我到了天津，在我刚刚完成《人质》的时候，新的修订念头突然出现在我脑中，故事时间变成了中世纪。是的，正是在那个时候，我对自己手中的笔，对我作为导演的职业愈发驾轻就熟，正是在那个时候，决定性的版本出现了，除了我用完全不同的方式构思的第四幕。在我之前的剧作中，各种抒情念头始终占据主导地位，它们依然在第四幕中发挥着作用。构思最后一幕时，使用的依然是在《金头》或者《第七日的安息》等作品中占据主导地位的那种极度诗意和抒情的形式。

是的，不过当时发生了一点外部的意外状况。正是在 1909 年，玛丽·卡尔夫[1]和勒诺曼[2]（您知道，他今年刚刚去世）想要把《少女维奥兰》搬上舞台。他们专门征求了安德

1　玛丽·卡尔夫（Marie Kalff, 1874—1959）：荷兰裔法国演员，参演过克洛岱尔的《交换》和《金头》。

2　亨利-勒内·勒诺曼（Henri-René Lenormand, 1882—1951）：法国剧作家，玛丽·卡尔夫的丈夫。

烈·纪德的允许，纪德在那段时间有点像您在巴黎的代理人。他们请求安德烈·纪德允许《少女维奥兰》在艺术剧院进行演出。这里有一段话，是您当时对《少女维奥兰》第二个版本的判断，它没有留下任何余地。

你说的这些都是什么时候的事情？

1909 年 2 月 18 日。

所以这是在写《圣母领报》之前。

是的。您当时这样写道：

"在我所有的作品中，《少女维奥兰》在我看来，既是诗意浸透最深的一部，也是最不完美的一部。剧中的寓意和情节都颇为稚气。有一些部分，比如皮埃尔·德·卡翁的那些关于建筑学的胡话，都应该删掉，也许整个角色戏份都应该删掉。

"另一方面，痛悔、奉献与温情，构成了这部宗教作品的所有长处，它们到了舞台上还剩下什么呢？这就像是对缺席之物进行检验，白的穿着黑色，黑的穿着白色，换句话说，天真乃至相当可笑的情节安排将被粗暴地拉到前台。

"目前唯一可以演出的戏剧，是《正午的分界》。我此时正在撰写的剧作将更具戏剧性和舞台感……"

您在这里暗示的那部正在撰写的剧作，就是《人质》……不过，稀奇的是，等到您撰写《圣母领报》时，您不但没有删掉皮埃尔·德·卡翁的那些"关于建筑学的胡话",没有删掉皮埃尔·德·卡翁这整个角色,而且恰恰相反,皮埃尔·德·卡翁的形象在《圣母领报》中拥有了一种伟岸的气度,一种庄严的意义,既超自然又自然,与您在这封信中表达的愿望背道而驰。

也许吧……我已经完全忘记了信中的这段话。也许,在我赋予皮埃尔·德·卡翁的这种重要性里,恰恰存在某种将其摆脱的最初愿望。这么解释也是可以的。当时我正处于某种内心的辩论之中:我内心的理事会正在开会,其中的某一位成员提议给我笔下的某个人物一次机会,以便让这个人物得到彻底实现,相比这个略显自负的成员提出的平息方案,其他成员占了上风,大多数都投票同意开除这个人物。(笑)

好吧。但是您赋予了这个被您开除的人物……

我并未把他开除,远非如此。

您把他从您自己心里开除了出去,同时在《少女维奥兰》的情节中赋予他一个极其重要的角色,因为,皮埃尔·德·卡翁,在很大程度上,其实就是神恩的工具[1]:他

1　皮埃尔·德·卡翁身患麻风病,来到维奥兰家里借宿。一天早上,他准备离开,维奥兰与他友好地吻别,却因此染上了麻风病,遭到了众人的排斥,于是独自隐居山中。

将把维奥兰从尘世的命运中拉出来。

完全正确。

因此，恕我冒昧，正是通过他，上帝之手落在维奥兰身上，并且抓住她身上神圣的一面，而她自己也许未能对此有所察觉。

是这样。

另外，作为建筑师，他也承载了您的某些极其重要的想法，关于世界的秩序，关于教会与教堂的象征意义所蕴含的价值，这些内容与您1900年撰写的短文《教会的发展》一脉相承。

不过我有点迷失在细枝末节里了，我不知道如何把您引向本次访谈的真正主题，那就是《少女维奥兰》与《圣母领报》之间的进展，这种进展清晰可辨，以至于两部戏在胚胎和根源处较为相似，但在结构、比例与人物关系方面却截然不同。

1909年之后的所有剧本与1909年之前的所有剧本之间存在的巨大区别，用一个有点自命不凡的时髦词汇来说，就是直到1909年，"主观因素"一直在我身上占据主导地位。从1909年开始，我产生了一种外在的观点，一种建筑工的观点，从外部观看需要完成的工作。思想中客观的一面在我身上变得越来越重要。在保持内在推动力、原动力的同时，我更多迫使其成为一种观看，成为一种从外部观察的结构感。这就是从《人质》和《圣母领报》开始我所有的作品与之前的重大区别。

《人质》甚至《圣母领报》中的诸多人物，绝大部分对我来说都是外在的。我看着他们实现，就像一个画家能够根据各种线条、根据整体构图看到一组群像，既不是盲目的，也没有实现什么内在推动力，"像我推你那样前进"。我从外部视角看到了很多这方面的内容，同时尝试着对固有元素加以利用。

是的。不过，这种视角的转变，您认为可以归因于什么，是什么缘故呢？

很大程度上是由于我内心的平静，是我道德方面的平静，以及对内心惨痛经历的控制，让我冷静下来。从 1910 年开始，用一个极其自命不凡的词来说，我的"天赋"蕴含的地质特征已经发生了改变：它不再是一个多少有些崎岖的、有待攀登的斜坡，而是一片平坦的土地，容许各种观点，容许锻炼某种构图天赋。相比于灵感，构图占据了主导地位。这一时期的重大差异便在于此。它一直延续到我戏剧时期的终点，也就是一直延续到 1930 年左右。这就是与先前做法的重大差异：之前，那很简单，以前我试着尽我所能地引出我的内心惨剧，而到了那时，我支配了它，并为其塑形。

我想问您，您结了婚，成为一家之主，同时解决了您的一些戏剧问题，您觉得这是否可以解释，在某种意义上主导着您早期戏剧的金头，此时在另一个人物面前消失了，他就是族长安内·维尔科。

这有可能，尽管我从来无法把自己混同为笔下某个单一的人物。我那些前后相继的精神状态总是需要由各色人物组成的整体来表达。因此，之后，等我们谈到《人质》时，在西妮身上，在图桑·图赫吕尔身上或者在乔治身上，我都可以认出我自己，在这三个人身上，我都可以认出自己性格里的某些特征。同样，在《少女维奥兰》中，皮埃尔·德·卡翁和安内·维尔科，这两个人物都具有一种比我之前赋予他们的范围更加广阔的行动领域。从这个角度看，你说得完全正确。

现在我想问您，是什么决定了您把神迹[1]作为《圣母领

---

1 《圣母领报》的核心情节是：少女维奥兰与雅克相爱，但意外染上了麻风病。因为遭到妹妹玛拉的嫉妒和污蔑，她成全了妹妹与雅克的婚事，只身进山隐居。几年之后，玛拉在圣诞夜找到维奥兰，希望她救活自己病死的女儿，伴随着子夜弥撒的钟声，孩子在维奥兰怀中复活，眼睛从黑色变成了和维奥兰一样的蓝色，而且嘴角留着一滴乳汁，似乎维奥兰哺育了他。之后，一切真相大白，玛拉当众忏悔了自己的罪孽，维奥兰安然离世。"神迹"即孩子的复活是全剧的高潮部分。

报》的主题，或者说作为其创造性的火花呢？

好吧，这来自我偶然读到的一些中世纪德国狂信徒的书籍。与所有的信仰者和宗教人士一样，我在某个特定时间段非常关注狂信徒，在中世纪的德国传说中，我发现了一个令我印象深刻的描述：某位女狂信徒的乳房开花了。我不记得是什么缘故了，可能是她想治愈一个孩子，或者那个孩子就是耶稣本人，圣母想要给他喂奶。

这有点像圣伯纳[1]的故事，据说，圣伯纳是由圣母亲自哺育的，甚至还在中世纪的某些绘画中得到过表现。我在这个德国狂热徒的故事里发现的就是类似想法的变体。这个描述让我印象深刻，然后我就动了念头，想要利用一下这种奶水喷发的意象，就像中世纪的神迹元素一样，在我看来，它连通了沉睡在我头脑中的剧情里悬浮的各种元素。所有这些想法当时都还悬而未决，还没有产生互相之间的联系，突然之间，这个关于神迹的念头把它们连在了一起，使它们成为一个有序的整体。

我们从这个有序的整体中看到，您关心的问题，并不是借助各种家庭与社会关系把超自然世界与自然世界并置在

1　圣伯纳·德·克莱沃（Saint Bernard de Clairvaux，1090—1153）：法国天主教神学家，由于大力宣扬圣母的重要性与意义，因此传说他得到过圣母的养育。

一起，而是去展现它们之间的互渗，展现它们在某种程度上其实颇为相似。于是我们看到了两姐妹的这种区分：维奥兰完全属于圣灵，因为圣灵占据了她；玛拉完全属于肉体，完全属于尘世；然而，两姐妹不可分割，以至于到了最后，在全剧结尾，他们的那个孩子是她们共有的孩子：是玛拉把孩子生了下来，但玛拉的爱却在某种意义上杀死了孩子，而为了让孩子活下去，就需要维奥兰与神恩的介入，其中维奥兰仅仅是神恩的工具而已。

从这里就可以看出玛拉这个人物非常重要，而在早期的版本中这一点没有得到充分指明：如果我没记错的话，在几个早期版本中，孩子被一把灰弄瞎了，这就表达得很不充分。我想要，在我看来……

不，不。孩子生来就目不视物，是维奥兰被一把灰弄瞎了，而在《圣母领报》里，维奥兰得了麻风病：当她怀着幸福生活的期许所带来的那种未婚妻的狂喜，与皮埃尔·德·卡翁道别，并给他一个吻时，感染上了麻风病。就是由于天真无邪地给了他一个吻，由于这种过度欢乐与仁慈，维奥兰将身染麻风病，这种病让她成为一个受到众人排斥隔绝的人物，并且整个人都被上帝收留。

总之，我希望情节更加紧凑，希望玛拉在剧中绝对必不可少，出于一种绝对的必要性，比她本人更加强大的本质的必要性，去找她的姐姐，向她请求一个难以置信的神迹，那个把婴儿复活的神迹。在玛拉和维奥兰之间，存在一种绝对严酷的必要性：维奥兰必须成为一位圣徒，这种代表着内心生活、道德生活、宗教生活的乳汁，必须起到某种作用，必须为这位母亲所用。福音书对我们说过，"你的信仰拯救了你"[1]。玛拉粗暴凶残的信仰必须起到某种作用，它必须被用来造就一位圣徒，并且要求上帝创造一个神迹。

从这里出发，我们便拥有了一个激昂有力的元素，它造就了《圣母领报》的一切力度与强度，将其打造成了一出同时兼具人性与超人性的剧目。

1　语出《圣经·新约·路加福音》第七章第五十节："耶稣对那女人说，你的信救了你，平平安安回去吧。"

第三十一次访谈

今天我想就《圣母领报》再向您提几个问题。在我们上次谈话结尾，您提到了玛拉激烈的性格。诚然，玛拉的激烈非常明显，就像把她和她姐姐这个角色结合起来的必要性一样明显，因为少了玛拉，维奥兰也许就成不了圣徒，或者说，玛拉作为必然性与宿命的另一种工具，会为维奥兰拦住属于人的大路，只给她留下通向圣洁的窄路……

不完全是这样，更应该这么看：维奥兰是一个圣徒，因为顺服上帝旨意的人就是圣徒。我的意思是：行使她的圣洁……她的圣洁必须起到某种作用，必须对人有用。

在《圣母领报》与《少女维奥兰》之间，还存在一种极其明显的区别，那就是声调的区别，那是《圣母领报》中关于礼拜仪式的大段内容，那种礼拜仪式的芬芳似乎是直接从圣诞夜弥撒中借用过来的。另外，还有一个您一心想要指出的巧合，玛拉要去麻风病人的茅屋里寻找维奥兰的那一刻，恰好是举行午夜弥撒的时刻，而玛拉的女儿复活的一刻，恰好是救世主耶稣诞生之时。

这是一直沉睡在我的记忆与想象中的诸多元素之一，在此得以实现。圣诞夜对我来说代表着许多动人的回忆，我正是在那一刻得到了新生[1]。所以在一个支配我整个生命存在的剧本中，我把这一点表达出来是很自然的。

您在圣诞节当天感受到了神恩，这一点恰恰是您本人指出的，而您曾被神恩击中的事实一直伴随着您，此刻在《圣母领报》中重新出现，而小婴儿的复活，就是保罗·克洛岱尔的复活。

从中我还产生过这样的想法，想要利用这一夜为查理七世[2]在兰斯加冕，尽管完全违背了历史事实。事实上，查理七世是7月份在兰斯加冕的。总之，我允许自己对历史进行一点微调，就像在《火刑架上的贞德》里，我让法兰西国王在圣诞那天抵达兰斯。（笑）

1　1886年12月25日，克洛岱尔在圣母院晚祷时决心皈依天主教，1890年12月25日，他初领圣体。

2　查理七世（Charles Ⅶ，1403—1461）：法国国王，1444年率领法国赢得了英法百年战争，奠定了法兰西强盛的基础。1429年7月17日，查理七世在圣女贞德的陪同下在兰斯大教堂完成加冕，正式成为法国国王。克洛岱尔在《火刑架上的贞德》中描写了查理七世与贞德的这段经历，但对细节进行了艺术加工。

是的，《圣母领报》里恰好有历史传奇的一面，您戏剧全集的作序者雅克·马道勒专门强调过这一点，他是专业的历史学家。当您撰写《圣母领报》时，您有没有想过要创作某种属于中世纪的伟大礼拜仪式，对于中世纪的秩序及其终结加以表达呢？剧中存在这方面的叙述，有古老的圣母山[1]，古老的孔贝农，圣母山居住着许多隐士，孔贝农则由大人物安内·维尔科主宰。在全剧结尾，圣母山空了，安内·维尔科将与妻子伊丽莎白和女儿维奥兰在天国重聚，对于孔贝农而言，另一种生活正在开始，新的历史纪元即将启动，中世纪结束了。您有过这样的想法吗？

可以这么说，我产生过潜在的念头。我没有戏剧之外的想法。马道勒的思路很准确，只要厘清各种要素的重要性等级即可。对我来说，最优先的想法是写出一部环环相扣的戏剧，其中所有的元素都能组合起来并且恰当地收尾。另一种想法是，在某种意义上，可以从这部戏本身之中得出某种结论，在戏剧本身的活动范围之外，我一无所见。写一出戏去呈现某种历史状况，这种念头我从来都没有产生过。相反，我顺带让某些历史事件为戏剧所用，甚至保留了不少改写剧本的可能性。

1　在《圣母领报》中，故事的发生地孔贝农位于圣母山脚下。

是的，在您的所有剧作中都不缺少改动。不久之前，您告诉我，为了把新剧本交给让-路易·巴罗和他的团队处理，您几乎在彻底重写《交换》。我可能跟您说过，我们并不确定您的新版本一定优于早先的版本。

啊！那你就完全错了。

您让《圣母领报》遭受了重大改变，为了舞台演出完全重写了第四幕，比原来的第四幕更短，并且完全去掉了皮埃尔·德·卡翁的戏份。

这种变化是在《圣母领报》首演之后做出的。第四幕曾经在我看来就像一种歌剧式的结尾般合情合理，但我意识到，从技术角度看，它没有紧扣剧情，并且令观众感到不满。因此，我不得不考虑这一点。于是，在考虑演出《圣母领报》的问题时（因为这个问题经常被提到，关于我与法兰西喜剧团成员的关系，与《圣母领报》的关系，与某位科波[1]的关系，有一大堆故事可写，当时，《圣母领报》的舞台导演工作本该由科波负责），我注意到，第四幕究竟在多大程度上拖慢了全剧，使其结束于某种明亮的迷雾，与它本该具备的戏剧氛围格格不入。继科波之后，法兰西喜剧团成员

1　雅克·科波（Jacques Copeau，1879—1949）：法国著名戏剧导演，创立巴黎老鸽棚剧院。1914年导演了克洛岱尔的《交换》。

向我提出由杜兰导演……

是联盟[1]的时代吗？

是联盟的时代，没错。当时，夏尔·杜兰过来见我，我们一起聊了聊，杜兰让我明白了，第四幕以当时的模样是行不通的，我完全赞同他的观点。所以我干脆向他提议删掉第四幕：全剧以神迹结尾。它完全可以在那一刻落幕。杜兰不赞成这个想法，而且当时他也放弃了这个导演的任务，所以我就一直把《圣母领报》留在了手边。

不过，我和杜兰之间的这些谈话引起了我的深思。正是在那之后，我重写了第四幕，也就是现在演出使用的底本，我试图在其中对玛拉这个人物盖棺定论，她占据了决定性的位置。

第四幕是属于玛拉的。简而言之，玛拉解释了之前发生的一切，并且表明，从她的角度看，她一直在遵照信仰行事。她可能以各种方式犯过错误，但有一件事她从来不承认，而且认为自己有理：她认为信仰就是相信上帝可以对我们有好处。从这个角度看，她的行为是有根据的，至少在我看来是这样。

1　此处可能是指法国政坛上的"左翼联盟"（Cartel des gauches），曾在1924年和1932年两次赢得大选，先后由联盟内的爱德华·赫里欧和爱德华·达拉第担任法国总理。

我不完全确定她是否就这样仅仅依靠信仰引导。我相信，她首先被一种野性的激情引导，被这个想法引导：如果她的孩子死了，她就把孩子的死归于维奥兰，而维奥兰作为一位圣徒，必须把她的孩子还给她并且将其复活。

这些想法简直浑然一体。（笑）

确实。

您现在如何看待《圣母领报》呢？我在想，它在何种程度上不会引起您的某种恼怒……

喔！与其说是恼怒，不如说是痛苦，因为我看到这部剧以如此糟糕的方式上演，不仅在法国，还包括其他国家，以至于我现场参与了维奥兰的殉难。（笑）这是剥皮殉难。因为《圣母领报》不仅在法国，不仅在规模最小的省会城市上演，而且甚至会在各个村庄里演出，就像它也用弗拉芒语在法兰德斯地区[1]演出一样。它还在世界各地上演，在美国、在英国、在德国，总之在世界各地巡演。所以这出戏显然令我感到有点疲惫，而且它本身也已经疲惫不堪了。

当我从建筑工的角度来看它时，我发现它是我构思最好的作品之一，也是最能打动公众的作品。其中依然有一些

1　法兰德斯地区：又译弗兰德地区，大致包括法国北部、比利时北部及荷兰南部，当地人主要讲弗拉芒语。

冗长的段落。在我看来，抒情部分依然展开过度，特别是在序幕和第一幕中。不过，从第一幕开始，从建筑工的角度来看，它就开动了，正常运转了。

不过您难道从来没有见过您的剧本按照您的理念进行演出吗？

啊，当然有：我必须说，在艾贝尔托剧院[1]，在最开始的几场演出中，我看到全剧表演得几乎如我所愿，一切人力所及的事情都做到了，艾贝尔托的演出让我感到满意，我的意思是在巴黎最开始的那几场。

那么之后的演出呢？

啊！一言难尽……但我们也不能指望，一场戏被搬到了最小的场地里，还要为此去弄来一批演员，他们放弃了其他所有邀约，只为奔波在法国的各个角落。对于演出中存在一些不完美之处，根本无从预料。必须考虑到方方面面的可能性。

是的，这是一种……

对此过于苛刻是不公正的。

1　1948 年，《圣母领报》在巴黎艾贝尔托剧院上演，为此克洛岱尔专门对剧本进行了再次修订。

但这并不完全是我厚着脸皮问您的内容。我想知道的是，您是否依然喜爱您的剧作，又或者它已经离您很远了。

噢，不会离我很远！就像我所有的剧本一样，它是我的一部分，它显然代表了我作品的高峰之一。这是一部多面的作品。其他作品只代表我才华的某一个特殊方面，而《圣母领报》则代表了诸多方面，几乎囊括了我的各种能力涉及的所有方面。

我想问的是，由于不断打磨这件作品，您有没有把棱角弄得太圆了，我们喜欢的那种喷涌而出的暴力，不仅在剧作中，而且在您的性格里，有没有削弱太多了，因为事实上只有玛拉这个人物仍然体现出那种原始暴力，其他人物都变得非常平和，几乎就像天使一样，包括皮埃尔·德·卡翁在内。

在最初的版本中，我认为他们就已经和现在一样如同天使一般了。玛拉始终代表着暴力的一面。我认为在最新的版本中，这种暴力的一面根本没有减轻，恰恰相反。同样，告别[1]那一幕，代表着最苦涩与残酷的一面，也没有变，即便在最新的版本中，也依然保持原样。维奥兰告别那一幕，在剧院中一直能够产生强烈的效果，四个人物，有三个围在玛拉身边，他们几乎都很不友好，甚至充满恶意，在新版本中，他们依然是老版本里的样子。

---

[1] 指第二幕结尾维奥兰身染麻风病之后与她的母亲、未婚夫和妹妹告别的场景。

您指的是哪方面的恶意？

当维奥兰离开时，三个人物分别以各自的方式向她展现了他们能做得多么残忍。

不过她的未婚夫雅克·于里，她的妹妹和母亲……

三个人对她都极其残忍。

是的，但其实雅克·于里……

雅克·于里也一样。他任由她离去，对她没有一句怜悯或者同情的话。

是您设法让他没有机会对她说出一句怜悯或同情的话。

是这样，你说我把棱角磨圆了。我不认为自己磨圆了这些人物中的任何一位：他们依然令人不快，依然尽其所能地成为"克洛岱尔式"的人物。（笑）

是的，但并非所有"克洛岱尔式"的人物都令人不快。毕竟，我不确定，相比于其他人物，您是不是更喜欢那些令人不快的人物。接下来，我们将会谈论一位令人不快的人物，他就是《人质》中的图桑·图赫吕尔，我相信您很喜欢他。

我认为确实是这样……哈哈！

第三十二次访谈

今天我想请您为我们的听众解释一下由《人质》《硬面包》与《受辱的神父》组成的三部曲[1]。

这三部戏的构思跨越了很多年，大约从 1908 年一直到 1916 年。另外，在此期间，您还忙于其他工作，这一时期充斥着各种私人事件、历史事件以及各种作品，对此，之后我们也许还有机会谈到。

关于《人质》，在一封写给安德烈·纪德的信件中，您谈到了"史诗剧"与"象征剧"，在某种意义上，二者与您之前的作品有所区别。

"象征"这个词可能不太合适，有可能误导我们的

---

1 《人质》《硬面包》和《受辱的神父》分别完成于 1910 年、1915 年和 1916 年，构成了克洛岱尔的"库封坦三部曲"，三部戏的时间和出场人物都有顺承关系，《人质》发生于拿破仑时代，《硬面包》发生于二十年后路易–菲利普统治时期，《受辱的神父》的背景则是十九世纪七十年代，描写了库封坦家族几代人的故事。

听众[1]。

我采用的戏剧形式在你提到的那个时代本该更具现实性。之所以具有象征性，是因为就像生活一样，它本身包含着一些超出演员理解范围的教益与意义；演员们肩负着某种临时的角色。

在生活中，一切都具有象征性，或者说，都具有寓言性。重点在于从中得出某种与崇高密不可分的意义。

你提到的三部作品具有某种象征意义，是因为它们具有某种历史意义。它们与历史密切相关，包含着对于一系列历史事件的外部见解，而这三部作品恰恰分别塑造了这些历史事件的某个阶段。

《人质》涉及的是第一帝国时期[2]；《硬面包》是路易－菲利普时期[3]；最后，《受辱的神父》是第二帝国时期[4]。

这三部戏具有一种史诗感，因为剧中人物具有……怎么说呢……某种意义，他们体现了人类在某个特定时期表现

1　克洛岱尔所说的"象征"与十九世纪末法国文坛流行的"象征主义"文学存在较大的区别，因此他特意提醒不要混淆二者。

2　法兰西第一帝国是 1804 年 5 月 18 日由拿破仑·波拿巴建立的帝国政权，到 1815 年拿破仑兵败滑铁卢为止。

3　路易－菲利普时期：即七月王朝时期，从 1830 年到 1848 年，当时由路易－菲利普一世（Louis-Philippe Iᵉʳ，1773—1850）统治，因此常常称为"路易－菲利普时期"。

4　法兰西第二帝国是拿破仑·波拿巴的侄子路易·波拿巴建立的君主制政权，从 1852 年延续到 1870 年，在普法战争中路易·波拿巴战败被俘，帝制垮台。

出的特殊态度，他们卷入的那些冲突也象征着对应的时代。

例如，《人质》这部大戏涉及了人类倾向的某种变化，新人要求他们应得的权利，而旧人徒劳地寻找着和解的土壤，试图与另一方，与那些出现在眼前的人，那些对阳光下的位置提出要求的人和解。

这种新人，是法国从 1789 年开始的一系列革命[1]带来的吗？

是的。

确实是这样吗？

对。

我想知道，这种象征意义实际上是否具备某种更复杂的含义，在这种意义上，每一个人物都是某种历史观点的承载者，由其负责体现历史的某种力量，但每一个人物也同样非常特殊、非常个人化。此外，无论如何，在这些人物与他们的创造者，也就是您本人之间，必然存在某种联系吧？

---

1 从 1789 年的法国大革命开始，法国社会在十九世纪先后经历了一系列革命，包括 1830 年的七月革命，建立了路易-菲利普的君主立宪政体，1848 年的二月革命，路易·波拿巴推翻路易-菲利普，成立法兰西第二共和国，成为法国历史上第一位民选总统，但他在 1852 年解散了国民议会，建立法兰西第二帝国，成为皇帝拿破仑三世。克洛岱尔撰写的三部曲在时间选择上便对应了这几次革命。

千真万确。全剧在我笔下的不同人物之间搏斗，我也参与其中，即使只是通过标记我出身的血脉。确实，我心怀两种志向，由《人质》摆上了舞台：一方面，由于我一部分的祖先，我与旧贵族保持着关联；另一方面，通过新一代，我与平民百姓，与庶民保持着关联，图桑·图赫吕尔便是他们的代言人，他多少带着点同理心。

总之，您既是库封坦[1]又是图赫吕尔吗？

当然。

您在自己身上也体会过这两种直系先祖的冲突吗？

当然。以我祖母那一脉看，我来自维尔图家族，是查理六世兄弟奥尔良公爵路易的直系后代[2]。家族的后人曾经做过维莱-科特雷[3]地方长官，有不少私生子沦为庶民，但血统依然稳固，在整个地区的农民和乡绅中间扎下了根。

例如，有两个女裁缝便出自这个家族，维尔图小姐，直到我年轻的时候还能在巴黎看到她们的海报，还有一位维尔图是葡萄酒商，而这个家族的最后一位继承人是宽西附近的

---

1 "库封坦"这个姓氏在剧中代表着旧贵族。

2 详细内容参见本书第一次访谈。

3 维莱-科特雷：法国北部苏瓦松地区市镇，位于克洛岱尔的故乡维勒讷夫西北约三十五千米。

农民，依然自豪地保留着家族纹章，画面是三只野猪头配上红色盾形背景，也可能是蓝色背景，我不太确定！　（笑）

我先祖的另一方则是图桑·图赫吕尔的原型，被称为"尚博朗[1]轻骑兵"，出生于当地的一个平民家庭，以极度粗野冒险的性格著称，甚至在当地留下了令人惊恐的记忆。"尚博朗轻骑兵"是他的外号。尚博朗轻骑兵[2]是拿破仑的撒手锏，在整个欧洲都留下过他们的足迹。

两种很不同的潮流最终结合到一起，而我便源于此。

是的，在您的剧作中，这两种潮流结合到了一起，但它们的结合却是通过一条血脉的断绝，是通过图赫吕尔的后代骗取库封坦家族的遗产才完成的。

我必须得说，由于我的气质，由于某些本性中的暴力因素，我感觉，相比于本地最后几家高门大户的继承人，我更接近于图桑·图赫吕尔，不是吗？

是这样。您曾在某封信中写道："我有时会像这样怒气勃发，是真正的血气上涌。"您今天还会这样吗？

谢天谢地！　（笑）

1　尚博朗：法国中部市镇。

2　尚博朗轻骑兵团组建于 1735 年，大革命之后改名为第二轻骑兵团，随拿破仑南征北战。

您还会感到类似的怒火吗？

它会在我身上发生，但仅限于纯知性的领域。

对于具体的人或私事，这类怒火没再发生在您身上。

它有可能在我身上发生，但我把这些怒气留给了自己，尽量不让旁边的人享用！（笑）

贵族与平民两条血脉在您身上汇聚，但我不太理解的是，它们是如何在您体内发生冲突的呢？

好吧，关于这个话题，我了解的并不比你更多，我只知道，在读完奥松维勒伯爵[1]关于教皇的著作之后，我就被这个想法迷住了，确切地说，就是你提到的两个族群的冲突，这种冲突，不管是为了仲裁还是对决，在最高神职人员也就是教皇身上，都存在宗教方面的问题。教皇当时确实在各种外力之间摇摆过，当他为了给拿破仑加冕而来到……

来到圣母院。

来到圣母院[2]。拿破仑，说到底，其实是受人传颂的图赫

1　奥松维勒伯爵（comte d'Haussonville，1843—1924）：法国作家。

2　1804年12月2日，拿破仑在巴黎圣母院举行加冕仪式，在仪式上，教皇庇护七世准备把皇冠戴到拿破仑头上，象征"君权神授"，但拿破仑夺过了皇冠，自己亲手戴到了头顶。

吕尔。加冕这件事在整个基督教世界都引起了巨大的丑闻，其导致的结果就是人们所谓的"小教会"[1]，其中存在一些善良的基督徒，他们从未接受当时由教皇实现的那场政变[2]。拿破仑加冕其实是一个非常不同寻常的举措，只能与稍早于公元1000年的加洛林王朝媲美，公元800年，教皇尼各老一世[3]为查理曼[4]加冕。这一情景得到了再现。

因此，在我看来，谈到象征事件，相比于教皇的所作所为以及他在许多人的灵魂中尤其是在西妮·德·库封坦灵魂中引起的尖锐冲突，很少有什么事件能够呈现如此有力、如此丰富、如此具有史诗性的特征，因为"史诗"这个词总是包含着某种神性的介入。与图赫吕尔相比，西妮·德·库封坦的惨剧，她身处的境遇，依然具有某种价值。1909年，当我在奥匈帝国的波希米亚地区暂住时，这一点得到了证实。当时，奥匈帝国的贵族阶级正在消失，一位贵妇人对我说道："您不知道西妮的惨剧正是绝大部分奥匈贵族的惨剧。"

1　1801年，法兰西第一共和国第一执政拿破仑与教皇庇护七世签订了《1801年教务专约》，恢复了教会在大革命之前的地位，并为日后称帝创造了条件。但该条约遭到了一部分法国天主教徒的反对，于是组成"小教会"与之对抗。

2　《1801年教务条约》的签订铺平了拿破仑从共和国执政到帝国皇帝的道路，相当于进行了一场政变。

3　此处克洛岱尔记忆有误，为查理曼加冕的是教皇利奥三世（Léon Ⅲ，750—816）。尼各老一世（Nicolas Iᵉʳ，800—867）858年接任教皇时查理曼早已去世。

4　查理曼（Charlemagne）：中世纪早期法兰克王国加洛林王朝国王，建立了查理曼帝国。公元800年被教皇利奥三世加冕为"罗马人的皇帝"。

比如，图罕小姐与阿尔蒂尔·梅耶[1]的情况也是如此，对吧。华伦斯坦伯爵去世时，他身边的桌子上恰好放着一本《人质》，这本书回应了当时他所属的贵族阶级令人心碎的惨状。

您刚才谈到了库封坦与图赫吕尔这两个"族群"，不过，尤其是在《硬面包》与《受辱的神父》中，在庞塞·德·库封坦这个人物身上，您还引入了第三个"族群"，也就是犹太族群，如今您对此非常关注。西舍尔[2]的加入极其重要。

毫无疑问，就像你说的，她来自第三条支脉，这条支脉出现了，且另有来源，那就是我二十岁以来对《圣经》尤其是《新约》的持续研究。要专注于《新约》，就必须看到上帝赋予犹太民族的非凡的甚至从某些角度看矛盾的重要性。

这个想法困扰、折磨了我许久，而西舍尔及其后人庞塞的出现，是我日后一系列思考的雏形，也是我最近出版的一本书《以赛亚福音》[3]的主题。

是的，您认为应该给犹太民族分配一个怎样的角色呢？您为什么要让庞塞·德·库封坦成为西舍尔的女儿呢，

1　阿尔蒂尔·梅耶（Arthur Meyer，1844—1924）：法国作家，1906年与贵族后代玛格丽特·德·图罕成婚。

2　克洛岱尔笔下的一位犹太女性，西妮·德·库封坦与图桑·图赫吕尔之子路易·德·库封坦与西舍尔相爱，后者生下了庞塞·德·库封坦。

3　《以赛亚福音》：克洛岱尔1951年出版的一部作品。

为什么要让她失明呢？

在这里，我们需要进入具有象征意味的一面。

犹太民族身上具有悲剧性的一面，犹太民族是信仰沉淀物忠实完整的保管者，他们以一种英雄般的勇气捍卫了它。不过，这个民族以一种惊人而且超自然的方式，对这种信仰的后续发展无动于衷，在我眼中，这种后续发展恰恰构成了天主教的真理。因此，这个民族就像以赛亚本人说的那样，是"一个又聋又瞎的证人"[1]。

这种观点具有真正悲剧性的一面，我在关于以赛亚的书里对此进行了解释，而庞塞则是其最初的雏形。

所以可以说，相比您之后在《以赛亚福音》中发展的内容，庞塞其实是它诗意而象征性的最初雏形吗？

她也是其他东西：她象征着我日后所说的"领受圣体之爱"。每个基督徒都与上帝存在种种关联，盲目的关联，因为我们与上帝有内在联系，尽其所能地内在，因为这是某种真正的同化，但这些爱之关联在最彻底的黑夜中发生，这也是庞塞所象征的。庞塞正是领受圣体之爱的象征。

1　语出《圣经·旧约·以赛亚书》第四十二章第十八节："你们这耳聋的听吧，你们这眼瞎的看吧。"

在庞塞腹中的胎儿身上，我们提到的三个族群，图赫吕尔、库封坦与西舍尔的犹太民族汇合了，他以后会变成什么样子呢[1]？

我体内有一个"委员会"，我曾多次召开会议，以便了解这三出戏合适的后续，这三出戏显然已经包含了某种结论和完满结局，令我遗憾的地方在于，我从未能够汇集出一致的意见。只有一次，当时我身处瓜德鲁普岛[2]，那是一个暴风骤雨的夜晚，一场赤道地区的大雨似乎为我酝酿了一个解决方案，然而白昼来临时，它便消散了，所以我依然和我的读者一样身处同样的不确定之中。

这部酝酿中的剧作，如果得见天日，将明显具有预言性，因为在您各种伟大的戏剧构思中（我同样想到了您在很久之后撰写的《克里斯托弗·哥伦布》和《缎子鞋》），我们可以非常清晰地察觉一种对历史的解释，一种象征性的解释，一种充满诗意的、史诗般的解释，而这第四部戏，它将为《人质》《硬面包》《受辱的神父》三部曲画上句号，将是

1　庞塞本人是西妮·德·库封坦与图桑·图赫吕尔之子路易·德·库封坦与犹太女性西舍尔的女儿，同时，她与教皇的侄子奥里安相爱，怀上了孩子，因此，这个孩子身上不但融合了图赫吕尔、库封坦以及犹太民族的血脉，还象征着罗马天主教与犹太教的和解。在克洛岱尔未来的规划中，原本计划以这个孩子为主角再写一部戏，但一直未能实现。

2　瓜德鲁普岛：位于加勒比海地区，是法国的海外省之一。

一部具有鲜明预言性的作品。

如果你愿意的话，可以将其称为"预言性"的作品，不过我也会称之为"收尾剧"，在其中实现前三部戏中表现出来的各种或发散或收敛的趋势。

总之，它要给一系列已经展开的冲突下一个结论，而前三部戏便是对这些冲突的表达和具体的发生场地，但是我没有能力找出这个结论。

按照我的想法，这出新戏将围绕老年庞塞展开，比如她已经七十岁了，她会扮演一个女预言者的角色，在这里，你用"预言性"一词十分准确。她将把对于往昔一切纷纷扰扰的解释都汇集到自己身上，同时保留一种朝向未来的开放性。我无法实现这部戏，因为这不仅涉及某些想法的产生，而且这些想法需要激发那位负责将其实现的内心绅士的胃口。想法本身显得令人满意还不够，还要激发创造者的胃口。然而，对于这第四部戏，这种胃口从未产生过，令我非常遗憾。一直到了许久之后，我才在《缎子鞋》中找到了一种三部曲的解决和收尾办法，以一种大相径庭的形式，而且与前三出戏毫无历史关联，不过这些想法在当时还很不成熟。

第三十三次访谈

不久之前，您向我展示了您与安德烈·苏亚雷斯的通信集[1]，人们迫不及待地等待着它的出版，借此机会，我想向您提问，这么问也许不太谨慎，内容涉及您的"使徒"职业，以及您在某些朋友比如苏亚雷斯身边扮演的角色。你们之间的关系到底如何，您是在什么情况下认识他的，您认为从他那里取得了怎样的成功呢？

"成功"，依我所见，完全没有……就跟对纪德一样毫无成效。我们是在 1904 年相遇的，我在《通信集》封底看到了相关回顾。我们的对话一直持续到 1938 年。不过，很早之前，它就不再针对宗教问题了，它更多关注的是文学方面的话题，工作方面的问题。

1　1951 年 10 月，《保罗·克洛岱尔与安德烈·苏亚雷斯通信集，1904—1938》由伽利马出版社出版。

当苏亚雷斯把他关于他兄长之死的书[1]寄给我时，我看到了一个心慌意乱的人，在我看来，他似乎正在寻找他的道路——他终其一生都在寻找这条道路。我认为自己有责任尽我所能地帮助他，就像我尽力去帮助其他心慌意乱的人一样。但在不久之后，就像我这些通信证实的那样，我意识到自己撞上了《启示录》里所说的那种"红锆石盔甲"[2]。你知道，在《启示录》里，可以看到骑士们身着各色盔甲，有铁甲，有金甲，还有红锆石盔甲。红锆石盔甲，这纯属想象，是人的想法，它最密不透风，不会让那些显得最具穿透力的东西从外面渗透进来。

因此，正如我的通信证实的那样，我看到这些信件没有取得任何成效，而且多半是在惹苏亚雷斯心烦。所以，我悲伤地避开这些话题，但并没有停止和他交流，这种对话一直延续到他生命的终点。不过，我认为他对我心怀怨恨，因为除了宗教层面，我对他根本提不起兴趣。对此我无能为力，因为对我来说宗教问题是最重要的，事实上也是唯一重要的，而在一堵墙面前，在某个明显决定不听我讲话的人面前，我看不出有继续下去的必要，甚至可能性。

1　指苏亚雷斯出版于 1917 年的随笔《关于我的兄长之死》。

2　语出《圣经·新约·启示录》第九章第十七节："我在异象中看到那些马和骑马的，骑马的胸前有甲如火，与紫玛瑙，并硫磺。"和合本中的"紫玛瑙"即法语中的"红锆石"，本身为红褐色，长期暴露在阳光下会变为紫色，因此也称作"紫玛瑙"。

那么我们是否可以这样理解，在严格意义上，您与苏亚雷斯的关系并没有形成某种友谊？您真的不是苏亚雷斯的朋友吗？您没有迷上他这个人，没有某种完全属于人与人之间的友爱吗？

友谊只能通过相当频繁的联系来表达。而这正是我人生中的一大不幸，我始终是一个缺席者，一个外人，我认识过形形色色的人，我和他们的接触都是蜻蜓点水；友谊需要大量的时间，需要大量的交流，以便令其得以巩固和加强。和类似菲利普·贝特洛那样的人交往时，有可能产生友谊，但我其实和他差异巨大，几乎没有共同点。而在纯文学的来往中，或者纯粹非个人的层面上，这种友谊很难加深。苏亚雷斯就像纪德一样，在他身上，有很多东西引起过我的好感，但仍然需要观点的交流，需要彼此不可或缺，才能让这种友谊得到巩固。

这是我人生中的一大不幸：由于我长期的局外人处境，我无法与我遇到的大多数人深入接触。

您认为，单单这种把你们隔开的地理距离就足以解释这种局外人处境吗？您难道不认为这属于您天性中的基本属性吗？

有这方面的原因，当然有这方面的原因。二者其实兼而有之。我的个人职业总是把我引向国外，让我习惯于独自生活，而我在与别人交往时遇到困难就有很多这方面的原因。我能以如此亲密的方式与菲利普·贝特洛结成友谊，其实需要一些非常特殊的契机。

对，但我想知道的是，也许这并不完全是由于您长期独处，因为金头说到底也是孤家寡人：他的朋友赛贝斯是他创造的，赛贝斯只不过是金头的另一部分而已。而您正是为此离开的，您在动身之前就已经是一个外人了。

是的，这有可能。这也许是我天性中令我感到遗憾的一面，是我人生的诸多遗憾之一。我发现，苏亚雷斯，也许就和以前的夏尔-路易·菲利普一样，对我另有期待。也许我应该坚持别的方案。很难弄清楚。他对我另有期待，我相信他怨恨了我一辈子……总之，我听说，那些在他临终时见过他的人，都在他身上看出对我怀着深深的怨恨。

仅仅针对您吗？我认为，他对许多人都心怀积怨，尤其是对纪德。现在，当我们想到您为了让纪德和苏亚雷斯认识，为了让他们互相理解、彼此重视而做出的努力时，他对于纪德的怨恨就更容易解释了。您与纪德的通信证明了这一点。

不过，我想再问您一个关于苏亚雷斯的问题，就像您之前指出的那样，您发展新信徒的热忱态度在纪德和苏亚雷斯身上都收效甚微，我想知道，他们二人所抗拒的是不是同样的东西：因为在我看来，他们二位的气质差异巨大……

首先，有两件大事，导致我主动联络各种截然不同的人。纪德是新教徒，苏亚雷斯是犹太人，仅凭这一点就足以产生区别了。另一方面，纪德是一个快乐的人，他是人生赢家，苏亚雷斯则认为自己是一个"不幸之人"，就像热拉尔·德·奈瓦尔[1]说的那样，仿佛一个没有得到公正对待的人。和任何一位文坛老手一样，他利用这种处境抬高自己的身价，终于融入其中，也许还带着某种乐趣。

您说的话在我看来相当严厉。看起来我们也许可以试着给出一种更加宽厚的解释。因为，苏亚雷斯作为犹太人，也许心里一直怀揣这种对于公正的诉求以及受到某个社会群体排斥的感觉，而您曾经怀着强烈的悲怆感把这些内容加在您笔下的犹太人物身上。

你说的话有一定的道理……很可能你是对的。

不过，除了苏亚雷斯，在您与作家们大量通信的时候，您没和巴雷斯联系过吗？我之所以提到他，是因为我有能力

1　热拉尔·德·奈瓦尔（Gérard de Nerval，1808—1955）：法国浪漫派诗人，在其最具代表性的诗集《幻象集》中，开篇第一首便名为"不幸之人"："我是阴郁者——是鳏夫——得不到安慰的人……"

询问的大多数人，尤其是年轻人，对于这位作家的态度都非常不公正[1]。

好吧，我和巴雷斯是通过贝特洛熟悉起来的，更确切地说是通过贝特洛夫妇，他是夫妻二人的密友，对他们表现得极为忠实正派。有一段时间，巴雷斯打算给我写一篇文章，类似于他给莫里亚克和佩吉[2]写过的文章。

稍晚一些，那是在 1913 年至 1914 年间。

我们通过信，内容涉及他的各种著作。我用尽可能善解人意的方式给他写信。然后，他要求我为他开路，跟他谈谈我的想法、感受以及生平经历，而我很不幸地给他弄出了一篇兰波的颂歌（我几乎不可能有其他做法！），这似乎让他气得跳脚。

是的，这和您撰写那篇关于兰波的著名短文的时间几乎一致。

没错。似乎这让巴雷斯大怒，从那时起，我们之间的

1　莫里斯·巴雷斯一度在法国文坛声望颇高，1906 年当选法兰西学院院士，但由于后来逐渐转向反犹主义与右翼民族主义，遭到了年轻一代的敌视。其中，以 1921 年 5 月 13 日布勒东等人在巴黎对其发起的一场虚拟审判最为著名，活动的全名为"达达对莫里斯·巴雷斯的诉讼和审判"。

2　弗朗索瓦·莫里亚克（François Mauriac，1885—1970）是法国作家，1952 年诺贝尔文学奖得主。夏尔·佩吉（Charles Péguy，1873—1914）是法国诗人，1914 年 9 月在第一次马恩河战役中去世。

通信就突然地、粗暴地停止了。

在那之前您还给巴雷斯寄过一份重要的手稿吧？

四页，大概有四页，在其中我试图尽我所能地让自己得到理解。它标志着我们之间交往的结束。

是有人建议您简短一些吗？因为似乎巴雷斯不会花很多精力阅读。

啊！我有一套古老的官僚做派：我知道，如果想被人阅读，就不应该写得太长！（笑）

并不总是这样，我们之后再回来谈这个问题。现在我想问一下，对于作家巴雷斯，您当时和今天都有怎样的看法。

我认为他是一流的记者，在我眼中，这绝不是什么贬低，远非如此。相反，我认为这是一种卓越的能力，是写作艺术最为闪亮的职业之一。巴雷斯是一位出色的记者，通过他决斗者的锋刃，同时以他言辞的优雅，完全不带一丝粗俗、粗暴，却像一位大师一样游刃有余。从这个角度看，他的那些书，比如《他们的嘴脸》，比如他在巴拿马以及之后写下的很多书[1]，都堪称杰作。但坦率地说，我不认为他是思

1　《他们的嘴脸》是巴雷斯出版于 1902 年的作品。1906 年巴雷斯出版《巴拿马见闻录》，内容涉及修建巴拿马运河期间的各种法方丑闻。

想家或者诗人，也不是小说家。

不是小说家？我不知道，您是否愿意对这个话题做出一些补充说明呢？在作家、诗人、小说家或者哲学家以及记者之间，您做出了什么本质性的区分呢？

关于这个话题，需要进行大量讨论，不过，记者就是与某个人或者某个敌人对话的人，他试图让自己得到理解：他始终需要一个对话者。这个对话者也许是读者，也可能是他的对手。此时他完全掌控了他自己，掌控了他的本领、他的肌肉、他的好胜心（在心理学家看来，好胜心是人类本性最深处的禀赋），在那一刻，他成了他自己，成为某种真正引人注目的战斗昆虫。

我们无法把您描述成一只战斗昆虫，不过关于好胜的本能，上帝知道您并不缺少！

啊！你相信……（笑）

噢是的！

你让我大吃一惊！（笑）

那么关于作家巴雷斯呢？

作家？当巴雷斯满纸空话的时候，他没有察觉自己真正的土壤，至少我有这样的印象。起码在我看来他不善于描写。他没有明显的诗歌天赋，他的思想在一个非常狭窄的圈子里运转。他来自孚日地区，是一个山里人，也就是说，他带着巨大的勇气与坚持，试图去利用一片并不那么富饶的土地。在孚日山脉，经常可以看到农民们会在同一片小草地上割八次草……至于巴雷斯，你会发现，他拥有一种非常特殊的技艺，善于利用他的一切思想并将它们收割成牧草。

总而言之，如果我们把造就巴雷斯的风土与造就拉辛、拉封丹以及您本人的风土进行比较，就会发现后者的土壤显然更加深厚富饶。

但是他把这些都利用起来了，利用得非常好。

是的，他利用得非常好，但即便如此，您难道不认为，巴雷斯受困于某种姿态，而且在他的内心深处，还存在更丰富、更令人担忧的倾向吗？

这有可能。他是一名志愿兵，我不能说别的了。他具有山民的精神。他既是奥弗涅人，也是孚日人[1]，这两个地方都是山区，都具有这种战士的本能，他坚持了一种在他看来

1　巴雷斯的父亲来自法国中部的奥弗涅山区，本人则出生于法国东北部的孚日地区。在法国历史中，山民的抵抗精神与反抗意识要远远强于平原地区的人。

适合树立的态度。

是的，总之，为了总结对巴雷斯的简要概述，一切都包含在巴雷斯自己的话里，"大地与死者"[1]，而对于您而言，则像人们常说的那样，是"海洋与生者"。

既然我们依然在谈论您和您的一些朋友之间保持的人际往来，那么我现在想问您，您是在什么情况下接触到雅克·里维埃尔的，与纪德同时以及在纪德之后，您曾经对他施加过极其深刻的影响，这种影响还从里维埃尔那里传到了所有那些把他当成兄长、心怀深厚情谊的人身上。

我和里维埃尔的交往是怎么开始的？我不记得了。

1907 年，他给您写过一封信，一封非同寻常的信，您也给他回了信。在那之后，你们之间就开始了十分感人的通信，对此您似乎也十分重视。

是的，毫无疑问。这些通信引起了巨大的反响。里维埃尔和我的其他笔友类似，我跟他在现实中的来往并不多。不过，似乎我那些话，至少在某一段时间内，在他那里引起了更多的共鸣，而到了他的生命终点，它们终于产生了

1　"大地与死者"：巴雷斯民族主义思想的根基，认为一国人民共享一种信念、共居一片土地、共流一种血液、共有一位祖先，因此可以形成共同体意识。

充分的效果[1]。他的妻舅阿兰-富尼耶[2]，也许比他更能理解我说的话，也许我对阿兰-富尼埃产生的效果也更好……他们俩形影不离。你谈到我与里维埃尔的通信，其实他和阿兰-富尼耶的通信也许更加有趣。他们两位都拥有美丽高贵的灵魂，对此我留下了非常美好的回忆。在里维埃尔去世时，有人请我写一首关于他的诗，在我写下的那几行诗句中，我几乎把自己对这个小伙子的一切想法都放了进去。在我看来，他具有一种科学家的气质，把一些卓越的科学素养引入了艺术之中，引入了他对艺术的判断方式之中。与此同时，他的天性极其敏感，极其宽厚，在我看来他完全是为上帝而生的。我和他的交往以及由此取得的成果[3]无疑是我生命中的巨大安慰之一。

不过您知道，整个《新法兰西评论》团队都宣称，里维埃尔去世时，虽然不是至死不忏悔，但他的临终忏悔对他而言只是一个意外而已[4]。

1　此处的"共鸣"和"效果"指的是宗教层面。在克洛岱尔的劝说下，雅克·里维埃尔皈依了天主教，并且在去世前进行了天主教的临终忏悔。

2　阿兰-富尼耶（Alain-Fournier, 1886—1914）：法国作家，是里维埃尔妻子的哥哥。

3　1913年12月25日，雅克·里维埃尔在克洛岱尔的劝说下皈依天主教。

4　1925年2月14日，里维埃尔因病去世。去世后，他的夫人伊莎贝拉整理了他的手稿，同年以《追寻上帝的足迹》为名将其中部分内容出版，克洛岱尔专门为这本书撰写了序言。但在该书出版之后，引起了《新法兰西评论》杂志社中里维埃尔多位友人与合作者的激烈抵制，对于其中涉及的信仰问题展开了激烈论战。

每个人都可以对此持有各自的看法。我也有我的看法，而且无意改变。（笑）

不，问题并不在于要求您改变对于这个话题或者任何其他话题的看法。

为了结束这个话题，这些通信只是我与各方维持的宗教通信的一小部分。我在宗教方面的信件并没有止步于此。它们陪伴了我一生，甚至现在我依然会不断收到各种需要进行回复的邮件。哪怕今天早上我还收到了几封。我收到的信件甚至越来越多了。在这个问题上，我与各方都保持着大量通信。但只有这四个人，里维埃尔、阿兰－富尼耶以及雅姆和弗里佐，我只和他们保持着连续通信，可以称为一场战役。

是的。在这些人中，纪德和苏亚雷斯经常指责您为了拯救他们的灵魂而进行干预时表现出的坚持或者轻率。相反，在您的某些信件中，至少是在您写给纪德的信件中，您却似乎在责备自己不够粗暴。您责备自己没有坚持到底。似乎，您扪心自问，如果您拥有更大的能力，如果您能现身得更加恒久、更加纠缠不休，未必不能最终打破您谈到苏亚雷斯时提及的那副著名的"红锆石盔甲"。

你说得很恰当，在这些通信中，我可能过于关注我自己的观点了。如果我是一个听告神父或者牧师，我会更加努力地把自己带入对话者的皮囊，更准确地理解对方、关心对方。这是我悲哀的天性导致的，对此我感到遗憾。如果我更有爱心，如果我更加关注他们自身的人格，关注他们的本性，包括他们的缺点甚至恶习，那么也许我会取得更大的成功。对此我感到遗憾。

第三十四次访谈

在构思三部曲期间，您还创作了很多批评作品和抒情作品，眼下先让我们把它们放到一边。从 1919 年到 1924 年，这段时间主要被您用来撰写您的巨作《缎子鞋》。当今与往后的克洛岱尔迷们都把这出戏看成您的集大成之作。《缎子鞋》全剧都处于一个已经过去的、已经确定的历史时期[1]，但其中驰骋的诸多力量，它们具备的形而上因素却要超过历史性，因此我们可以认为，无论我们设想人性在历史的哪个节点得到理解，这些力量都始终完好无损。

是的，而且《缎子鞋》里还加进了很多三部曲中没有收入的元素，起码收入的方式没有如此直接。不过这会把我们卷入一些非常个人化的思考，现在讨论还不是时候。我只

1　克洛岱尔为《缎子鞋》设计的历史背景是十六世纪末十七世纪初以西班牙为中心的全球殖民帝国。

想提醒你注意一个事实，三部曲中的每一出戏之间存在一个共同点，那就是极其苦涩、幻灭、悲痛、几近犬儒的一面，正是这些内容构成了三部曲的"氛围"。

没有什么比西妮的牺牲更加悲痛，没有什么比图桑·图赫吕尔父子之间的冲突更加苦涩与犬儒，最后，还有那个盲女，她坠入爱河，却没有能力目睹并实现这份爱的目的，没有什么比这更加凄苦。

可以这么说，在《缎子鞋》里，这种悲痛的氛围荡然无存。《缎子鞋》里也有牺牲，但是一种欢快的牺牲，为一项伟大事业而牺牲，由于始作俑者们展现出的超人勇气，这项事业才得以实现……

在您开始构思《人质》的时候，您有没有想到这出戏之后还会有另外两部，从而横跨了三代人？

噢，完全没有。工作时，我只会产生最近在眼前的念头。

但是，您的通信集里会出现一些相当总体的意见。

您在1908年前后曾经这样写道："旅行者看到了这些惰性的庞大的东方文明，就会理解基督教是一种珍贵的酵母，恰恰因为它没有让人类天性中的任何部分停息下来。"

我们很容易相信，当然这是事后的判断，您当时肯定试图在一套大型戏剧作品中记录世界的演变过程。在您经历过远东之后，您认为这些东方文明是惰性的，因为它们被固化了，仿佛身陷某种符合规范的传统中动弹不得，而西方则被基督教的酵母发酵，被不断改变世界的痛苦烦扰。

这一切都是我体内的本能，并非特定思考或者果决意志的对象。当然，对于作家来说，他的一切作品都以沉睡状态存在于他体内，就像橡树存在于一颗橡子之中，但在对未来的模糊预兆中，还没有任何精确的、特征鲜明的内容。

你提到了东方文明与基督教文明的反差，你说得很有道理，但我用来形容这些东方文明的，并不是"惰性"这个词，我更愿意说"起伏"，也就是说，始终在重复产生同样的运动。你阅读中国的历史，就会不断看到同样的朝代出现、消失然后又重新产生另一个朝代，彼此之间其实并没有什么大差别[1]。这一点在所有东方国家都一个样，而在基督教国家则完全不同。"sens"这个词，一方面指某个句子或者某种表述的"意义"，另一方面表示一条河流的"方向"。基督教文明来自某处并前往他方。这就是其戏剧性一面的由来。历史是有"方向"的，而剧作家的角色（例如莎士比亚），就是确定这个方向并且呈现它的来龙去脉。

---

1 克洛岱尔认识中的中国始终是晚清的中国，依然处于封建时代的循环之内，他对于之后的民国以及中华人民共和国并不了解，尽管访谈时间是 1950 年。

我认为您已经清晰地呈现了它从哪里来以及去过哪里，这一切都与您对世界的构想紧密相连，不过有一点也许还没有呈现出来，那就是它之后要往哪里走呢？

这是未来的秘密，除了我与以赛亚的接触[1]，我几乎从未试图揭示过这一点。以赛亚是一位先知，而我不是，他指出这些文明与这些国家演变的开端[2]，而我在写这些剧作时，对这些问题的考虑还不够成熟。就目前来说，《缎子鞋》更多是对诸多历史演变以及我灵魂和思想的各种进展的某种解释和实现，并非像你指出的那样，开启了朝向未来的看法。

我刚才说过，三部曲中的每一出戏都沐浴在一种独特的气氛之中，一种充满不满、遗憾、悔恨、怀旧以及悲痛的气氛，这种气氛非常特殊，而《缎子鞋》必须为其画上句号，它结束于一种抚慰，在某种意义上胜利了，尽管有牺牲，但我们却看到了其中光荣而慷慨的一面。

*

关于三部曲，您和我说过，这三出戏对您来说标志着一段痛苦的时期。关于这个无比痛苦的时期，无论它是属于您的个人生活，还是在您的个人生活内部，属于您的诗人生

1　此处应该是指克洛岱尔撰写的《以赛亚福音》。

2　《圣经·旧约·以赛亚书》中谈到了地中海周边各国未来的命运。

活，除了通过某些人物对话，我们找不到任何相关迹象。如果我的问题不算太轻率的话，您能否和我们说几句呢？

判断一个人，不能仅看他的文学作品或某种思想情感倾向。在一个中年人身上，会有许多种倾向叠加在一起，它们在延伸时并没有混同。一方面，一个人受了很深的伤，这个伤口需要很长时间才能愈合，但不应该认为愈合工程占据了他的一生；伤口显然依旧存在，但除了这伤口，还有健康与抚慰方面的事务，它们在我的书中同样清晰。在我的戏剧里有悲痛苦涩的一面，但同样可以找到舒缓的、欢快的一面，甚至从某种角度看堪称胜利的一面，比如《三声部康塔塔》《普罗透斯》《冠冕》[1]以及同时期的其他作品。所以不能把我描绘成《以赛亚书》中的那些犹太人，筛选着已逝之爱的灰烬[2]。我感受到的深深伤口，我没有能力把它完全消除，就像我跟你说的，它需要一段时间去愈合，但与此同时，还有充满新鲜空气的生活，被婚姻、孩子、实际的成功填满，我的作品开始为人所知，我也开始功成名就。为理解我当时的精神状况，这一切都值得考虑。并非只有苦涩与悲痛。

1　《三声部康塔塔》是克洛岱尔 1912 年完成的一部剧作。《普罗透斯》是克洛岱尔 1913 年完成的一部剧作。《冠冕》则是克洛岱尔 1915 年完成的一部诗集。

2　此处克洛岱尔可能化用了《圣经·旧约·以赛亚书》第三十三章第十二节："列邦必像已烧的石灰，像已割的荆棘，在火中焚烧。"

在一封关于陀思妥耶夫斯基的信件中，您说过："艺术存在的一个重要原因，就是灵魂的净化。"如果我们把这个关于艺术的美妙定义应用到您的三部曲中，那么我们就很想知道，在撰写这三部剧作时，您的灵魂得到了怎样的净化。

在《正午的分界》中可以找到这方面的解释。说到底，《缎子鞋》与《正午的分界》二者的诞生密切相关，可以这么说，《缎子鞋》结束了一个循环。种种情况允许《正午的分界》中的两个对手发生一次"重逢"[1]，一次会面，给出一个解释，以及最终在一个更高的意义上，得到一种抚慰。《缎子鞋》标志着这种抚慰。某种莫名其妙、无缘无故的东西带来的伤口也许是最痛苦的，但这种伤口不复存在了。《正午的分界》里发生的事情，我已经想明白了，《缎子鞋》只是对两个人心中发生之事的一种解释。我不会过于强调这私人的一面，但与此同时，这种相遇、重逢和抚慰，则被当成了完整人生的轴心，这一生都被献给了无数次旅行、思考，还有各种各样的狂想，用人们现在常用的一个相当浮夸的词来说，这次相遇构成了它们的"催化剂"。

《正午的分界》中的凄美惨剧已经结束，而这正是写作《缎子鞋》的主要原因，也是其给出的主要解释，表明这些

1　1918 年前后，克洛岱尔与曾经的恋人，《正午的分界》中漪瑟的原型罗萨丽·维奇重逢，这构成了他创作《缎子鞋》的重要动机。

苦难和不满在总体上是一件好事，就像《缎子鞋》序幕中说的那样，"但愿万事万物都协力向善"，圣·奥古斯丁也是这么说的，而这本大书便是其明证。正如你所说，这本书总结了我的一切艺术、一切思想与全部人生。

在我看来，您刚才指出的内容照亮了《缎子鞋》中的一条道路，这部《缎子鞋》，您认为它的舞台是全世界，其中既涉及地理世界，也就是我们生活其中的整个地球，也涉及超自然世界。

不过，您刚刚骤然点亮的这条道路，对于您笔下的两位主人公罗德里格与唐娜·普鲁艾泽以及其他人物（他们就像是这对恋人的对位主题）而言，他们看似在这条路上相伴而行，彼此之间却隔着不可逾越的距离，这条道路并不能解释一切。

在一封1909年的信中，我相信自己找到了一些关于这出戏的哲学论据。您这样写道：

"还有什么比不可见之物与一切可见之物的斗争更加悲剧性呢？基督徒不像古代智者那样生活于平衡状态，而是身处一种冲突中。他的一切行为都有后果。他感到自己处于一种持续性的创作状态。戏剧的意义何在，它涉及的不是死亡或婚姻，而是永生与永死，你也在其中占有一席之地，不是在虚构的情节中，而是在人性的永恒戏剧中！"

在我看来……

这些内容是我写给纪德的吗？

这些内容是您写给纪德的。在我看来，这种人性的永恒戏剧，正是您想在《缎子鞋》里描绘和展现的内容。此外，在另一封信或者同一封信里，您还补充过一句："唯有基督徒了解欲望。有一出悲剧的舞台长达几个世纪，演员数以百万，还有哪部悲剧可以与之相比呢！"这是从您 1909 年的通信集中抽取出来的片段，换句话说是在您动笔撰写《缎子鞋》十年之前，在我看来，没有什么比它更适合作为《缎子鞋》的解释性题词了。

这是这部大戏的诸多方面之一。就像往水里扔了一块石头，产生的涟漪越传越远。石头，我认为这正是我要向你表述的感觉；涟漪，则是你刚刚朗读的段落，它构成了几条波纹，当然还有其他的，但说到底，它们都聚拢在一起，都集中在这个最主要的冲击周围。

这个最主要的冲击，正是从它这里诞生了戏剧，正是它构成了戏剧的萌芽，它就是普鲁艾泽与罗德里格的相遇吗？

我确实是这么认为的。只要在这种冲击和涟漪荡漾的念头之上，再加上结晶的想法，就像儒勒·凡尔纳[1]的小说

1　儒勒·凡尔纳（Jules Verne，1828—1905）：法国小说家，科幻小说的鼻祖之一。

里一样，你知道，在他的小说里有个人往海里扔石头，石头立刻就冻住了。在一个作家的脑海中存在许多类似的画面：发生了某种冲击，某种刚刚萌芽的火星，围绕着它，一切都组织成型，就像《火刑架上的贞德》里双手被缚的姿势。在《正午的分界》里，肯定存在分离，但它也同时构建出相反的内容，也就是两颗彼此分离的灵魂之间的聚合。

对此我心知肚明。但我似乎想要死缠烂打，总是碰同样的钉子，我不知道最终是否会得到您的认可。您刚才指出的内容极其正确，即便在我看来不对，我也不会和您唱反调：您的证词必定占据上风。我想说的是，我们确实可以在《缎子鞋》中发现，一些人物的关系和处境与《正午的分界》里的人物境况密切相关。您十分强调这一点。因此，就像游瑟游走于三位男性德·希、梅萨和阿玛里克之间一样，普鲁艾泽也同样身处三位男士之间，她的丈夫法官唐·佩拉日，罗德里格以及卡米耶[1]。就像游瑟会有一个孩子一样，普鲁艾泽也有一个孩子，一个独特的孩子：小唐娜·七剑在精神与灵魂方面是罗德里格的孩子，她从罗德里格那里承袭的灵魂最终塑造出一具类似于这位精神父亲的身体。

---

[1] 在《缎子鞋》中，唐·佩拉日是唐娜·普鲁艾泽的丈夫。罗德里格一直在追求普鲁艾泽，也是普鲁艾泽真正爱的人。卡米耶是唐·佩拉日的表弟，在佩拉日去世后，普鲁艾泽出于种种原因不得不嫁给了卡米耶。

可能的话，我想请您告诉我们这部戏的胚芽以什么方式、如何孕育出《缎子鞋》这样庞大的全球布局？

那么我们就进入技术领域了，这是完全不同的。整部戏曾经在我的脑海中处于悬浮状态，也就是所谓的"胶体状态"。1921 年，在丹麦[1]停留一段时间之后，我回到了巴黎，不久之后受命前往日本公干，正是在这段时间，最初的想法以某种航海节的形式出现在了我的精神世界里。这个航海节，在第四幕中得到了重现，最开始叫作"在巴利阿里群岛的风里"，在从丹麦到日本的间隙期，我在巴黎开始动笔撰写的正是这第四幕。

然后我就把这个想法带到日本。渐渐地，各种事情在我的头脑中凝结，我终于弄明白了这部戏本身包含的各种广阔前景，它们都被摆到我面前。于是我又开始动笔，从第一场依次写下去。渐渐地，各种想法遵循着我的构思方式汇聚到一起，这些构思从来都不是事先想好的，而是随着一路前行，随着情节展开而受到启发，就像一个徒步者看到其他各种前景愈发频繁地在他面前展开，却往往没有被他提前预见。一幕幕接踵而来，每一幕都有属于它的前景、侧景、记忆、渴望，总之，囊括构成一个人和一个诗人生活的一切。

1　1920 年克洛岱尔在丹麦哥本哈根担任全权公使，1922 年出任法国驻日大使。

另外，我已经写完的第三部分在东京大火[1]中被烧毁了，我不得不从头到尾复原。

您刚才说了一句话让我觉得特别有启发性。您刚才说，构成一个人生活的一切都在您的剧作中占有一席之地。

总之，您笔下的主人公，尤其是罗德里格真实或想象的长途奔波，重现了保罗·克洛岱尔从领事到大使一路穿行世界的旅程。

是的，一切都非常准确，不过进行了一些加工。比如，我把发生于巴西的事情搬到了西西里岛：关于唐娜·穆西克的整场内容[2]，其实都发生在一片原始森林里，而在西西里，我相信早就没有任何原始之地了，无论是森林还是其他什么。总之，它其实是在巴西发生的：那是一段记忆，关于我在我的朋友达里乌斯·米劳[3]陪伴下在原始森林里度过的一夜，涉及原始森林能够提供给我们的各种奇妙灵感。

1　1923 年 9 月 1 日，日本发生关东大地震，引起了东京大火，克洛岱尔的住处也受到波及，包括《缎子鞋》第三幕在内的大量手稿和藏书因此被毁。

2　即《缎子鞋》的第二幕第十场，描写了唐娜·穆西克与爱慕她的那不勒斯总督在西西里岛原始森林中的经历。

3　达里乌斯·米劳（Darius Milhaud，1892—1974）：法国作曲家，与克洛岱尔合作谱写过多部歌剧。克洛岱尔在巴西里约热内卢担任全权公使期间曾任命米劳当他的秘书。

第三十五次访谈

在《金头》的第一部分，您笔下的主人公曾经向一棵大树寻求建议，他把这棵树称为他的导师，他在那首令我们记忆犹新的赞歌结尾吟咏道："噢，悄声告诉我这个构成我本质的词语，我在体内感到了它可怕的应力！"

我想问您，在写完《缎子鞋》之后，您是否感觉到终于认清了这个构成您本质的词语，并且把它说了出来，您是否感觉到一种胜利的欢欣，一位"我完成了我的工作，硕果累累"之人的喜悦，并且体验到《人质》结尾西妮完全表达出心中所想之后的衰竭呢？

当一个人由于完成了一项重要工作而得到满足时，他的本质得到了充分的表达，但这并不意味着他感到衰竭！这不属于我的情况，说得更确切一些应该是：我工作中的一个重要部分收尾了，蓦然回首让我感到满足。我确实感到自己工作中的大部分内容已经完成，我感到自己身上最本质的戏剧性一面，也就是你所说的"词语"（这个词其实意味着一种对话），已经耗尽了我体内有可能存在的冲突与争辩之力。不过，这只涉及我的一部分本质而已。我有一种略显模糊的感觉，感到自己还有很长的路要走，还有很多生动的表现力有待实现。

历时五年完成了这部长篇剧作，我所能体会到的满足感来自生平第一次实现了一个整体，其中包含了我心中好几部碎片化戏剧的主题。在《缎子鞋》里可以发现对于先前各类戏剧作品的总体反思，这其实不难辨认。

是的。在上一次访谈中，您告诉我，《缎子鞋》的起源，或者至少是相关想法的凝结，可以追溯到与漪瑟的那位昔日原型的最后一次相遇，如果我们能够把这部戏的男主角[1]带入梅萨这个人物身上的话，这种舒缓而决定性的解释便确立了梅萨和她之间的明确关系。

于是，在重读《缎子鞋》时，我们就会想到，全剧的核心，是由第二幕第十三场"双影"与第十四场"月色"组成的，这两场戏都非常奇异，月亮同时注视着罗德里格与普鲁艾泽，"亲吻他们的心"。

---

1 《缎子鞋》的男主角罗德里格与《正午的分界》中的梅萨存在诸多相似之处，他们都爱上了一位有妇之夫（唐娜·普鲁艾泽／漪瑟），而且她们在丈夫死后都嫁给了另外的人（阿玛里克／卡米耶）。

"双影"这场戏[1]实在非常独特，非常晦涩，它到底有什么含义呢？

当我们想到这出戏的主题时，这个场景在我看来便不像你认为的那么奇异晦涩了！至少诗人有权设想，这两个人物都存活于对方的思念中，这种思念其实是一片影子，这些影子在某一刻聚合形成唯一的躯体与唯一的含义，这并不令人惊讶。"双影"的想法便来自这里，可惜它无法在剧场里实现，令我深感遗憾。巴罗和我在这方面进行过各种尝试，但未能成功。我不知道如果搬到电影里这些东西是否更有可能实现呢？我相信这一点，因为电影可以调动的资源比戏剧

---

1 《缎子鞋》第二幕第十三场全文内容如下："（一个男子和一个女子一起站立着，双影映照在舞台深处的天幕上）双影：我谴责这个男人和这个女人在影之国里把我变成了一个没有主人的影子，所有那些在被白昼的阳光和月夜的清辉照亮的围墙上晃动的人影，没有一个不认识它自己的创造者，没有一个不忠实地勾勒出他的轮廓。然而我，人们会说我是谁的影子呢？既非独处的这个男人，亦非孤身的那个女人，而是一个包含在另一个之中的两个人，一起淹没在这个不定型的新影中。作为我的支柱与根系，那男人沿着这堵被月光照得通亮的墙行走在卫兵的过道上，赶往人们为他指定的住处，而我身体的另一部分，这个女人身着窄小的衣裙，神不知鬼不觉地突然赶到了他前面。他们的灵魂和肉体一言不发地互相撞击，随即就融合一体，我亦即在墙上开始生存，这一切是如此迅速，令人目不暇接，来不及认出他和她来。我指责这个男人和这个女人，由于他们，我仅生存了一秒钟，由于他们，我被印入了永恒的纸页！因为，凡曾生存过的都将永远归入不可毁灭的档案。要不，为什么现在人们不避风险地在墙上铭刻被天主禁止的符号？为什么把我创造出来后，他们要那么残酷把我的整体分割开来？为什么他们把活蹦乱跳的两半带到世界的尽头，难道说通过我身上他们的一角，他们就不断地认识到了自己的局限？似乎我不是独自一个存在着，似乎在羽翼的疯狂拍击中这词儿一时间飞离了可读的大地。"所谓"双影"，就是男女主人公的背影融合而成的影子，在剧中克洛岱尔将其当成了一个剧中人物，主动开口独白。

多得多。总之，这个场景无法在剧场中实现令我深感遗憾，因为它是全剧的关键，因为《缎子鞋》讲的就是两个无法重聚的恋人的故事。所以起码应该有一场戏，来展现这种相聚至少在理论上有可能发生，而这种充满象征意味的夜间光线，月光，便是其手段和工具。

"双影"说话了，您把它变成了一个剧中人物，它开口说道："我指责这个男人和这个女人，由于他们，我仅生存了一秒钟，由于他们，我被印入了永恒的纸页！因为，凡曾生存过的都将永远归入不可毁灭的档案。"而当罗德里格在心中听到普鲁艾泽的声音时，他这样说道："世上唯一的声音，唯一的声音，它低沉地诉说着，在这个牢不可破的婚姻内部。"我把这两段话摆在一起，就提出了一个对于您的观众来说相当难以理解的问题。

我看不出这个问题有什么难点。两颗长久亲近甚至可以说融为一体的灵魂，肯定会在人的记忆中留下些东西，甚至可以在永恒的记忆中留下些什么。根据各种神圣经文可知，任何曾经发生过的事情都不会消失，将被永远写入《末日经》[1]里提到的"案卷巨册"之中。福音书多次告诫我们，

---

[1] 《末日经》（*Dies irae*）：也称"震怒之日"，描写了最后审判的画面，是一首天主教圣咏，一般在安魂弥撒时咏唱，其中有一句唱道："将开启案卷巨册，一一详录，生灵善恶，各被判断。"

我们的任何行为都不会落入虚无、坠入遗忘，哪怕我们头上掉落的一根头发都会被记忆保存下来，更何况两颗最终相遇的灵魂之间的故事呢。你在其中看到的隔阂，在某种程度上便代表了"案卷巨册"翻开的页面。

既然我们已经提到了这些剧中人物，比如"双影"和"月亮"，那么也许是时候谈一谈《缎子鞋》的文学天地、它的构建方式以及其中塑造的各色人物了。某些人物与作者本人息息相关，某些人物在某些方面甚至就是作者自己，不过还有很多人物只具备单纯的表现价值或者说装饰价值。另一方面，您在剧作中引入了一些天使，尤其是普鲁艾泽的守护天使，还有各种圣徒，比如圣雅克，我想请您给我们解释一下，这一切究竟如何构成了您戏剧的主体以及《缎子鞋》的文学天地。

《缎子鞋》中点亮的强光，这颗最终得到解放的灵魂（就像全剧最后一行提到的那样[1]）收获的欢欣，如果没有唤起一连串来自记忆或想象的形象，就不会发生。

那些令我深感敬佩的古代巨著，也就是荷马的两部伟大史诗，《伊利亚特》与《奥德赛》，我对它们的敬仰之情也许高于一切，它们同样给我们提供了一大群人的舞台，这些

---

1 《缎子鞋》的最后一句是："拯救被奴役的灵魂！"

人物都与核心主题存在或多或少的关联，而从绘画或音乐的角度看，他们都成了核心主题的一部分。

《伊利亚特》的主题是阿喀琉斯之怒，但除了这个主题，还出现了其他一众自然或超自然的人物形象，无论老学究们怎么想，这些人物都不可能从这部壮丽的史诗中分隔出来。

那么，同样，在我看来，我想要表达的主题也包含了各种思考、各类回声、各色有意的提示，我沉醉其中，因为它们都从属于这条令我沉醉的丰沛激流，它们与全剧的关联，不仅在于戏剧效果，而且如果你参考一下我的《诗艺》，它们还能提供一系列明暗对比与反衬。我在《诗艺》中提出，在森林里，导致一片叶子显现某种颜色的原因，不仅取决于各种物理因素，还与相邻叶片为其提供的艺术补充有关。对于所有这些与全剧缺少硬性联系的人物来说，正是这种补充法则解释了他们存在的原因，他们具有一种被我称为"补充"的关系，我找不到其他更合适的词语了。同样，在一幅提香或者委罗内塞[1]的画作里，你也会看到一些非必要人物，但他们的缺席却会造成画布中的漏洞。比如，令很多人感到惊讶的穆西克这个人物便是如此。而且，除了两位主

---

[1] 提香·韦切利奥（Tiziano Vecellio，1488—1576）与保罗·委罗内塞（Paolo Veronese，1528—1588）均为文艺复兴时期的意大利著名画家。

人公的冲突以及当面对决，我感觉有必要为抒情留出空间。穆西克的性格类似于某种火焰信号，充满欢笑、快乐、幸福，从这个相当灰暗的故事中一跃而出。

是这样，但我想知道的是，引入这些圣徒和天使，是否要求您的观众相信这些人物真实存在。

我只要求观众在观看时相信我的剧本，我不会逾越这一点，我不做卫道士的工作，尽管《缎子鞋》似乎在这方面扮演了一个不可忽视的角色。我仅仅尝试着提供一个令人愉悦的整体，所有的艺术家都是这么做的。之所以构思了一些超自然人物，那是因为我觉得他们的现身在艺术方面必不可少，就像在《伊利亚特》中，奥林匹斯诸神的缺席绝对是不可思议的，少了他们，这部壮丽史诗便不存在了。我的观众不需要相信我笔下的天使或者那些超自然人物到底存不存在，就像《奥德赛》或者《伊利亚特》的读者不需要相信帕拉斯或者朱庇特存不存在一样。

当您把《缎子鞋》中的那些超自然人物的存在与荷马或者埃斯库罗斯笔下的诸神进行对照时，您的意思是不是说，您只要求您的观众把这些人物当成神话，根本不要求他们相信这些人物的真实存在？

"神话"这个词在我看来似乎还不足以说明问题。我只想说，一件艺术作品形成了一个独立的世界，它完全不是神学或者护教论的世界，其目的仅仅是给观众带来愉悦，这种愉悦没有危害，相反，对于那些观看者而言，还能带来巨大的益处，甚至包括精神方面的益处。

至于你提到的那些超自然人物，由于我是基督徒，对我而言，当我祈祷时，他们显然回应了某些非常真切具体的现实，不过当他们被带到舞台这样一个面向观众的独立世界之中时，他们只是作为一些愉悦因素参与进来，只是为那些观看者提供了一套由美与乐趣组成的整体而已。

您难道不认为，在这些美、愉悦、乐趣因素与真理的显现之间，必然存在某种关联吗？

这不是我的目标。我不是什么说教者，我只有一种想法，那就是自我表达并且实现一个让我满意的整体，就像任何艺术家一样，除此我没有其他目的。我之所以写作，从来不是为了论证某种东西或者展示真理，我写作仅仅是为了充分实现一个整体，观众可以从中得出他们想要的任何结论，而我则希望他们能够得到某种精神方面的益处。当然，在我看来，一切道德准则，一旦得到遵守，对于作品的美感并不会产生任何损害，相反还非常有益。

就像荷马曾在他的史诗中引入各种男神女神一样，他的史诗至少从中汲取了一大半甚至绝大部分的美感。同样，对我来说，超自然世界也和自然世界一样真实，因为《信经》向我们讲述了各种可见与不可见的事物，我看不出这个超自然世界为什么不会干预真实之物，为什么不能成为某种美的因素、确认的因素，可以对创作这个虚拟世界所带来的坚实性有所助益。

是这样，不过，我之所以提出这个问题，是因为有相当多的读者提出过，甚至包括很多没有读过的人，他们面对保罗·克洛岱尔的作品似乎也会提出一个问题：如果你不是基督徒，你就走进不了这个世界，你就走进不了克洛岱尔的语言，你就走进不了这个他建造的世界。于是我就想问，为了深入这片克洛岱尔的天地，为了参与剧中人物的冒险，为了发自内心地认可这些人物的冒险，是不是非要成为基督徒，或者起码要能拥有足够的同感呢？

比如，我非常震惊地发现，像纪德那样的人，曾经非常欣赏您的早期作品，当时纪德也把自己当成基督徒，各种宗教问题曾令他非常关心和困扰，在我看来他当时确实能够深度参与到您的剧作中去。而到了1929年，在他看完《缎子鞋》之后，我们可以在他的日记中发现这段著名的评价："读完了克洛岱尔的《缎子鞋》：令人沮丧！"总之，就像是一扇曾经敞开过好几年的大门突然关上了，他再也无法深入这片天地了！

哎，这是他的事情！我只能说，想要进入我的戏剧，完全没有必要成为基督徒，只需要理解克洛岱尔的思路就行了，并不比进入荷马的世界要求更多，根本不必对由荷马搬上舞台的诸多神明以及各种超自然力量信以为真，不过，至少应该意识到这些超自然之物，意识到这些精神方面的崇高属性，意识到这些与人间纷扰藕断丝连的神意的伟大。而且，一些非常具有艺术鉴赏力的杰出人士，反而有可能会被这种超越日常生活的宏大面向完全排斥。我只举一个例子，恰好取自纪德的日记。他记录过一段他和瓦莱里的对话，瓦莱里对他说道："难道还能有什么比《伊利亚特》更无聊的东西吗？"纪德的回答是："有的，《罗兰之歌》！"这段对话足以证明，这两位在各自领域极具艺术鉴赏力的杰出人物，面对这些他们无从进入的崇高精神，他们不但难以被其吸引，而且激烈地排斥。无论瓦莱里和纪德多么杰出，人们都不会认为他们说得有道理，只不过这个世界对他们来说关闭了而已。

所以，《缎子鞋》的观众并不需要做一个无比笃信的基督徒，但他确实需要对于超自然之物保持某种渴望，必须拥有某些亟待表达的深刻情绪，他会在这部戏里找到合适的场景，尽管剧中的很多东西被他漏掉，不过在他看来，这部戏完全可以改装成一间温室，用来培育他心中怀揣的某些模糊感受。

第三十六次访谈

既然您谈到了那些已经看过、正在观看以及将会观看《缎子鞋》的人，那么您就把访谈的内容从书面文本逐渐转向了舞台演出，在具体谈论这些演出之前，我想问您，《缎子鞋》问世时，批评界的反响如何。

这个剧本属于书面和舞台的双重类型。你知道第一次……你想说的到底是阅读还是演出？

我想先谈谈这部剧作结集成册出版时的情况。

啊！这部剧作出版的时候，反响非常简单，那就是深深的沉默。只有一篇苏岱的文章，不对，不是苏岱，是泰里夫[1]，一篇在我看来相当没有分寸的文章，泰里夫在文中写道："一条狗也可以盯着大教堂看，而我在阅读《缎子鞋》

1　保罗·苏岱（Paul Souday, 1869—1929）和安德烈·泰里夫（André Thérive, 1891—1967）都是当时批评界对克洛岱尔多有指摘的文学批评家。

的时候就是这种感觉……"这让他完全迷失了方向。

当时您有没有想过，您的戏剧有朝一日会被搬上舞台呢？我很清楚，您在序言中提到过，"不是完全不可能"，而且还带着一份淡然，但我不知道您当时到底觉得这出戏能不能进行演出，有没有想过有朝一日它被搬上舞台的景象呢？

我写完《缎子鞋》之后，其中的好几个章节甚至整部戏都被搬上过舞台，不可能对《缎子鞋》的外部舞台品质视而不见，它很适合在剧场中落实。我在写任何一部剧的时候，都没有如此直接地想到应该如何在剧场中落实。你可以看到全剧的构思如何适应这种要求，可以看到长篇独白何其稀少、场景何其多变，让观众不至于感到疲劳。这部剧使用的技巧，无论有意无意，都非常接近卡尔德隆 [1] 或者伊丽莎白一世时代戏剧 [2] 的古老技巧，非常接近更晚近的电影手段。正是这种多样性带来的间歇感让观众们可以毫不疲倦地观看，让剧院经理沃杜瓦耶先生 [3] 大吃一惊，其中

---

[1] 佩德罗·卡尔德隆·德·拉·巴尔卡（Pedro Calderón de la Barca，1600—1681）：西班牙著名剧作家。

[2] 特指英国女王伊丽莎白一世（Elizabeth Ⅰ，1533—1603），她统治英国期间，即十六到十七世纪，英国文坛出现的大批剧作，以威廉·莎士比亚的作品最为出名。

[3] 让－路易·沃杜瓦耶（Jean-Louis Vaudoyer，1883—1963）：法国作家。1943年，沃杜瓦耶作为法兰西大剧院负责人，大力支持了《缎子鞋》的首演。

单单一幕就长达两个半小时[1]，这在剧院里绝对是开天辟地的，观众们却乐此不疲。因此，这足以证明其中存在很多戏剧技巧方面的考虑，比我之前的任何剧作都多得多。

是这样，不过，在演出过程中，前三幕依然被大大缩减了，某几场戏没有出现在舞台上，尤其是那场著名的"双影"，而第四幕则完全没演！

尽管如此，第一次演出的时间依然长达将近五个小时。我认为没有多少戏能够演这么长时间，而且根据我从四面八方打听到的反馈来看，观众在任何时候都没有感到厌倦。因此，这就证明，在这部剧作中存在某种纯技巧方面的灵活性，比我之前的任何剧作都多得多，这种属于戏剧工程师的灵活性，强于我之前的任何剧作。

是的，不过我们同样可以说，用于舞台演出的版本构成了一部特殊的作品，而您真正构思和撰写的那部《缎子鞋》，其实还没有搬上舞台。

啊，在剧本中，我完全沉迷于想象，无拘无束。但是当实际问题出现时，我和巴罗设计了好几个方案，例如分成

---

1 《缎子鞋》1943 年 11 月 27 日在法兰西大剧院首演时，导演让-路易·巴罗对剧本进行了大幅删减，整部戏被压缩到了五个小时，全剧四幕的完整演出时间大约需要十一个小时。

两次演出等，但这些方案都没有可行性，僭越了演出所必需的统一性。所以我们不得不进行缩减，你会发现这个缩略版本并没有对全剧造成损害，尽管放弃了一些元素，比如唐娜·奥斯特杰西尔或者唐·利奥波德－奥古斯特的那场戏，让我觉得颇为遗憾。也许，将来我们会找到某种办法来利用这些边角料，但不管怎么说，这部剧作目前的状态在我看来已经实现了某种统一。我打个自己常用的比方：当你观看一座巨型纪念碑或者大教堂时，你并不非要一次看完它的方方面面，你选择一个角度来拍照或者画像，你觉得这个角度最令你满意，无论光线还是其他方面的考虑都是最好的，总之，对此你拥有一套完整的思路。在你见过的那个舞台演出版本中，这就是我和巴罗试图实现的内容。

所以您并不认为这是一次严重的截肢，而且对《缎子鞋》的演出依然感到满意吗？

是的，非常确定。我认为，一个非常巧妙也非常方便实际应用的部分已经从剧本中提取了出来。

您刚刚提到了唐·利奥波德－奥古斯特的那场戏，现在我想问您，唐·利奥波德－奥古斯特是用一个充气玩偶扮演的，对吧，他……

不，不！你把他和第四幕里的朝臣搞混了。利奥波德-奥古斯特是一个老学究，有人向他展示了一条鲸鱼，而他看到这个大自然的鬼斧神工时却被激怒了[1]。那是在第三幕里……

就是那场著名的戏，游来一群雄壮的鲸鱼。

就是那场戏。

不过，您提到的这位唐·利奥波德-奥古斯特，属于一类非常滑稽的人，现在是时候请您解释一下您曾经给出的一个见解了，您认为，幽默和喜剧性是抒情的顶点。

这一点千真万确。对我来说，喜剧性的一面、感情洋溢的一面、衷心喜悦的一面，对于抒情精神来说，我甚至会说对于创造精神来说，都必不可少。

只要走进一个动物园，或者去观察一下自然世界，就不可能不被诺亚方舟有趣的一面所震撼。这种趣味性与意义齐头并进。这些被上帝创造出来的生物是如此独特，以至于它们可以拥有原型意义，就像人们说的，一个与人类差异格

---

[1] 在《缎子鞋》第三幕第二场中，唐·利奥波德-奥古斯特看到大海上一群鲸鱼游过，然后说道："我们好像落到了一群迁游的鲸鱼中间。鲸鱼，统帅官告诉过我，是人们对 cetus magna 这种动物的俗称。它们的脑袋就像一座腔内装满精液的大山，在它的颔角长着一只小小的、不比衬衣纽扣大多少的眼睛，它的耳孔那么狭窄，都搁不下一支笔。你觉得它长得体面吗？它只是令人厌恶！我把这称作滑稽！想一想，大自然竟然充满了这些荒谬、讨厌、夸张的东西！毫无道理！毫无比例、分寸和适度！真不知道该从何处入眼。"

外巨大的典型，就是一个"原型"。所有这些动物，无论是通过它们的习性、形态还是它们与我们道德品质的关系，都是完全意义上的"原型"。一个人，恰恰在我跟你说的那种热情状态与喜悦状态中，激活了所有这些原型，并且令它们为这场创造的伟大庆典做出贡献。一场庆典，如果气氛不欢快，那就不可理解了，同样，创造只是一场巨大的庆典，如果少了这些"原型"，就会变得阴沉凄惨，它们力图为创造带来活力，给予我们一场演出，对场景的宏阔做出贡献。

这就是我试图在《缎子鞋》的喜剧性段落表达的内容，它们并不是什么"小插曲"，对于我而言，它们是一种情绪的纾解，对于观众来说，我希望它们成为一些来自侧面的光线，可以让观众更准确地追踪整体情节。

我还在想，对您而言，这些喜剧性的、滑稽的段落莫非一种宣泄方式，一种相当严厉的宣泄，因为那些花花绿绿的人物，那些身上堆满了头衔、荣誉和勋章的内阁大臣，我必须说，您在《缎子鞋》里出色地嘲讽了他们。罗德里格的轻蔑，在某些方面，正是保罗·克洛岱尔对于某些人物绝对凶猛的冷嘲热讽，说到底，这些人物也符合克洛岱尔自己的某些处境！

这些喜剧段落证明，剧中不存在严格意义上的仇恨和恶意，只有一种普遍的良好心绪。如果我们承认，一出戏里的所有演员都是"乔装的"，那么很显然，即便在最阴沉的戏剧里，也会涉及喜剧元素。大家都知道，在发生的那些可怕冲突中，都贯穿着一种友善的意图，并不是太严重。同样，对于仁慈的天父而言，我想他对于这些可怜虫也保持着一种幽默的同情，他们做了很多坏事，但说到底，其实并没有做什么太严重的坏事。

您心中的"委员会"主席对于某位特定的与会成员有何评价呢？

一个充满同情的评价，这个评价的内容是："好吧，毕竟还有一些东西值得宽容，因为所有这些人物都全心投入了，他们可以很可笑，可以很热情，可以展露出很多感情，展露出各种优秀品质，不管怎么说，他们为一场表演做出了贡献，表演成功与否取决于他们的良好意愿，他们毫无保留。"

是的。我感觉，如果我们想到罗德里格，或者想到可怕的唐·卡米耶，当他们出现在内阁会议上，面对西班牙国王的首相时，那么他们和保罗·克洛岱尔的处境其实有些类似，作为诗人或者作家的那个他，正在评判舞台上那个身穿礼服、挂满勋章的克洛岱尔！

这无可争议。（笑）什么都瞒不了你。毫无疑问，面对这个被授予过各种可笑勋章的自己，我可以做出许多幽默的评判。

是的，您用了"可笑"一词来形容这些勋章，看到您这么说我很开心，因为有很多人以为您把这些东西完全当真了，而且深深为之着迷！

这是另一回事。如果涉及我必须履行的国家公务，那就一点也不可笑。这是职责，我必须诚实体面地执行。这种职责对于外人来说也许具有喜剧性，甚至在我内心深处也是如此……但这毕竟是某种严肃的事情。我必须尽我所能地诚实遵守那些由我签署和缔结的契约。引入一点好心情，一点"幽默"，就像英国人说的那样，对于我严肃用心地履行职责并无损害。比如，我在美国便完全理解了这一点，那些在美国国务院里和我打过交道的人，几乎都具备幽默感，处理非常严肃的事务并不妨碍大家不停地互相打趣。我非常欣赏盎格鲁－撒克逊人的这一面，在其他许多国家，人们都把事情看得过于严肃，而在美国，人们总会引入一些幽默诙谐的元素，而这完全不妨碍严肃处理各种事务。

那么，现在我想问您，关于《缎子鞋》的整体含义，您认为这部戏是一部真正乐观的剧作吗？因为您在剧中借雅典的圣德尼之口，说出了某些意义沉重的话："大地上无物为了人类的幸福而造就。"您认为，就像上帝在创世时心情愉悦一样，安宁的灵魂必然在分享某种欢欣的喜悦，而上文与此是否矛盾呢？

如果说《缎子鞋》里存在一些悲观的段落，这并不意味着这些悲观的段落表达了什么概括性的结论，它们只是为整场演出提供助力的一些元素而已。就比如说，在莎士比亚的很多剧作中，还有比我的戏更加悲观的一面，但其中同样存在由各种形式的欢乐喜悦组成的迷人合奏。

而且，关于你引用的这段话，我想要表达的意思是：避开、错过幸福的最好方法，就是去刻意寻找。同样，一个艺术家，如果像邓南遮或者福楼拜可能会做的那样，去刻意寻找美，几乎肯定与之错过。

如果一个人为了个人利益而寻找某种东西，那么他将永远一无所获。必须拥有另一个目标。幸福不是人生的目标，它只是副产品。美不是艺术家的目标，它也是副产品。个人利益从不是、也不会是一段有条不紊的生活的目标，它是尽职尽责产生的副产品。如果你正在寻找某种利益，无论你在其中看到了幸福还是美，看到了你对自己的爱，对某位女性的爱，那么你肯定找不到。这些东西必须被当成以下内容的附属品与必然结果：得体的人生，佛陀所说的"正道"、正念，总之，那些走上正途、直面现实的事物。

一切趋于自私、趋于享受的想法，都遭到了死亡与贫瘠侵袭。

之前我已经和你谈到了这部戏的核心情感。除此，还有一种被我称为"周边"的感觉：那是一种热忱感。整部戏都基于一种胜利感，一种热忱，在艰困的局面中坚持到底，找到平衡，找到一个让一切都遵从于视角和构思的支点，尽管在我的戏中存在各种障碍，但我们最后发现的正是这种胜利感，它也解释了全剧喜剧性的一面，受到这种让我沐浴其中的喜悦之情启发，通过这种在善中获胜之感，善完全超越了恶，完全消除了恶，这一点在几个我特别重视的段落中得到了表达，尤其是总督和唐娜·穆西克的那一场戏[1]，人们通常以为这场戏和全剧格格不入，但它其实是剧中的核心要素，因为它构成了某种火焰信号、某种明亮的光点，在我看来，全剧缺了它就不完整了，它回应了这种胜利感、热情感，将其完全激活了。

---

1 即《缎子鞋》的第二幕第十场，描写了唐娜·穆西克与爱慕她的那不勒斯总督在西西里岛原始森林中的经历。结尾内容如下："唐娜·穆西克：自命不凡地装作万事皆懂吧！我已为自己在你心底找到的位置你了解吗？那是我的位置。如果你在那儿发现了我，我绝不会感到同样舒服。总督：等会儿再给我解释吧。来，我们这样不舒服。让我们向黑夜与大地的建议让步吧。来和我一起到那你已经准备好的芦苇与蕨类制成的幽深床笫上去吧。唐娜·穆西克：如果你想拥吻我，那你就再也听不到音乐了！总督：我只想睡在你身旁，握着你的手，听着森林、大海，听着永无休止的流来淌去的水的声音，这神圣的快乐，这巨大的忧郁，掺进了这不可言喻的幸福。过一会儿，当天主将我们结为一体时，他将为我们留存神秘的事物。"

第三十七次访谈

　　如果您乐意的话，今天我们就随意聊聊，也让我们的观众们松口气。我们准备谈谈您可能遇到过的几位作家。乔治·贝尔纳诺斯[1]曾经言辞犀利地谈到您，那是在法国解放之后不久，我不能说您对他心怀怨恨，但您对他的评价确实毫不留情，至少是在某次私人谈话之中。

　　您一直非常欣赏巴雷斯的文笔，欣赏他论战风格的尖锐，您指责贝尔纳诺斯文笔黏腻，风格有如钝器。在这里我并不想为他辩护，不过，您难道不觉得，这种钝器般的文风特点，恰恰是因为激情占据了上风，使他无法精确测定利剑必须命中对手的位置，也许这也应该算成他的优点，这种激烈的情绪、深挚的信念，令他既攻击他的敌人，也攻击他的朋友。

　　因为，在贝尔纳诺斯笔下，尤其是在那本巨著《月光

1　乔治·贝尔纳诺斯（Georges Bernanos, 1888—1948）：法国作家。

下的大墓地》[1]中，存在一种激烈的指控，不是针对天主教的，而是针对某些天主教徒的行为，贝尔纳诺斯不断谴责这些天主教徒是法利赛人[2]。

我很难回答你这个问题，因为我没有读过你提到的这本巨著《月光下的大墓地》。我只能根据零散的印象稍微说几句。贝尔纳诺斯在各种地方写过不少东西，经常被人引用，我对他的了解仅限于一些只言片语。

在我看来，在贝尔纳诺斯身上，说得直白一些，大量积压着一个失败者的痛苦，总之是这样一个人的痛苦，他以为自己有权获得某个位置，但他从来没有得到过，于是他就对整个世界怀恨在心，因为这个位置没有被给予他。

至于我，我根本看不出他有那么多可抱怨的。人们已经给予他应得的位置，至于他对正义的迷恋，我并不需要在所有这些问题上都同意他的看法。（笑）

既然我们谈到了对正义的迷恋，那么您能和我稍微谈几句您对夏尔·佩吉的看法吗？

您见过他吗？

1　《月光下的大墓地》：贝尔纳诺斯出版于1938年的一本论战文稿，描写了西班牙马略卡岛民在西班牙内战期间受到弗朗哥镇压的凄惨遭遇。

2　在《圣经》中，法利赛人经常被形容为严守形式教条的顽固分子或者形式重于内容的伪君子。

不，我从来没有见过夏尔·佩吉。

他曾经给我寄过几本他写的书，我也给他写了回信，我们之间的关系基本上仅限于此。我有三四本佩吉的书，上面有他的题词，字写得很大也很有力。我感觉自己应该给他写过两三封信，我们之间的来往就到此为止了。

我的朋友罗曼·罗兰曾经写过一本大作[1]，内容涉及夏尔·佩吉和我，他在书中提到了这些交往，由于我和佩吉并不熟，所以要我对他提出什么看法，会让我觉得很尴尬。

佩吉和我都是基督徒，我们进入宗教领域的途径都不同寻常。我必须说，我们并不是从同一侧登上的同一座山，我们站在不一样的山坡上。我们的人生和成长过程都大相径庭，以至于我们几乎只会在山顶遇见对方。

我喜欢夏尔·佩吉笔下的真诚和坦率，喜欢他的正直感以及责任感。我把他当成一位英雄[2]。但如果非要说我天生就喜欢他的所作所为，喜欢他的风格，与他分享共同的口味爱好，那就言过其实了。

作为基督徒，我完全不喜欢他对圣母玛利亚的看法，他把圣母描绘成了一个善良的妇女，有点像他的母亲，一位给软椅里填充稻草的女工。我看待圣母的方式与他完全不同。

1　应该是指罗曼·罗兰1945年出版的《佩吉》。

2　夏尔·佩吉作为法国陆军中尉，在第一次世界大战马恩河战役的战场上中弹牺牲，因此往往被后人视为一位英雄人物。

另一方面，他喜欢古典作家，尤其喜欢高乃依。我必须承认，我完全无法忍受高乃依。只不过，人们可以拥有完全不同的口味，但非常理解别人的口味，即便这些口味不对你的胃口，无法共享。

佩吉是一位英雄，他完成了自己的角色，他曾经与一大群人作战，那些人，我也同样缺乏好感，我认为他的战斗十分出色，取得了辉煌的战果，不过我们其实是在不同的战场上作战。

你们是在不同的战场上作战，如果我理解正确的话，您谈到这些内容时有些尴尬，我已经感觉到了，因为我认为自己让您厌烦几分钟了，说到底，您并不喜欢作为艺术家的佩吉，您不喜欢他的写作方式，说得粗暴一点，您根本不认为他是一位大诗人。

您知道，纪德在他的《法兰西诗选》[1]中没有引用佩吉的一行诗句，甚至没有提到他，原因很简单，无论他在阅读佩吉的《圣女贞德》时怀着何种钦佩和感动，他认定佩吉具备许多美德，把佩吉当成一位英雄，但并不是一位诗人。佩吉用词的无度、不断的重复、冗长的叙述，在纪德看来都在极尽可能地反艺术。

1　纪德的《法兰西诗选》出版于 1949 年，非常知名，风靡一时。

您同意纪德的这个观点吗?

我并不完全赞同。

在佩吉略显粗鲁浅薄的状态中，依然存在某种东西，回应了法国文学中的古代作家，表达了人民大众中一个非常值得尊重的阶层的思考与谈话方式。

但是非要我把他的艺术当成一门极其高雅的艺术，认为他在表达人类情感方面推进得很远，那我做不到。从这个方面看，我同意纪德的观点。我肯定不认为佩吉是一位大诗人。不过，如果说我不把他看成一位诗人，这也夸张了。他是一位诗人，一位文笔略显粗鲁浅薄的诗人，但在诗歌领域，每个人都有属于自己的位置，不是吗?

是这样，在您的头脑与心灵中，很多人都占据着一席之地。

您刚才谈到了您的朋友罗曼·罗兰。您是罗曼·罗兰的朋友，却对佩吉的作品如此兴趣索然，在您的许多读者以及崇拜者看来，这一点其实非常奇特。

我和罗曼·罗兰是路易大帝中学的同学。在三年级的修辞班里，我们是同桌，班主任是加斯帕尔和贝纳戈，我的另外一位朋友，也是我们的同学，最近刚刚给我寄来他们的肖像。

高中毕业之后，我在音乐学院的一场音乐会结束时又遇见了罗曼·罗兰，那天晚上演奏的是贝多芬的《D 大调弥撒》。他是和苏亚雷斯一起去的。我们聊了很久，并且承诺要再见一面。这个承诺对于苏亚雷斯来说，在三十年之后实现了，对于罗曼·罗兰而言，则用了四十年。

我必须承认，在这四十年中，我几乎没有读过罗曼·罗兰的书。

后来我在巴黎遇见了他。他当时已经七十多岁了，我也一样，我们重新认识了彼此，这多亏了罗曼·罗兰夫人，她给我写过几封信，我也回复过她，我们的私交很好……我非常欣赏罗曼·罗兰性格中崇高的一面，包括他对于正义的热爱、他的忠诚，我很欣赏他的人格，于是读了他的许多作品，尤其是《约翰·克里斯多夫》[1]，我读得兴趣盎然，甚至充满敬佩，毫无疑问。

在他的人生晚年，我们见面频繁。几乎可以这么说，我看着他死在了我怀里。因此，我很难用心平气和的方式去谈论他，因为我对他怀着深挚的友情。

关于这个话题，我还有一个问题。我并不想侵犯这种友谊的奥秘，但您刚才说道，您读《约翰·克里斯多夫》的时间很晚，而且充满兴致与敬意。这在我看来似乎很奇怪，

---

1 《约翰·克里斯多夫》：罗曼·罗兰的代表作，共十卷，从 1904 年至 1912 年间陆续出版，为罗兰·罗兰赢得了 1915 年的诺贝尔文学奖。

因为您通常很少读小说，尤其是现代小说吧？

是这样，但我很欣赏罗曼·罗兰。我想更深入地了解他，有人告诉我，《约翰·克里斯多夫》是他自我表达最为充分的作品。

那是战争期间[1]，我住在布朗格，我的时间非常宽裕。

我们不能说《约翰·克里斯多夫》完全是一部小说，它更像一座纪念碑，现实与虚构在其中紧密地融为一体。而且，由于我非常喜欢音乐，自己又不是音乐家，它便为我打开了一个我几乎一无所知却又始终深深着迷的领域。

在这方面，约瑟夫·桑松先生，第戎唱经班的著名指挥，法国最好的唱经班负责人，曾经写过一本关于我的书，叫《音乐家克洛岱尔》。

我身上音乐爱好者的一面，贝多芬爱好者的一面，正是我对罗曼·罗兰产生好感和兴趣的原因之一。我觉得从他那里可以学到很多东西。

罗曼·罗兰很乐意把他关于贝多芬的四卷巨著题献给我，这些书对我来说都弥足珍贵，为我照亮了这位令我无限钦佩的伟人。

---

1 指第二次世界大战。克洛岱尔在法国西南部市镇布朗格拥有一座庄园，二战期间在此隐居，去世后也安葬于此。

您说的这位伟人是贝多芬吧。

是贝多芬。

您对贝多芬的敬意由来已久。在我们访谈刚开始的时候，您跟我谈到过陀思妥耶夫斯基以及《白痴》的构思，您认为它可以与贝多芬实践过的作曲方式进行对比，您曾经告诉过我，您年纪轻轻便在一架钢琴上用一根手指弹出了贝多芬。

不过，按照您刚才的说法，似乎您对音乐的入门很晚，而且很大程度上要归功于与罗曼·罗兰的交往。在我看来，您的入门时间应该要早得多，因为您的朋友达里乌斯·米劳曾经作为您的秘书和您一同奔赴里约热内卢。您与奥涅格[1]的交往同样众所周知，而且显然早于您和罗曼·罗兰的友谊吧？

是这样，当我们随性闲谈时，表达得常常不太精确，你还想怎样呢？可以肯定的是，我一直很喜欢音乐，而且音乐让我获益良多，但这其中同样涉及许多具体的细节：需要一位技术专家来给你一一解释。罗曼·罗兰关于贝多芬的那本书，对我而言几乎总结了所有的音乐问题，让我非常感兴趣，而且在这方面给予了我许多指导。

1　阿尔蒂尔·奥涅格（Arthur Honegger, 1892—1955）：瑞士作曲家，曾为克洛岱尔的作品谱曲。

所以，相比您与达里乌斯·米劳或者阿尔蒂尔·奥涅格的长期交往，您通过阅读这本书学到的东西反而更多吗？

这么说就夸张了，我学到的都是关于贝多芬的东西，我对贝多芬的理解都来源于此。但很显然，音乐一直以我自己的方式陪伴了我的一生，对吧？我从米劳那里学到了一些东西，从奥涅格那里也学到了一些东西，也许他们从我身上也学到了一些东西，音乐是一个无边无垠的世界。很显然，这个世界不是罗曼·罗兰为我揭开的，他为我揭示了某些观点、某些细节，尤其是关于贝多芬。音乐始终陪伴着我，我甚至写过一本小书，到目前为止依然鲜为人知，叫《不要阻拦音乐》，我在其中看到了人生的一整套规则。

好吧，我想我们之后还会回到这个话题，因为我没有忘记这个短句"不要阻拦音乐"，我认为，在某种意义上，它总结了您的全部作品，尽管这句话并非您全部作品的结尾，但它理应位于您全部作品的开头，也就是说，在《认识东方》中它就已经存在了。

现在我想请问，关于您与米劳以及奥涅格的合作情况，您能否给我们提供一些线索。既然您在向他们学习，他们也在向您学习，那么，你们究竟是怎么合作的呢？这几位音乐家都特别关注您的作品。

我是在德国与米劳结识的。当时我去赫勒劳[1]，当地有一场独特的演出，把我的作品与雅克-拉克洛兹[2]的艺术体操进行了结合。

我们就是在当时相遇的，彼此情投意合。

然后便开始了长达二十年时间的愉快合作，直到米劳被迫前往美国为止[3]，就我而言，我留下了最美好的回忆。

关于《祭酒人》[4]的几个优美段落，以及我的好几首诗，都应该归功于米劳，毫无疑问，米劳永远是我的朋友。很难想到有比达里乌斯·米劳性格更迷人、关系更亲近的朋友了。

1　赫勒劳：德国东部市镇，毗邻德累斯顿。

2　埃米尔·雅克-拉克洛兹（Émile Jaques-Dalcroze，1865—1950）：瑞士作曲家，提出了"旋律教育法"，通过运动来学习音乐，1910 年在赫勒劳开办了一所音乐学校，传授这种方法。

3　1940 年，由于纳粹入侵法国，犹太血统的米劳不得不前往美国避难。

4　《祭酒人》：古希腊悲剧家埃斯库罗斯的三联剧《奥瑞斯提亚》中的第二出，克洛岱尔曾经完整翻译过这个三联剧。之后，《奥瑞斯提亚》三联剧被达里乌斯·米劳改编成了歌剧。

第三十八次访谈

您对达里乌斯·米劳怀有深挚的友情，不过现在我想请您谈谈您和阿尔蒂尔·奥涅格的合作。

这个问题就简单多了。我们一起合作撰写过三部作品，都得到了公众的好评，首先是《火刑架上的贞德》，然后是《缎子鞋》，最后是《死者之舞》。

1934 年，伊达·鲁宾斯坦[1] 找到奥涅格、米劳和我，想让我们创作两部歌剧的音乐和文本，由她亲自负责公演，因为她已经处理过好几次其他作品了。

于是我就为她撰写了《智慧的盛宴》，音乐方面由达里乌斯·米劳谱曲。

她还想要一个以圣女贞德为蓝本和主题的脚本，并由

1　伊达·鲁宾斯坦（Ida Rubinstein，1885—1960）：俄国著名舞蹈演员。1938 年《火刑架上的贞德》在瑞士巴塞尔首演时，伊达·鲁宾斯坦出演贞德这一角色，她的表演得到了批评家的一致好评。

奥涅格负责作曲。当奥涅格找到我谈及此事时，我根本不赞成这个想法。我从来不喜欢把描绘某位伟人作为一部戏的主题，因为这种过于确定的现实性给予作者的自由度不足，会让他觉得颇为拘束。

我之前讲过好几次自己是如何改变主意的，圣女贞德的姿态是如何在一趟从巴黎到布鲁塞尔的火车上出现在我面前的。我当时看到了两只被锁链锁住的手，做出十字架的手势，在那之后，可以说整部《火刑架上的贞德》的脚本就都有了。一般来说，我写东西相当慢，但《火刑架上的贞德》的脚本在几天之内就完成了。关于这部剧获得的成功，你应该非常清楚，所以我就不跟你复述了。

后来，在为《缎子鞋》配乐时，奥涅格受让-路易·巴罗委托，负责作曲，我被他非凡的智慧和敏捷的悟性所震撼，他的配乐完全理解了我到底想要什么。

我把自己关于《缎子鞋》配乐的一些想法讲给他听，谈到了大海产生的两种主旋律。当我们通过敞开的窗户聆听大海时，会发现大海发出一种呼气和吸气的声音，很像这种拟声词：哧……哧……于是你便明白了大海的潮起潮落。奥涅格赋予《缎子鞋》绝大部分内容的主旋律正是这种双重节奏。

还有另一种节奏，表达了完全平静的大海，这种节奏是由我无比钦佩的《埃涅阿斯纪》[1]中的一段话所呈现的。对我而言，《埃涅阿斯纪》属于杰作中的杰作，它的高潮部分是第五章结尾的帕里努斯之死。文中出现了一系列绝对令人震撼的诗句，在任何文学作品中都绝无仅有，准确地描绘了这样一个场景，大海风平浪静，此时，睡神以一位名叫弗尔巴斯的战士形象出现，带着一根在忘川中浸泡过的树枝抽打舵手帕里努斯的鬓角[2]。于是就有了一行让我无比赞叹的诗句"Mene salis placidi fluctusque quietos"（难道说你要让我望着平静无波的海面就丧失警惕吗）。

我给奥涅格读了好几遍这几句诗，他听得很认真，然后把这句"Mene salis placidi fluctusque quietos"当成了《缎子鞋》的主要节奏之一。

正是这种汲水声为他的《缎子鞋》总谱提供了一段相当有趣的主旋律，我认为这是一部真正的杰作，与《火刑架

---

1 《埃涅阿斯纪》：古罗马诗人维吉尔创作的著名史诗，共十二章，描述了埃涅阿斯在特洛伊陷落后如何一路辗转抵达意大利，成为罗马人祖先的故事。

2 《埃涅阿斯纪》第五章结尾。"睡神装扮成弗尔巴斯的样子，高坐船头，这样说道：'雅修斯的儿子帕里努斯啊，大海会推着船只前进，风吹得很平稳，到了该休息的时候了。把头放倒，让你疲劳的眼睛偷得片刻清闲吧。我来接替你一小会儿，完成你的任务。'帕里修斯半抬起眼皮回答道：'难道说你要让我望着平静无波的海面就丧失警惕吗？要我相信大海这个怪物吗？我已经被表面的平静欺骗过多少回了，我怎么能把埃涅阿斯交付给骗人的好风和好天气，撒手不管呢？'他一面说，一面握紧舵柄，一刻也不放松，眼睛盯住天上的星星。只见睡神拿过一根树枝，上面饱蘸着忘川水和催眠的冥河浆，洒在帕里努斯的双鬓，帕里努斯两眼恍惚，不由自主地闭上了。他不希望休息，但四肢却慢慢松软下来，睡神马上从上面扑下来，把他推入了透明的海水。"

上的贞德》旗鼓相当。

此外，在《火刑架上的贞德》中，我还为他提供了一些借鉴自我故乡民歌的音乐旋律，比如我老家的吹奏艺人在重大节日或者重大节日前夕使用的调子，由我配了歌词……

"你想吃樱桃吗"，是这首吗？

对，就是它。

你想吃樱桃吗？

你想吃馅饼吗？

我们什么时候去列斯？

我们什么时候去拉昂？ [1]

我给我们的访谈节目选择的预告曲就是这段旋律。

是吗？嘿！（笑）

是的，多亏了亨利·巴劳 [2] 的提示。很长一段时间，我都在寻找，到底要把什么样的音乐片段放在访谈开头，以便向公众做出预告，而这首歌恰恰是我选择的主旋律。

我还向奥涅格推荐过那首非常著名的洛林多人歌谣，

1　出自《火刑架上的贞德》第八幕。

2　亨利·巴劳（Henry Barraud，1900—1997）：法国作曲家，曾经担任过法国广播电台的音乐总监。

它和洛林以及普罗旺斯地区的民歌都有关系，总之，那是最具启发性也最有法国味的旋律之一。一直存在一种错觉：人们总说法国人不出音乐家，但有不少法国民歌却是我们能够想到的最丰富也最具启发性的旋律。

我还提议他使用那段关于驴子的旋律，驴的赞歌 [1]……

总之，我们俩一起合作的状态真的亲如兄弟。

当《火刑架上的贞德》在巴塞尔首演时，我住在三王客栈，白天会出去看版画。我看到了荷尔拜因 [2] 关于《死者之舞》的系列版画，它是巴塞尔地区的一大特色。所以，《死者之舞》的主题便在我的脑海中反复出现，奥涅格的一出清唱剧也是这个主题，于是我便写下了这出清唱剧 [3] 的完整脚本，它也同样大获成功。我撰写了清唱剧的大纲，奥涅格谱曲，我觉得他为这个主题谱写的曲子棒极了。

所以说，我们的三次合作都非常富有成效。

是这样。您刚才告诉我，当有人提议您撰写《火刑架上的贞德》时，最开始您心里有些排斥，理由在我看来有点奇怪，因为，您在此之前已经撰写了《克里斯托弗·哥伦

1　克洛岱尔提到的洛林民谣以及关于驴子的曲调均出自《火刑架上的贞德》。

2　汉斯·荷尔拜因（Hans Holbein，1497—1543）：德国著名画家，长期在巴塞尔生活。《死者之舞》是他创作的系列版画。

3　即阿尔蒂尔·奥涅格 1938 年完成的清唱剧《死者之舞》，由克洛岱尔撰写台词。

布之书》[1]，在我们之后的对话中会具体谈到。您还和我说过，您不愿意多谈《火刑架上的贞德》。不过，当这部戏被成功搬进歌剧院时，您对表演感到满意吗，能谈谈吗？

我之所以不好意思谈论圣女贞德，是因为话已经被圣女贞德全都亲口说过了。她的诸多言论保存在两份重要的记录中，内容非常令人钦佩、不同凡响，以至于一位作家试图对其进行任何改动都会显得鲁莽失当，但他又想把这些崇高的话语融入一种更加朴实无华的措辞之中，这就让他感到十分局促。正是因为这个原因，在谈到这个话题的时候我会觉得有些尴尬。

相反，克里斯托弗·哥伦布话说得很少，留下的想象空间要多得多。

关于你的第二个问题，我对于歌剧演出是否满意，我可以说，当然满意。如果不按现有的样子去演，恐怕会非常困难。《火刑架上的贞德》在管弦乐方面表现得非常精彩，而我对于舞台演出方面的竞争略有些担心。你知道，贺拉斯说过，当话语和视觉展开竞争时，视觉永远胜过声音，眼睛永远胜过耳朵，所以我非常担心，当《火刑架上的贞德》纯靠管弦乐队的时候，这种外部展现可能会损害该剧的深层次

---

1 《克里斯托弗·哥伦布之书》：克洛岱尔 1930 年完成的一部歌剧，由达里乌斯·米劳谱曲。

感受。我必须承认，我的歌剧导演实现了一个奇迹，眼睛和耳朵之间的冲突没有变成现实，相反，它们携手互助。据我所知，观众在这方面没有受什么苦。

是这样，不过您和我谈的是舞台上的演出，而我还想请您谈谈剧场里的演出。

因为，这个巨大的成功属于一位以晦涩闻名的作家，属于一位世间罕见的天主教作家，在法国最大的舞台[1]上，还有共和国总统以及诸多要员出席，而当这场演出开场时，在它对面，在歌剧院大道的另一头[2]，《梵蒂冈地窖》[3]在法兰西大剧院上演。这是一件相当奇妙的事情，克洛岱尔在歌剧院，纪德在法兰西大剧院。

啊！啊！这可是你说的，不是我。（笑）

当这一切发生的时候，您难道没有察觉吗？

这个话题谈起来很困难，除非去为某些人想要扣在我

---

1 即巴黎歌剧院。

2 法兰西歌剧院和法兰西大剧院恰好位于巴黎市中心歌剧院大道的起点和终点处。1950 年 12 月 13 日，纪德亲自改变成剧本的《梵蒂冈地窖》在法兰西大剧院上演。1950 年 12 月 18 日，奥涅格作曲、克洛岱尔作词的歌剧《火刑架上的贞德》在巴黎歌剧院上演。

3 《梵蒂冈地窖》：纪德的一本小说，出版于 1914 年，带有强烈的反宗教色彩，后来被纪德改编成了剧本。

身上的法利赛人之名辩护。这是我观察到的事实，但是对于安排了这一巧合的天意，我无法对它提出指责。

这样的巧合……这样的巧合可以说是两种人生道路的总结，除了巨大的成功带来的满足，您还有没有其他感受，比如某种有趣的反讽？

不，对于纪德，我不会使用"反讽"和"有趣"之类的词汇。

纪德的整个人生，以及他的去世，对我而言，我都要使用"骇人听闻"[1]一词。这是一种深切的伤痛，真的，对我来说既不是"反讽"，也绝不"有趣"，而是一种非常强烈的痛苦，是这样一种感觉，一颗原本可以如此美好的灵魂，一位像他那样的杰出人物，却如此糟糕地收场。你还想要我怎么说呢，我是基督徒，对此我只会这么说。

我必须指出，我从来没有把歌剧院和法兰西大剧院里的这两场演出进行过比较。我对歌剧院里的那场演出非常满意。至于在法兰西大剧院里上演的内容，我更愿意闭口不谈。

1　在法语中，"scandaleux"一词的意思有："令人气愤的、可耻的、引人非议的、骇人听闻的"，在克洛岱尔的话里，这些意思可能都混杂其中。因为纪德对天主教激烈的抵触和攻击（他的作品后来甚至被梵蒂冈宣布为禁书）、他的同性恋倾向，包括他在去世后没有进行任何宗教仪式，在克洛岱尔看来都显得"骇人听闻"。

好吧，我相信是我表达得不准确，不过我很高兴，因为我给您提供了一个机会，说出了一些关于纪德非常感人的话语。其实当我提到反讽和有趣的时候，我针对的根本不是纪德其人。它是针对您的，关于那种官方认可的荣誉，包括那些法国首脑政要们出席演出。

因为，金头这个人物终究活在您身上，我想问的是：金头，这个野蛮人、冒险家，他会怎么想？这个我们一直热爱的、您始终身具的金头？在我看来，对于这个巨大的成功，正是这位金头有可能产生某种反讽和有趣的感觉。

好吧，在我体内，金头和其他不少人物比邻而坐，他们都是我跟你提到过的那个"委员会"的一员，简而言之，他们对于这个行政团体的感觉并不算太生气，每个人都在其中找到了属于自己的位置。金头在委员会里已经安排好了归宿，不乏成功，我相信他对于歌剧院里的演出并不比他的同事们更恼火。（笑）

第三十九次访谈

在高乃依和拉辛的戏剧作品中，都存在一种爱的概念，在我看来，爱的概念在克洛岱尔的剧作中同样存在。今天我想请问您的正是这种爱的概念及其描绘方式。

我们看到，您笔下的某些人物，比如《交换》里的路易·莱恩，身陷爱情的两种形式：莱切·艾蓓农提供的爱与玛尔特提供的爱。简而言之，前者属于激情之爱，如雷电般把他击中；后者属于神圣之爱，它为了延续、为了持久，恳求主观意志的参与。在《正午的分界》中，我们也可以找到这两种爱情，不过，在这部剧里，是漪瑟这位女性人物发现自己陷入了这两种爱情之中。

到了《缎子鞋》，您关于爱的概念似乎大大扩展了，在那些被激情耗尽的各种人物之中，爱情所能具备的一切形式，包括真正具有戏剧性的、充满破坏力的形式，以及神圣的形式，都在《缎子鞋》里相遇了。

关于爱这个问题，很难用笼统的方式回答你。有一位十九世纪的作家曾用一种具有概括性的形式写过很多关于这个话题的文字，我也稍微翻看过一点，但读过之后并不比之前懂得更多，这位作家就是司汤达[1]。

谈论爱情本身是非常困难的。它是一种激情，根据不同的天性产生剧烈的变动。从剧作家的角度来看，爱情首先是戏剧情节最主要的原动力之一，我在思考爱情的时候基本上是从这个角度出发的。

当然，就像你说的，爱的形式多种多样，有激情之爱、神圣之爱。还有爱好之爱，友爱之爱……总之各种类型。

我主要从自己需要实现的戏剧情节这一角度来考虑这些问题，包括它们从情节角度看有可能产生的各种后果。笼统地谈论爱，会把我们引得很远，因为爱也许是一切激情之母。《圣经》里甚至说，神就是爱。在人与人之间的各种关系中，几乎一切都可以归纳为爱或恨，形式各有不同，取决于那些相互影响、彼此对立的诸种激情。

所以，我更希望你能就某部具体的作品发问，其中，这种爱得到充分表现，而且是情节的主要原动力。

你刚才提到了路易·莱恩，提到了《交换》，这完全是一部青年时代的剧，两种形式的爱在剧中发生了关联，或者

1　司汤达（Stendhal，1783—1842）：法国作家。他在 1822 年出版过随笔集《论爱》。

更确切地说，产生了冲突。不过，作者当时还没有意识到这种冲突有可能带来的种种泛音。现在，我恰好正在重写这部《交换》，对于剧中奠定四人各自立场的庞大展开方式，以及剧本有潜力提供的其他展开方式，我感到有些惊讶，对我而言几乎需要六十年时间才能把里里外外考虑清楚。

这就是为什么我认为把《缎子鞋》选为参照点也许会更好。现在请允许我用一种更加明确的方式提出问题：

如果我们把高乃依或者拉辛笔下的爱情当成戏剧的原动力来研究，那么我们就会注意到，归根结底，剧中人物的尘世命运受到了这种激情作用的影响。不过，在您笔下，被这种激情作用支配的，并不仅仅是他们尘世的命运，还包括他们永恒的命运。激情本身被您表现为一种必要性，一种由上帝期望和规定的必要性，同时却又是一种被禁止的激情。它对于普鲁艾泽来说是被禁止的，对于罗德里格来说是被禁止的，对于唐·卡米耶来说也是被禁止的。这种被禁止的激情，唯有这种方式才可以与我们提到的那种"神圣之爱"达成一致，这就提出了一个极其微妙甚至棘手的问题。

为了回答你这个问题，如果不介意的话，我不得不稍微绕点圈子。为了认识自我，直接对其加以检视是远远不够的，看明白这一点总是令我深受触动。没有什么建议比苏格拉底提出的那句"认识你自己"更加令人失望了。当我们审视自我时，大多数时候根本没有发现任何东西，或者没有发现任何有意思的东西，但凡有所发现，也完全是虚假的。于是我们最终采取了一系列面对自我的态度与立场，我可以这么说，它们和一个人的本质无关，和他身上最必不可少的、最有个性特点的、最个人化的要素无关。总而言之，沿着这道投向自身的目光，我们并没有走得太远。

我想要表达的意思是，对于一个人来说，理解自己的钥匙其实在别人身上。正是与同类的接触启发了我们对自我的认知，经常迸射出照亮我们个性的光芒。正是通过彼此间的各种应对方式，大家相互理解并让自己得到理解。

所以，认识自我的根本方式就是爱。人们常说，上帝想要得到属于我们个人的钥匙，这把最本质的钥匙，我们找遍了每一个角落，却未能将其发现，有时候，我们会以一种绝对不容置疑的方式感觉到，这把钥匙存在于另一个人身上，这种感觉完全无从反驳，但我们自己并没有办法去实现。

在《正午的分界》与《缎子鞋》里，那两个人，或者那四个人，用一种完整的方式，让这把钥匙，他们个人的这一谜团，他们想要实现的这种存在，没有出现在自己身上，而是出现在另一个人身上，正是这个"别人"知晓他们真正名讳，人们通过这个名字来呼唤彼此，别人通过这个名字来呼唤你……你在呼唤什么？你在呼唤整个生命存在。

《正午的分界》中，这把钥匙是由两位剧中人物发现的，不过要把它引出来，需要牺牲二人的团聚，需要让二人彼此分离，他们才会发现这把钥匙足够适配。《缎子鞋》里的情况也大致相同，不过这里不是此世的分离，而是未来世界的分离。经过他们之间漫长的忍耐与探索，恰恰这种被强加给他们的分离让他们终于建立起柏拉图曾经预见的那种完整存在 [1]，柏拉图认为，两个人唯有合二为一，一个人的存在才得圆满，要想成为自己，就必须倚靠另一个人的帮助。

守护天使在谈到罗德里格时对普鲁艾泽说的话就是这个意思，天使说道："这个骄傲的人，没有任何其他办法去让他理解同类，除非让他与其感同身受。没有任何其他办法去让他理解什么是依赖、必要与需求。"

于是我们认识到，爱是一种特殊甚至独一无二的方式，去让每个人认识属于自己的那把钥匙，也就是去认识自我。

不过，关于快乐与痛苦的问题，您如何处理呢？因为，在《缎子鞋》中，恕我冒昧，有两位特殊人物表达了爱的两幅面孔：快乐之爱，那是穆西克的面貌；痛苦之爱，普鲁艾泽的面貌，这是一种没有一刻喘息的痛苦，对她自己来说是痛苦，对她所爱的人也是。谈及罗德里格时，普鲁艾泽这样

1　柏拉图在著名的《会饮篇》中探讨了爱的本质。他在文中借阿里斯托芬之口提出，男人和女人最初是一体的，但被宙斯切成了两半，因此一个人只有找到原本属于他的另一半，才能完整存在，爱情的目的，就是与另一半永远合二为一。

说："对他而言我不是一条出路，而是一柄穿心之剑。"

好吧，这出戏其实就是生活，我始终坚持这一观点，因为生活其实就是一出大戏，在上帝的目光中上演，其目的就是为了阐明"存在"这个巨大的难题。在这部戏里，爱扮演了好几个角色。

它既可以通过欢乐去成就一个男人或者一个女人，也可以通过痛苦来实现这一点。有时候，两个幸运之人初次接触便认出了彼此，然后欢快地行走人生，在他们面前展开的人生为他们打开了诸多轻松安逸的前景。又或者，迎来的是一场漫长的考验，一种长久的痛苦，持久的折磨，让他们不仅得以获得一个人相对于另一个人的那种充满真福的个人实现，而且还产生了许多被我称为"周而复始"的结果。

这种不得满足的激情，这种他在灵魂中点燃的大火，这种他借以考验个性的非凡张力，其实是一种无与伦比的力量，我们在历史中看到，曾有许多伟人运用过这种力量。我之前好像跟你提到过拿破仑征服意大利，在远征意大利的过程中，波拿巴对约瑟芬[1]失意的爱、受到欺骗的爱[2]曾经发挥

---

1 约瑟芬·德·博阿尔内（Joséphine de Beauharnais, 1763—1814）：拿破仑的第一任妻子，法兰西第一帝国皇后。

2 1796 年 3 月 9 日，拿破仑与约瑟芬成婚，婚后不久，拿破仑远征意大利，约瑟芬与一位年轻的骑兵中尉伊波利特·夏尔成为情人。在此期间，拿破仑多次从意大利给约瑟芬寄去热烈的情书，但约瑟芬反应冷淡。后来约瑟芬出轨之事被拿破仑得知，出于报复，拿破仑在远征埃及期间与宝琳娜·弗莱成为情人。

过某种作用，甚至最重要的作用。同样，在拿破仑亲征埃及的那场荒唐战役中，他对约瑟芬的爱也发挥了重要作用。

在《缎子鞋》中，也是同一回事：一方去征服美洲，另一方去和穆斯林对抗[1]，在很大程度上也是罗德里格与普鲁艾泽彼此之间落空的爱情导致的结果。

如果你愿意的话，善良的上帝就像一个剧团经理人，利用手中人物各式各样的激情去实现他的目标、他的目的——一部成功的戏剧作品。这便是我试图模仿这位至高无上的导演，通过自己卑微的手段去完成的事情。

您肯定记得，在《贝蕾妮丝》[2]的序言中，拉辛阐述了戏剧人物的诸多感受与激情正是其悲剧的原动力，他在观众心中引发的激情主要是同情和恐惧，他提出，这种庄重的哀愁造就了悲剧的全部意趣。

那么，当我们联想到《缎子鞋》，您似乎完全没有打算为观众提供这种庄重的哀愁作为核心意趣。您之前和我说，您希望在观众心中制造愉悦和精神方面的益处。但我想问的是，您认为，究竟通过哪些方式，通过哪些心理机制，您得以在观众心中创造出这种愉悦和精神方面的益处？

1　在《缎子鞋》中，罗德里格接受了国王的任命出任美洲总督，普鲁艾泽则前往穆斯林虎视眈眈的非洲要塞。

2　《贝蕾妮丝》：拉辛 1670 年完成的悲剧作品，是他的代表作之一。

那么，我们就要离开属于爱的特定领域了，因为在一出戏里，爱只是戏剧情节及其处理的诸多事件所具备的要素之一，这些事件都取决于某种逻辑，事件有助于把这种逻辑从开篇一直引向结尾。

观众在一部戏剧作品面前体验到的乐趣，存在非常多样化的元素。首先存在一种逻辑之乐，一种逼真的结构。在生活中，没有任何事情会按照严格的顺序发生：我们参与的终归是一些破碎的、缺失的、不完美的行动，而戏剧则正相反，给予我们各种充分完整的事件，依据某些多少还算严格的逻辑，抵达一个明确的终点，这是属于上帝的乐趣，因为终点是秩序中包含的原则，甚至是开端中包含的原则。这就是戏剧为我们带来的诸多要素之一。

其次，还存在另一种乐趣，一种与绘画非常相似的乐趣。绘画通过颜色的组合为我们提供乐趣，就像音乐通过音符的组合为我们提供乐趣一样……起码这是音乐的要素之一。同样，在戏剧中，我们获得的乐趣也来自人物性格的组合，以及对于他们彼此施加的各种反应所产生的观感。比如说，观看莎士比亚《哈姆雷特》中的各人物彼此施加的不同影响是一件非常有趣的事。甚至除了某种严格的逻辑机制，在种种人物性格的纷繁关系中，还存在某种内在的和谐，某种"和谐的动机"，为观众提供一种不容置疑的乐趣。这些人物关系相互作用，性格彼此影响，就像黄色

428

可以影响蓝色，或者红色可以影响绿色一样，而且还加入了丰富无数倍的细节，因为戏剧不仅针对我们五感之一的视觉，还同样针对我们的知性与心灵。

"心灵"这个词，则给予我第三重理由，给予我回答你问题的第三种方式，因为我们的心灵也同样不得满足。在生活中，它总是不断找到机会去锤炼，但又极少找到机会充分地锤炼。一位伟大的诗人把虚构的情节赋予创作，给予这颗心灵一个充分锤炼和表达（这两件事都很重要）的机会。

音乐只会引起感官方面的反馈。诗歌则同时引动了知性、个性、感受和话语四者包含的一切形式。因为话语也有能力提供某种快乐。

我之前跟你提到文学的"愉悦"，以上便是它具备的要素。这种愉悦不仅来自它呼唤了许多在日常生活中找不到锤炼手段的感受，而且，它还来自一种构图，一种在这些不同感受之间令人心旷神怡的构图，这种构图不仅仅是静态的，就好像在一组雕塑作品中那样，它还是动态的，借助某种特殊的逻辑展开，从根本原理延伸到详细阐述，更不用说后续影响以及随之而来的侧面展开了。

第四十次访谈

关于戏剧的原动力，最重要的因素便是爱，在我们上次谈话中，您谈到了支配情节发展的内部逻辑，谈到了各种回响的余波，又或者类似于主线边上的泛音。

由四个人物构成的情节，比如通常的古典戏剧以及我自己完成的某些剧作，不允许围绕有效情节引申出的强烈余波存在。

《缎子鞋》第一次展现了这些余波，它们围绕着两三个人物极其有限的情节，近乎无限地展开。我们看到二人之间的个体接触与冲突如何充分发展。

位于全剧核心处的是罗德里格与普鲁艾泽的爱情惨剧。不过这出戏本身还被纳入了一个完整的天地，在其中，各种超自然的力量、历史的力量都在发挥作用，还包括某些知性的力量，也就是作者付出的努力，以及通过作者笔下的人物，观众自己付出的努力，其目的是厘清这个完整的天地并且置身于这些相互角逐、各有效用的力量组成的合奏之中。这种知性之乐也起了作用，因为观众虽然多少有些雾里看花，却感到自己正在掌控全局，换句话说，这就是理解。

我想问您的是，这种悲剧情节近乎无限的扩展，用一个流行的词汇来说，甚至达到了"宇宙"的规模，会不会让演出本身陷入某种危险。因为，您其实对您的观众要求极高。

首先我要回答你在开头提出的一个问题。你跟我说，这出戏被纳入了一个整体，它需要在这个整体中进行展开。这不是我看待事物的方式。在一出戏里，是情节本身创造出围绕在它周围的世界。它不会在一个提前规定好的世界里展开。它不需要像浪漫主义者曾经做过的那样，去利用某些历史事件以便挪移某个生动的情节。是戏剧本身，通过其内在逻辑，创造出一个围绕在它周围的世界，无论这个世界从现实中借用过某些元素还是纯属虚构。

说完第一条意见，现在我来回答你的第二个问题。你问我是否要求观众付出的努力过多。对此，《缎子鞋》提供了一个答案。当我们在法兰西大剧院钻研《缎子鞋》如何演出时，就涉及需要让观众的注意力延长两个半小时[1]的问题，

---

[1]　《缎子鞋》1943 年 11 月 27 日在法兰西大剧院首演时，演出时长大约五小时。在法国，一场戏通常的演出时间是两个半小时到三个小时。

这种事在法国前无古人。剧院经理、行政总监沃杜瓦耶对我说:"观众永远无法忍受这种事情!"尤其是演出引入了大量新元素,无论是戏剧风格,还是它的展开方式和导演方式。我们都以为观众会被淹死,会迷失方向。

事实却并非如此。我惊讶地看到,观众脸上没有任何无聊或者不满的痕迹,他们以完美的注意力紧跟剧情,当这场大戏落幕时,他们还想要继续看下去:这是诗人与导演的巧思肯定能够解决的事情……总之,演出包含的元素很多,不过,一个合乎情理和逻辑的情节,当它回应了观众的深层感受,就可以比通常延续得长久很多。在电影院里,有很多人可以待上整整一个小时,观看一场多少带点趣味的节目。观众有能力在远超半个小时的时间内跟着情节走,只要它足够有趣、足够浩瀚。总之,观众能在剧院里跟着情节专注两个半小时,现在还要再加两个半小时,这就已经说明问题了。当观众完全理解演员的对话和语言时,情况是这样,但就连观众对法语的理解有限时,就像玛丽·贝尔[1]不久之前在德国的演出那样,情节本身也足以令观众着迷,玛丽·贝尔告诉我,他们在德国获得了非凡的成功,尽管绝大多数观众显然并不理解法语的所有细节,但是情节在引导他们。

---

1 玛丽·贝尔(Marie Bell, 1900—1985):法国著名演员,1951年出演《缎子鞋》中的唐娜·普鲁艾泽一角。

您把《缎子鞋》称为"西班牙式情节"。您有没有大量阅读过西班牙剧作家，比如卡尔德隆、洛佩·德·维加[1]，在什么时候？

其实读得很少。我手里有过一本西班牙戏剧集，可能是卡尔德隆的，也可能是洛佩·德·维加的，但我读得囫囵吞枣。事实上，在我看来，洛佩·德·维加和卡尔德隆，与其说是伟大的戏剧诗人，不如说是各种非凡剧情的发明者。他们发明了许多戏剧主题，而非完整的实现者。我很难把他们当成大诗人。不过，就像我跟你说的，他们是舞台造景师，是各种绝妙戏剧场景的制造者，其最佳证明便是，绝大部分的古典戏剧便立足于他们曾经发明的那些"方案"之上，这足以证明他们令人惊讶的想象力所蕴藏的巨大财富。

我把《缎子鞋》称为"西班牙式情节"，主要是为了寻求一种异域之感，这对于诗意的情节来说必不可少，西班牙以一种非常特殊的方式融入其中。其实，我对西班牙所知甚少，我只在前往巴西途中在那里待过三四天。我创造出《缎子鞋》的背景，主要借助的是我对巴西的记忆以及当地的氛围。

1　洛佩·德·维加（Lope de Vega，1562—1635）：西班牙著名剧作家。

在之前的一次谈话中，您亲口对我指出，您在剧中设置的一片西西里风景，就是总督和唐娜·穆西克身处的洞穴和原始森林，其实复制了您曾经在巴西看到的景观。

我在那里有过亲身经历，甚至过了一夜。

您在那片风景中过了一夜，所以当您写剧本的时候，您很容易把自己转变成剧中的总督。（笑）不过我想问您的是，您在创作过程中，有没有在哪一刻想到过西班牙的历史处境，您把全剧的背景选在西班牙，现在几乎令人难以置信：作为天主教西方优胜者的西班牙，在某种程度上负责整合这片上帝的土地，您把自己作为诗人全心投入其中。

毫无疑问我考虑过，不过，让我站在历史学家的角度看问题，收获要比从史诗诗人的角度少得多。我把十六世纪和十七世纪的西班牙视为优胜者，视为某种史诗处境中的主人公，这位主人公一只手要去征服世界，另一只手则要击退各种由于其秉持的信仰所导致的攻击。这种处境令人浮想联翩，我怀着极大的兴趣在《缎子鞋》里进行了化用。

您从来没有尝试过使用小说形式来表现吗？

我从来没有思考过撰写一部小说的可能性。这对于我的精神构成而言是完全陌生的，绝对无法回应我的本性。

我并不是轻视令人钦佩的小说艺术，我对于巴尔扎克和陀思妥耶夫斯基那样的天才怀有极高的敬意，甚至包括欧仁·苏[1]，不过程度要轻得多。尽管如此，我还是与小说艺术无缘，它对我来说格格不入。

在很久以前，我们谈到过您对陀思妥耶夫斯基的钦佩之情，而您刚刚又提到了巴尔扎克的名字：您能否详细谈谈您对巴尔扎克的阅读体验，以及您对其作品产生的判断呢？

我年轻的时候，曾经激情澎湃地阅读过很多巴尔扎克的作品，那时候我十五六岁，对于我来说，巴尔扎克就像古希腊人心中的荷马一样，我的一些剧作或多或少无意识地受到影响，比如《人质》。曾经有人指出，《人质》中女主角的名字"西妮"，是从小说《暗黑事件》[2]的一位主人公那里借来的，叫圣希妮夫人或者圣希妮小姐[3]。甚至《暗黑事件》的情节与《人质》也不是没有相似之处，但我必须说，当我撰写《人质》的时候，我根本没有想到巴尔扎克，产生这些相

1　欧仁·苏（Eugène Sue，1804—1857）：法国小说家。

2　《暗黑事件》：巴尔扎克1841年出版的一部小说，描写了贵族家庭在法国大革命之后的衰落。

3　在法语中，《人质》的女主角"西妮"（Sygne）与"圣希妮"的"希妮"（Cygne）同音。

似之处绝对是无意识的。

但是全剧的氛围……

不过图桑·图赫吕尔确实是一个巴尔扎克式的人物[1]，关于整个库封坦家族的戏剧写法显然浸透了巴尔扎克的氛围[2]。

是这样，因为所有这些人物都代表了他们自己，在这个意义上，他们都极具个性，构成了一系列原型，同时又是某个群体的代表。可以这么说，《人质》《硬面包》与《受辱的神父》三部曲组成了一幅宏阔的社会画卷，从旧制度[3]末期贵族的衰落一直写到金融资产阶级的崛起，其中还加入了一些犹太元素。

不过，既然我们谈到您读过的一些小说家，那么现在我想请问，您曾经见过马塞尔·普鲁斯特吗，您对他的作品有什么看法，如果您读过的话？

不，我从未见过马塞尔·普鲁斯特。我读过他的作品，

1　图桑·图赫吕尔作为底层平民通过奋斗和钻营不断实现阶层上升，这样的人物在巴尔扎克的《人间喜剧》中比比皆是，《高老头》中首次出场的拉斯蒂涅便是其中的典型代表。

2　克洛岱尔对库封坦家族三代人的描写展现了法国社会一个世纪的历史变迁，巴尔扎克则试图用《人间喜剧》成为法国社会的"书记员"，二者的整体氛围颇有相似之处。

3　在法国，一般把1789年法国大革命之前的政治体制称为"旧制度"。

不过心中充满抵触。对于其作品中充满艺术性和幽默感的一面，我要向他致敬，但是充斥在他体内的那些偏见却令我非常反感，使我无法与他产生多少同感，而这种同感对于享受一部作品的乐趣来说必不可少。因此，我翻开过马塞尔·普鲁斯特的作品，却半途而废了，从未更进一步，我不能说他对我产生过任何影响，尤其是他对于内省的偏好，在我看来这不但是人为的刻意造作，而且从现实的角度来看，甚至是一件非常致命的事情。我经常说，即便从艺术角度而言，内省也是一种极度有害的习惯。

不过您应该知道，普鲁斯特对您敬佩有加。

不，我并不清楚这一点。

他对您非常钦佩，在他的书信中，曾经多次提及您的名字，每当他写到您的时候，总是带着极高的敬佩之情。

另外，当您谈到普鲁斯特笔下的自省时，其中并非只有自省，还有对于这个社会的写照，对此您有什么想法，或者您更愿意闭口不谈？

我的想法是这样的：它是对这个社会极度片面的写照，普鲁斯特只是描绘了一群闲人组成的社会群体罢了。不过，我却发现，人物最充分的呈现方式，并不是在无所事事之中，而是在行动之中。一个什么事都不做的人，是在现实中腐烂的人。而一个生灵，包括一株植物，都不会在腐烂过程中得到最充分的展现。一个真正的人在腐烂过程中达不到成熟的形式，达不到他完整的角色……我经常和你说，在一出戏里，每个人都扮演一个角色，而那个什么事情都不做的角色，在舞台上甩着胳膊晃来晃去，在我看来并不是最有意思的角色。一个角色的人格能够引起人们最大的兴趣，不仅引得起，还配得上，但无所事事的角色并不属于这种情况。所以，所有这些普鲁斯特笔下的闲人并没有唤起我太多的好奇心和兴趣，倒是引起了我的轻蔑。

您难道不认为，普鲁斯特作品中的这些闲人和悲剧作品中的英雄其实如出一辙吗？悲剧作品中的英雄也同样什么都不做，他们只是在受苦而已，他们完全被自身的激情与命运支配，根本看不到他们忙于任何工作或者被迫谋生糊口。

无论如何，悲剧英雄表现他们的激情，而且带着一种异乎寻常的强度，但在普鲁斯特笔下，那些人物即便在激情状态之中也什么都不做：他们是被动的，他们经历各种事件，却不会受到任何影响。例如，我们看到斯万接受了偶然的际遇为他提供的几个情妇，但没有表现出任何反应，他绝对被动、彻底无所事事。普鲁斯特笔下几乎所有人物都身处这种境况，我们看不出任何人怀有真正的激情，看不出任何人会被某种能量激活，并且与其他补偿性的能量发生碰撞。

让我们稍微回溯一下文学史的脉络，因为您提到，文学人物必须有力地行动，也就是说，类似于司汤达笔下的人物。

不久之前，您告诉我，您读过司汤达关于爱情的论述。您读过他的小说吗，从中有没有获得过某些乐趣或者教益呢？

（笑）你要谈的是一个极其棘手的话题，因为我从不掩饰自己对司汤达的感情，他令人极度缺乏好感。我相信每个人对此都心中有数：司汤达的成功以及他所获得的荣耀对我而言实在是文学史中的一个大问题。

我曾经百无聊赖地读过《帕尔马修道院》[1]，想要核实一下它到底能不能配得上它所获得的名声，司汤达到底是不是一个大人物，一个伟大的小说家。我到现在还记得，我当时利用自己从马赛到格勒诺布尔的一次出行机会，一个人待在火车车厢里，一口气读完了《帕尔马修道院》，怀着最大的愿望想要从中发现一点好处。我不得不承认自己一无所获。我发现他对人物的描绘一无是处，在我看来，这一连串逸事实在……我的上帝！我想用这个词：荒谬愚蠢。

---

1 《帕尔马修道院》：司汤达出版于 1839 年的一部小说，是司汤达的代表作之一。

第四十一次访谈

今天，我想和您谈谈您最后搬上舞台的人物之一，克里斯托弗·哥伦布。

我想问您，您是在人生的哪一刻真正想到哥伦布的，我的意思是说，您在什么时候觉得这个人物变得亲近了，兄弟一般，觉得他可以在您创造的人物陈列室里占据一席之地？

我与克里斯托弗·哥伦布的相逢是一场偶遇。当时我以大使身份抵达华盛顿，有一位著名德国导演莱因哈特[1]，曾凭《奇迹》一剧在美国大获成功，他想要创作一出类似的剧作，人物由我来选，于是我就想到了克里斯托弗·哥伦布，这个萦绕我心头许久的人物。我一直有一个想法，想把尘世

1　马克斯·莱因哈特（Max Reinhardt，1873—1943）：德国剧作家、戏剧导演。《奇迹》是他 1924 年导演的一出戏。

汇聚起来，把人性的不同部分聚集起来，在我看来，克里斯托弗·哥伦布正是这方面真正的优胜者，堪称圣徒。

莱因哈特的计划最终未能实现，因为还需要一位音乐家协作。我选择了我的朋友达里乌斯·米劳，我感觉莱因哈特以及我们的中间人何塞－马利亚·赛尔特[1]都对这个选择不太满意。

无论如何，我还是把剧本写出来了，米劳也谱好了曲子，全剧 1930 年在柏林大歌剧院上演，由兴登堡[2]和他的侄女赞助。它成了一出非常知名的歌剧，演出获得了成功，尤其是第一幕，之后除了在电台广播，就没有重新演出过。

在法国没有演出过《克里斯托弗·哥伦布》吗，或者演出时没有配乐？

不，没演出过。在我看来，在音乐方面，音乐家当然想要充分发挥，音乐方面的排场分量过重了，变成了一部宏大的歌剧，而我想要的其实是别的东西。在通常的音乐与戏剧音乐之间，差别常常令我震惊。总之，戏剧音乐只需要寥寥之物便可以满足。我在日本的剧场里看过。为了

1　何塞－马利亚·赛尔特（José María Sert，1874—1945）：西班牙画家，克洛岱尔的朋友。

2　保罗·冯·兴登堡（Paul von Hindenburg，1847—1934）：德国元帅，1925 年至1934 年间担任魏玛共和国联邦大总统。

表达一个特别悲怆的时刻，只需要一把提琴上一根琴弦的一个颤音就够了，甚至更少，在舞台上敲几下地板就够了，而音乐家们的要求就多了。说到底，音乐应该像曾经那样，由诗人自己创作，除非我们能够有幸遇到一个朋友，他是另一个自己，就像我在改编《缎子鞋》时遇到了我的朋友奥涅格那样。

创作这出《克里斯托弗·哥伦布》，您觉得自己是客观中立的，还是在创作时产生了认同感呢？

对于每一出戏而言情况基本上都差不多。如果作者对笔下的人物缺乏认同感，那么就很难将其创造出来。在我几乎每一部剧作中，都有作者认同的人物。很显然，在《缎子鞋》里，罗德里格的许多想法来自我本人。每一位作家都会试着用这种方式弥补自己，完成他在人生中未能完成之事。

我认为，所有作家，甚至所有艺术家，都有这一部分。

关于《克里斯托弗·哥伦布》，剧本是在我刚刚完成《缎子鞋》之后撰写的。所以我依然保留着《缎子鞋》的情绪，就像一艘船在利用余速航行：当引擎关停之后，航船依然可以运行一段时间。《克里斯托弗·哥伦布》有点像是《缎子鞋》的尾声。唐·罗德里格与克里斯托弗·哥伦布之间的相似和呼应之处令人印象深刻：前者是征服者，后者是发现者，二人都是俄国人嘴里说的那种土地"统一者"，这个角色一直令我充满好感，因为在我年幼时，我站在村子的高处，看着大地在我面前伸展，我就产生了这种树立在某些人面前的志向，去汇集他们肉眼所见的一切，使其成为某种征服的对象。

是这样，在我看来，在这方面，《克里斯托弗·哥伦布》堪称您全部作品的完美句号，您人生历险的完美句号。这个人物也许最充分地表达了您自己，从一种不可抗拒的野性冲动驱赶、推动着金头走向征服，直到克里斯托弗·哥伦布在凯旋之前的失败和屈辱。这是您的内心历险以及您作为旅行者的冒险活动中包含的完整回路，因为您的想象力试图通过语言征服与掌握的一切，都呼应着您的脚掌走过的地方。

这种对于想象力与精神世界的征服，以及对于身体和物质存在的征服，二者之间存在密切的呼应，这一点在您笔下尤其醒目。正是在这个意义上，人们可以说，您比兰波更加成功[1]。

我只补充一点，那就是，《克里斯托弗·哥伦布》并不像《缎子鞋》那样完整，那么经过深思熟虑。这只是一份草稿……一份草稿，一份宏大的草稿，但归根结底，只是一份

1　兰波一直到了彻底放弃文学之后才开始在世界各地漫游经商，而克洛岱尔的文学创作与外交生涯是同时发生的。

草稿而已，我把很大一部分空间留给了音乐。

《克里斯托弗·哥伦布》实现了我的许多想法。与其说他是什么代言人，不如说他是一位优胜者。《克里斯托弗·哥伦布》里没有精雕细琢的剧本，主要内容都是这位大陆发现者付出的努力以及内心的冲动，他表达观点的方式相当言简意赅。

也许如您所说，他表达观点的方式相当言简意赅，但非常清晰、明确和感人，所以现在我想复述其中的几个主题，它们在全剧中即便没有得到充分展开，也起码被提及过。

第一个主题，就是"克里斯托弗·哥伦布"这个名字，它表达了您觉得自己必须完成的使命。他在剧中说道："我的名字是上帝的使节，耶稣的运载者。我的第一个名字是耶稣的运载者，我的第二个名字则是一切属于光、属于灵并且拥有翅膀之人。"他用这个简单的方式确认了其使命的特点，不可避免地像哥伦布本人那样与既定的传统和社会惯例发生碰撞。您在剧中着力强调了为这些传统与惯例所苦的天才所感受到的冲突。

对于这些需要打破的惯例与习俗，您本人吃过这方面的苦吗？

毫无疑问，就像所有带来新意的人那样，情况几乎永远大同小异。我无须跟你回顾我的文学生涯。差不多要等到 1912 年，《圣母领报》在作品剧院首演之际，我的名字才开始略微为人所知。1912 年我已经四十四岁了，所以你看，我需要足够长的时间去打破围绕在我身边的误解和沉默，甚至相比于我谈到的 1912 年，其实过了很久之后我才真正声名鹊起。1922 年，当我离开法国前往日本时，刚刚上演了一出我和米劳合作完成的戏，是一部芭蕾舞剧。

《人与其欲望》[1]？

《人与其欲望》。我还记得，当时在船上，有人给我拿来两包剪报，其中充斥着各种对我来说最不客气的言论。当初围绕在我身边的沉默令人沮丧，我花了十五年时间去再次克服。

克里斯托弗·哥伦布这个人物本身，似乎是《圣经》中第一位冒险者亚伯兰[2]的化身，他必须离开自己的家乡，离开乌尔，前往应许之地，您清晰地指明了亚伯兰与哥伦布之间的亲缘关系，而这种亚伯兰的血脉，每一个人都应该在自己身上找到，承担起这种历险的天职。对此您始终坚信不疑吗？

1　《人与其欲望》：达里乌斯·米劳 1918 年完成的一部芭蕾舞剧，由克洛岱尔配词，1921 年首演。

2　《圣经·旧约·创世记》，亚伯兰是犹太人的先祖，最初居住在美索不达米亚古城乌尔，之后在上帝的召唤之下前往迦南。

对我而言，应许之地，我立刻就触及了，甚至在我开始创作任何一部作品之前就触及了。对我来说，应许之地就是我从文学生涯伊始便触及的信仰。至于让我得到短暂成功的外交生涯，只能用一种非常不充分的方式将其称为"应许之地"。在完全精神性的应许之地（也就是信仰，是信奉不可见的世界，它补全了可见的世界）与对这一征服的暂时实现之间，很多人从未成功过。总之，如果到了人生尽头，我能够让自己被人倾听，那么我就应该认为自己很幸福了，毕竟这是一件令人向往的事情。对于许多艺术家或者作家而言，在撒手人寰之际没有感到自己被人理解，没有感到自己像上帝希望的那样创造出他们笔下的人物，这种命运相当悲凉。从这个角度看，我可以认为自己无比幸福。

是这样，不过我在想，是否有勇气以您笔下的人物以及克里斯托弗·哥伦布的名义去对这种幸福提出质疑。剧中存在一种苦涩的不满足，它不断出现，灼烧他的内心。他说道："我永远无法抵达日本国，抵达它那些覆满黄金与白雪的岛屿，我已经看见它了，似乎触手可及。"这是他提出的一个问题。

您觉得自己如今抵达日本国以及它那些覆满黄金与白雪的岛屿了吗？

我刚才和你说过，日本国，真正的日本国，那些覆满黄金与白雪的岛屿，在很久之前，当我接触到我所相信的真理也就是基督教信仰时，我就已经抵达了。

事实上，当我撰写《克里斯托弗·哥伦布》的时候，我不仅抵达了日本国，而且刚刚从那里回来，我在那里待了三年，得以尽情享受那些覆满黄金与白雪的岛屿。同时我明白了，尽管这个国家如此美丽，给我留下了一段美好的记忆，但它低于一切能够填满人心之物。如果一个人实现了他的理想，将会非常悲伤。就像《人质》里说的那样："比失望更悲伤的事情，是如愿以偿。"

我们在这个世界上的朝圣之旅正是由一连串失望构成的，一个基督徒不能对此要求更多；一个心怀基督之人，比如我剧中的克里斯托弗，不能比基督本人更加成功。在世人看来，基督的一生都是不断的失望与失败，对于那些努力追随其足迹的人尤其是对于艺术家来说，当然也是一回事。艺术本身也是一种不断失败，是在某种愈发远去的成就面前不断失望。要点在于尽力去做，并不确定是否能够圆满。

请允许我用另一种形式来回答同样的问题。您肯定记得兰波说过的一句话："我是一个他人！"在我看来，克里斯托弗·哥伦布下面这些话能够和兰波的见解形成对照："如果你认识自身的主宰，你会怎么样？我只会服从。天啊，但愿我永远见不到这个不公和无情的暴君！"这个栖身在克里斯托弗·哥伦布身上的人，您在《流亡之诗》里提到上帝时曾经谈及，是一个"在我身上比我更像我自己的人"，是不是这个人在发号施令，在提出要求，在折磨您，您现在依然能在自己身上感受到他的威力吗？

现在我已经八十三岁了。就像某部古典戏剧中的人物说的那样："我的商旅已经走完了。"所以，我不需要再去服从这些要求了，不需要再带着善意的反讽去考虑行车路线了。不过当我还在撰写《克里斯托弗·哥伦布》的时候，这个"我"还没有被完全认识清楚；他知道还有别的任务需要完成，尤其是为了解释经文所做的那些巨大努力。我不会像兰波那样说，"我"是一个他人。可怕之处，甚至有时候残酷之处恰恰在于，"我"并不是一个他人，而是我自己，是我本身，就像我在你引用的那句诗里说的"比我更像我自己"。在表面的"我"之下，圣召针对的正是这个"我自己"，上帝的戒律需要它，要求它付出意料之外的、尚未做好准备的努力。"我"不是一个他人，就是"我自己"，但这个自己尚未成熟，尚未抵达成年状态。

第四十二次访谈 [1]

之前谈到艺术家的志向时，您跟我说，当您在一个孩子身上看到艺术志向的最初征兆时，您吓坏了。您提到的孩子就是您的姐姐卡米耶，我希望您能对此多说几句。

关于我的姐姐卡米耶！啊！这是一个无比悲伤的话题，我谈论起来十分困难，原因在于，她非凡的人格魅力与那种令其生命状态枯萎的失败组成的画面实在令人触目惊心。

大自然对她表现得无比慷慨。我的姐姐卡米耶非常漂亮，精力充沛，想象力丰富，意志力非凡。所有这些绝妙天赋都没有派上用场：在经历了极其痛苦的一生之后，她抵达了彻底的失败。这和我的志业有点区别：我得到了某种结果，而她一无所获。大自然赐予她的这些奇妙天赋仅仅造就

1　第四十二次访谈的录音磁带未能在档案馆中找到，也没有公开播放过，因此无法根据原始录音进行修订。对于其中的文字内容需要持保留态度。——原注

了她的不幸，最终她被送进了精神病院，在黑暗中走完了她生命的最后三十年[1]。

面对这样的画面，一想到这种艺术志向可能会在我最亲近的某个孩子身上重演，我就感到了实实在在的恐惧，产生这种情绪是很自然的。从这个角度看，艺术志向给我带来了真切的恐惧。

我们知道，回忆您的姐姐让您感到特别痛苦，不过在我看来，您夸大了她的失败，因为她留下的作品非常美、非常有意义，甚至她的失败本身，她作品的未完成状态，也非常具有典范性。您对您关爱之人心中的艺术志向感到担心，是不是仅仅因为这让您想起了您的姐姐卡米耶，还是出于更加一般性、更加一以贯之的原因呢？

艺术志向极其危险，而且很少有人能够抗拒它。艺术针对的是想象力、感受力以及各种格外危险的思想能力，它们很容易破坏平衡，导致生活缺少稳定性。

看看绝大多数大文豪和大诗人的生涯经历吧！几乎所有人都表现出完全失衡的状况，人生经常遭受挫败，哪怕那

---

1 克洛岱尔的姐姐卡米耶·克洛岱尔由于和罗丹的情人关系被家人尤其是她母亲严重排斥，她的弟弟保罗·克洛岱尔长期在海外从事外交工作，无法对她多加照顾，加上和罗丹的关系焦灼，最终导致她生活困苦，精神压抑。1913年秋，在最关爱她的父亲去世之后，卡米耶患上了严重的精神分裂症，1913年被送进了精神病院直至1943年去世。

些有可能获得短暂成功的人也同样如此，包括夏多布里昂和维克多·雨果在内。如果仔细观察他们的人生，就会感到一种深层次的失衡。他们与学者大不相同，比如，许多学者都堪称圣徒：巴斯德、安培、柯西[1]，或者像雷赛布[2]那样的实干家，他们都拥有功成名就的人生，尽管多少遇到过一些困难，但还是活得幸福安康。

大多数作家的生活都遭遇过天翻地覆。没有什么场景会比波德莱尔、魏尔伦甚至拉辛的人生（他经历过一些非常黑暗的人生片段[3]）更加悲惨呢。高乃依倒是成功了，但高乃依确实是一位伟大的天才吗？这值得怀疑！我们还可以举维庸[4]为例，总之，作家与艺术家组成的烈士名册汗牛充栋。这种现象肯定是有原因的，我将其归因于想象力与感受力的病态发展，它不利于人类保持内心平衡。

这样的话出自您这样的权威人士口中，实在令人惊讶！我认为，您其实给出了一个在相关领域双向发展的实

1　路易·巴斯德（Louis Pasteur，1822—1895）是法国微生物学家；安德烈－马利·安培（André-Marie Ampère，1775—1936）是法国物理学家；奥古斯丁－路易·柯西（Augustin-Louis Cauchy，1789—1857）是法国数学家。

2　费迪南·德·雷赛布（Ferdinand de Lesseps，1805—1894）：法国外交官、实业家，主持开凿了苏伊士运河。

3　由于剧本内容受到舆论攻击，拉辛不得不封笔十余载，受尽白眼。

4　弗朗索瓦·维庸（François Villon，1431—1474）：中世纪末期的法国诗人，生活凄苦，留有《大遗言集》和《小遗言集》传世。

例：一方面是一个成功的、充实的、正常人的职业生涯，另一方面是内心的、诗意的文学生涯，同样能够达到其最高成就。当您谈到这些生存状态失衡的大艺术家时，我也想到了那些人们口中的"堕天使们"……

被诅咒的诗人[1]！

就是那些被诅咒的诗人。他们依然是一个巨大的谜题，您今天并没有着力予以阐述。在我看来，当您忧心忡忡地看到您的孙辈正在追随他们祖父的足迹时，您是在用祖父的身份说话，而非诗人！

啊！从个人的生活来看，我不能说艺术家的人生或者艺术志向是幸福的。我认为那是一种例外，实在不能去指望任何人。艺术志向是边缘化的，没有任何令人向往之处。我可以用我姐姐之外身边其他人的例子、眼前的例子来向你说明这一点。艺术志向成为一种福分是很罕见的。

成为一种福分？我们怎么知道呢，我们怎么知道它到

---

1 "被诅咒的诗人"：法国文学史中的一个常用术语，用来形容那些游离在社会之外、行为举止不符合道德常规的诗人，最典型的例子包括波德莱尔、魏尔伦、兰波等。1884年，魏尔伦编纂了一部以"被诅咒的诗人"为题的诗集，这个说法因此流传开来。

底是福分还是诅咒呢？您在您的所有作品中都强有力地突出过这一点。罗德里格充满热情地说道："恶也一样，恶亦有用。"因此，对于那些怀抱艺术志向的人，也许应该期待他们有能力将其充分地承担起来，坚持到底。也许神恩得以介入之处便在这里，您不觉得吗？

有可能，但不确定之处在于，这种令人生畏的神恩，作为它的对象，此人能否以一种舒心的方式从中受益。你只需要回想一下《恶之花》的开篇：

奉至高大能之命，

诗人在这个无聊的世界上现身[1]

在波德莱尔浪漫的夸张之下，隐藏着一种深刻的真实：收获非凡天赋的诗人很少为此感到庆幸。对于其他人来说，倒是有可能！他带给世界的东西值得重视吗？比如，假设魏尔伦没有存在过，没有任何人会说，这个世界遭受了损失，但谁家的父亲会希望自己的孩子产生魏尔伦或者兰波那样的志向呢！[2]

---

1 波德莱尔《恶之花》正文第一首《赐福》的前两句。

2 此处原文的逻辑较为跳跃，如果原文无误，克洛岱尔有可能想表达的意思是：假设魏尔伦没有存在过，没有任何人会说，这个世界遭受了损失（不过他作为诗人确实很杰出、很有名），但谁家的父亲会希望自己的孩子产生魏尔伦或者兰波的志向呢。

您引用了波德莱尔《赐福》的开头，但并没有提到它的结尾[1]。

比方说，你看看纪德！谁能说纪德的人生是一件令人向往的事情呢？没有人！

和通灵者有点像。通灵者是真正拥有超凡能力的人，但有谁会想要拥有通灵者的人生或职业呢？他的生存方式显然以牺牲自己为代价，以正常人的心理平衡为代价[2]。

您之前提到了巴斯德、安培、柯西等人，如果把他们的生活像艺术家的生活那样曝光，进行严格解析甚至加入作品遭受的那些不间断的精神分析，您认为它们还经得起检验吗？您认为他们还能说自己生活幸福吗？

我的意思是说，他们把自己的人生献给了真理，献给了无私的探索。而艺术家的做法恰恰相反，他绑住他的生活，将其奉献给虚构，奉献给对自我的追寻以及对于自身拥

1　《赐福》的结尾部分写道："我知道痛苦是唯一的高贵，尘世与地狱永远无法将其侵蚀，为了编织我神秘的冠冕，必须征调一切时间与天地万物。但古巴尔米拉散落的珍宝，未知的金属、沧海明珠，由您亲手镶嵌，也无法满足这顶璀璨的华美王冠。因为它只用纯净的光明制成，汲取自太初之辉的神圣炉火，有死者的眼睛，在其全部光华之中，仅仅只是晦暗哀怨的镜面！"

2　在西方文化中，通灵者被认为有能力沟通死者，让死者附身然后对周围人说话，在十九世纪的欧洲十分流行，包括维克多·雨果也曾深度参与，但对于参与者的精神健康状况往往会造成损害。

有的一切的愤怒情绪，而且想到的多半是自己身上坏的一面而非好的一面。这相当危险，而且不太健康。

我之前提到了纪德，普鲁斯特的情况还要更糟！普鲁斯特的人生是一种殉道。总之，他的生存状态非常糟糕！但无论我本人对他持有什么看法，普鲁斯特都是一个极其重要、值得重视的艺术家，这一点毫无疑问。但他的人生完全是在展示其病态的一面，总是被宠坏、被激怒，而受害者正是他自己。这同样是一个可怕的实例。

*

《在克里斯托弗·哥伦布》中，我注意到，您借助笔下的人物，向我们吐露了一些对世界秩序的看法，今天可以为我们一一展现。

当克里斯托弗·哥伦布谈到地中海时，他这样说道："东方女王，她必须把她的权杖让给别人；你看到古老的拉丁之海，汪洋收走了它的船桨和酒杯，每个民族都曾前来宴饮。"因此，克里斯托弗·哥伦布是属于新世界的人，但他同样是属于旧世界的人。

您提到的这位"东方女王"，也就是地中海及其代表的一切，在您看来，如今我们是否可以认为，她确实已经被剥夺了属于她的权杖呢？

我认为，地中海，它的绝大部分地区就是先知以赛亚口中的"推罗"[1]。在《以赛亚书》中，有一整段经文谈到推罗的命运，我正在钻研。推罗不仅代表地中海，还代表每一种在地中海周围存在过的典范文明，占据一席之地的有腓尼基，还有埃及、巴勒斯坦、罗马、希腊，之后是高卢，再后来是西班牙。每一种文明都带来了自身的特色，这是一个壮丽的文明熔炉。现在，这种文明需要产生结果，需要取得成绩了。这个文明并不是为了茕茕孑立而生，而是为了将其影响力传向全世界，而在当下，地中海就是整个世界，它并没有像克里斯托弗·哥伦布所说的那样被废黜王位，恰恰相反，它已经被一系列辉煌的成果加冕，这些成果是由信仰、由基督教文明即人类文明所创造的，这种文明汇聚于地中海并且向所有国家延伸。

如果我对自己漫漫人生的开端与结尾进行比较的话，我就会看到，在这方面到底取得了多么巨大的进步。

在我人生起步之时，世界就相当于一系列小隔间，彼此泾渭分明，每个隔间都有它的传统、它的习俗甚至它的宗教、它看待事物的方式以及它独特的政体；这就是以赛亚口中的"岛屿"[2]，换句话说，都是一些彼此之间毫无联系的隔间。从那时起，发生了两次巨震，所有这些小隔间都坍塌

---

1 《圣经·旧约·以赛亚书》第二十三章详细谈论了"推罗"，一个未来前途黯淡的国家。

2 语出《圣经·旧约·以赛亚书》第四十一章第一节："众海岛啊，当在我面前静默；众民当从新得力，都要近前来才可以说话，我们可以彼此辩论。"

了，隔墙也倾颓了，对那些身处其下的人往往会造成严重的伤害，但并不能说天下大同的工作没有得到过实施。

这个由地中海孕育的基督教文明，它现在开工了，就像酵母那样，在三斗小麦或者面粉中发酵[1]，向全世界延伸。

现在世界的每一个部分之间都不再陌生。如今，一个法国人可以，就像赛维涅夫人[2]对她女儿说"她喉咙痛"那样，一个法国人会感到朝鲜痛，会感到巴勒斯坦痛，会感到世界上所有发生了什么的地方痛。他意识到，这些地方存在紧密的共融。确切地说，这些由我们怀着痛苦的心情亲眼见证的巨大灾难，其实有助于人类凝聚起来，而这正是伟大的《以赛亚书》包含的主题，最近几年，我把时间都花在了这本书上，从中可以发现许多关于这个主题的惊天预言。

您在阅读和阐述以赛亚的过程中，发现了一些足以证明世界当前境况的材料吗？

是的，确实如此。我不是悲观主义者，我认为这些人类的巨震产生了某种结果，我们目睹了一出宏大场景，看到人变得紧密依存，在失衡之际相互依存，最终产生了某

1　此处克洛岱尔使用了《圣经·新约·马太福音》第十三章第三十三节的一个典故："天国好像面酵，有妇人拿来，藏在三斗面里，直等全团都发起来。"

2　赛维涅夫人（Madame de Sévigné，1626—1696）：法国作家，留有大量书信存世，多数写给女儿。

种相当宏伟的结果，曾几何时，所有那些伟大的大地开拓者，比如克里斯托弗·哥伦布，甚至成吉思汗那样的征服者，以及所有感到生活界限过于逼仄的人，都曾经预见过这一结果。以赛亚有一句话对这一切做出总结："地方对我来说过于狭窄，给我腾出空间吧。"[1]我跟你提到的所有伟大的大地开拓者，都会大声说出这句话，也就是说，不仅有克里斯托弗·哥伦布，还包括拿破仑甚至希特勒，所有这些人，无论是为上帝还是为魔鬼工作，都是为了一项必不可少的、终有一天会被实现的事业。

如今，整个世界正在为这项事业的到来而受苦，它究竟是为了让人类获得幸福还是为了让他们受害呢？这就是问题所在。回到克里斯托弗·哥伦布，他在全剧结尾说道："我曾许诺把世界从黑暗中扯出来，我并没有许诺把世界从苦难中扯出来！"

啊！苦难本身并不是一件坏事！相反，它有可能非常有用！我们可以争论，我们现在体会到的焦虑或痛苦，是不是比我青年时代，也就是从我出生到1914年大战之间经历的那种资产阶级的充血状态更加幸福！我们无法相信或

1　语出《圣经·旧约·以赛亚书》第四十九章第二十节："这地方我居住太窄，求你给我地方居住。"

者承认，当时那些想法和事情对人类而言是一种特殊的幸福！头脑迟钝并不是人类的理想！我认为，相比那种只需要像动物吃饱喝足一样自私自利的幸福状态，这种对于人类更加完备的看法，这种人们彼此接触的可能性，这种对于共同体的需求，要丰富得多、广阔得多、美满得多，不是吗！人类并不适合活成动物！这正是教会告诫我们的，毕竟世界的目标并非人的幸福，而是上帝的荣耀，说到底，人类为上帝的荣耀而劳作，要比他为个人的幸福奋斗重要得多，也美满得多！

如果把这次谈话当成我们在这支麦克风前进行的最后一次谈话，那么这便是您特意向年轻人传达的一条乐观的信息。您会不会劝说他们，把目前压在世界上的所有痛苦与威胁当成某种征兆，某种必将带领世界走向大同的宏伟创造所蕴含的征兆呢？

当然，这正是以赛亚口中的"分娩之痛"。

在我看来，一个年轻人，如果他实事求是地看待事物，并且认同我的信念，那么他面对当今世界[1]，感到的不应该是消沉沮丧，而应该是兴奋。他心里会想，这个世界大有可为，他也同样拥有份额，他更应该感到一种激动和兴奋。

1　20世纪50年代冷战背景下的世界，法国社会正处于各种意识形态的交锋之中。

《克里斯托弗·哥伦布》中的合唱队有一段台词，也许就是这个意思："世界开启了，大门敞开了，由我们的认知构成的古老支柱被连根拔起了！"

完全就是这个意思。这些台词我已经忘记了，但它们非常准确地反映了我当下的精神状态。

是这样，但如果这些大门，这些由我们的认知构成的支柱，这些您提到的古老支柱被连根拔起，那就意味着冒险永久开启，这场永不休止的冒险，起点要比终点重要得多！

不过你要注意，克里斯托弗·哥伦布并没有破坏那些由他的认知构成的古老支柱，相反，他把它们带向了远方。这些支柱始终坚固。它是连接天地之物，就像《诗篇》里说的那样与世长存。《诗篇》告诉我们，上帝肃清了天地，加固了支柱[1]。那么，克里斯托弗·哥伦布把它们带向远方，但它们依然在发挥作用，阿特拉斯[2]的作用，因为阿特拉斯是勾连天地的巨人，两根石柱[3]只是在协助他完成使命罢了！

---

1 语出《圣经·旧约·诗篇》第七十五章第三节："地和其上的居民都消化了；我曾立了地的柱子。"

2 阿特拉斯：古希腊神话中的擎天之神，属于泰坦巨人，被宙斯降罪用双肩支撑苍天，最终化为石山。

3 在古希腊神话中，英雄赫拉克勒斯在寻找金苹果的途中，被阿特拉斯所化的石山阻挡，于是用神力将其一劈为二，打通了直布罗陀海峡，因此直布罗陀海峡两边的两座山峰就被称为"赫拉克勒斯之柱"，一般在绘画与雕塑中用两根古希腊圆柱表现。